古典文獻研究輯刊

三三編

潘美月・杜潔祥 主編

第 30 冊

《純常子枝語》校證
（第五冊）

陳 開 林 著

國家圖書館出版品預行編目資料

《純常子枝語》校證（第五冊）／陳開林 著 -- 初版 -- 新北市：

花木蘭文化事業有限公司，2021〔民 110〕

目 2+208 面；19×26 公分

（古典文獻研究輯刊 三三編；第 30 冊）

ISBN 978-986-518-646-3（精裝）

1. 純常子枝語 2. 雜文 3. 研究考訂

011.08 110012106

古典文獻研究輯刊

三三編　第三十冊　　　　　　ISBN：978-986-518-646-3

《純常子枝語》校證（第五冊）

作　　　者	陳開林
主　　　編	潘美月、杜潔祥
總 編 輯	杜潔祥
副總編輯	楊嘉樂
編　　　輯	許郁翎、張雅淋、潘玟靜　美術編輯　陳逸婷
出　　　版	花木蘭文化事業有限公司
發 行 人	高小娟
聯絡地址	235 新北市中和區中安街七二號十三樓
	電話：02-2923-1455／傳真：02-2923-1452
網　　　址	http://www.huamulan.tw 信箱 service@huamulans.com
印　　　刷	普羅文化出版廣告事業
初　　　版	2021 年 9 月
全書字數	1046345 字
定　　　價	三三編 36 冊（精裝）台幣 90,000 元

《純常子枝語》校證
（第五冊）

陳開林　著

目次

卷三十一〔註1〕

中國今用單節之音，物名亦多一字一義。兩字之名則多疊韻，或雙聲，如崆峒、崑崙皆疊韻，蜘蛛、鴛鴦皆雙聲。疑上古之時未必然也。歲陽、歲陰之名，見於《爾雅》、《史記》者既不可解。西人以為與猶太同。即如山名之醫巫閭〔註2〕，澤名之昭余祁〔註3〕，至今亦無有知其義者。此斷非神聖命名，必上古語言不同，其偶傳於後者，人故不曉也。黃帝正名百物，蓋在倉頡造字既成之後，去其舊名而易以新名矣。若渠搜、析支之類，則三代上西方之古語也，然與中國古地名恰甚相近。〔註4〕

日本明治以前著述，考古者頗多。今略摘其有關故實者。青木敦書《昆陽漫錄》云：「貞觀十六年一月，太宰府言大唐商人崔岌等三十六人著肥前國松浦郡海岸。唐商至我國也久矣。」按：王朝置太宰府，猶舊幕置長崎鎮。臺海外貿易及海防皆太宰府總之。商船不入博多港而著松浦，故府帥奏陳此事而已。　朝鮮民間所通用諺文，有百五十一字，與我四十八字母略相類。《尺牘天苑》曰：「褧襪子即今之眼罩。眼罩，竹為胎，令蒙帛，暑時所戴涼笠。」

古賀煜《侗庵隨筆》云：「蝦夷部落酋長號曰乙名。案：齊明帝四年，授蝦夷齵田今秋田。酋帥恩荷小乙上為淳代、今能代。津輕二郡郡領，淳代郡大領沙尼具那小乙下。光仁帝天應元年五月，按察使藤原小黑麻呂奏曰：『伊佐西舌

〔註1〕按：稿本題「純常子枝語第三十一冊」。稿本乙封題「純常子枝語　第三十一冊」。
〔註2〕《漢書》卷二十八下《地理志下》，顏師古注：「即所謂醫巫閭。」
〔註3〕《漢書》卷二十八《地理志上》：「藪曰昭余祁。」
〔註4〕眉批：「語文。」

諸絞八十島乙代巨猾。』」小乙上、小乙下、乙代皆今乙名。齊明朝去今一千一百餘年，而夷人猶存舊稱，不亦奇乎！今奧羽稱老成人為乙，名亦蝦夷時之舊稱。　《王氏農書》曰：「去家千里，勿食蘿藦、枸杞，言二物補精氣也。」按：蘿藦，俗所謂人參者。邦俗亦有此言。　俄羅斯樂人多截去睾丸，曰聲音清亮，與犬去睾丸者力強壯一般。英國兵卒臨敵間，選男子去睾丸者數十人，執短兵為先鋒。已去睾丸，不少怯死，雖勁敵莫不摧破。　藤田彪《回天詩史》云：「蒙古來寇，北條氏戒國內警備，為攻漢土之虞，其盛可知。彰考館文書中一見此事，今不記何文書。」　《林恕文集‧重修先聖殿記》云：「本朝之盛，大學恒式及諸國，廟祀仿唐禮，闡揚文光。中葉以來，國多艱虞，廟壇為墟，殆二百餘年。寬永庚午，臺德公賜廟外數百弓之地，尾張亞相鼎建一堂安聖像及四配像，納祭器，手書先聖殿三字為扁額。春秋釋祭，人皆知有此禮，漸向儒風。」　《讀〈千百年眼〉》云：「明張燧所著，往往摽掠容齋之《筆》、升菴之《錄》，而不著其出處。」　《論僧圓月以太伯為我祖》云：「豐聰蘇馬之所記，安麻呂之所筆，舍人皇子之所撰，皆謂自瓊尊降臨。西列神武東征以來，百有餘世，正統一姓相傳。世傳東山僧圓月修《日本紀》，謂本朝吳泰伯之後也。《晉書》云：『爾廷議為訕，遂焚其書。』按：月言不必為妖妄。夫泰伯遁荊蠻，自號勾吳。句吳，今寧波府，唐時謂之明州。古昔遣唐使，自此而上舟，與築紫不遠。風順波穩，則四五日而至。然則太伯以至德來化我國，蒼生仰慕，尊為靈神，所謂大靈如存者，安知其不為泰伯乎？神武即位，當周惠王之時，去文王殆二十世。自靈貴至神武六世，其數雖不合開國之始，不可謂無長生之人。徐市覓藥來朝，其或慕泰伯之跡耶？圓月，僧中巨擘，博聞強記，曾揚芳[註5]聲於異域，其必有所見也。」　山崎美成《世事百談》云：「世人以六十一歲直生年支干，謂復本卦。唐土人目為華甲，以華字拆為六十也。陳白沙詩以七十七歲為喜，年八十八為米年，皆拆字之稱也。」　王充《論衡》曰：「周時倭人貢鬯草。」《文獻通考》曰：「女國在扶桑東千里，食鹹草。」貝原篤信《太和本草》曰：「《和名亞志》：它草八丈，島民植之，充糧草，類防風，分為三葉，莖微紅，小者不紅，微有香氣。《本草綱目‧炮炙論》曰：『枕音節，毛蕱溺，銷斑腫之毒。』按：枕毛、鹹草、鹽草、鬯草，數名而一物。《亞志》『它草八丈』，島所名。古松軒《八丈筆記》曰：『《亞志》：它草生山中，刈去隨生，四時不絕，莖生土際，深蒼

[註5]「芳」，稿本作「房」，眉批：「『房』字疑有誤。」

色。島人為常〔註6〕仙，寡病，保壽七八十者，此草為糧也。』」 《廣瀨政典》、《蒙齋有方錄》云：「足利學校聖廟夫子及十哲像，後世作夫子冠似綸巾。」大德寺有趙子昂真蹟，曰：「染雲為柳葉，剪水作冰花。不是東風巧，何緣有歲華。字掌大，書法遒美。」 《廣瀨政典》、《酬夢編》云：「磯原有天妃祠。我邦海運遇颶風者，必祈金毘羅神，不知有天妃。水藩有此祠。自朱魯嶼始，沖繩、長崎皆有天妃，皆漢土俗。」 《蒙翁見聞隨筆》云：「刀鞘妝鮫本唐俗，白樂天詩『刀劍鱷魚鱗』是也。」 增島固《橘陰雜錄》云：「《十三經注疏》，明永樂中始刊於國子監。見孫之騄〔註7〕《松原經說》。其後正德間，陳鳳梧重刊之。嘉靖間，御史李元陽等又校刊於福州府學。《大學衍義補》云：『福州府學尚存其板。』又有萬曆中祭酒曾朝節等刊本。見陸啟浤《客燕雜記》。有崇禎中琴川毛晉刊本。然《十三經注疏》名見周密《癸辛雜識》，則宋時已有，而非明始定也，特鏤版本昉乎明而已。又按東山左府《拾芥鈔》載《十三經》目，無《爾雅》、《孟子》，而有《老子》、《莊子》，豈唐尊《老》、《莊》，列經之目所定歟？事逸於彼而傳於我者，往往有之，亦學者所宜考也。」 築前田邊村所建石刻《阿彌陀經》，相傳元襄陽龍興寺中所有。隋人陳仁龍書。安元中，小松內府重盛使舟人妙典航海赴宋，寄沙金三千兩於襄陽育王山，山僧德光深感其誠，贈此碑石。比還，內府薨，平氏滅，無所覆命，投石於海澨，後人移建於今。所云小松內府寄沙金育王山，事見《平家物語》，而不言碑石事，人或疑為偽造。按：經文「一心不亂」下「專持名號，以稱名故，諸罪消滅，即是善根，福德因緣」二十字，世傳本所無，而王日休龍舒淨土文及靈芝跡多二十字，與此襄陽石本符合。文字雖漫漶，筆勢勁渾，非後人所能為。《湖廣通志》、《襄陽府志》、《育王山志》諸書，殘碑斷碣必備錄，而不舉此石，是歸於我而不存於彼也。釋源空《選擇集》、《親鸞教行住證》並載襄陽碑經文，然引淨土文而不言其見存於我，則知當時湮沒海澨而未顯也。 平山潛實《用館讀例》云：「農桑書，後魏賈思勰《齊民要術》、元王禎《農書》、周之璵《農圃六書》、孟琪《農桑輯要》，不知誰著。《農政全書》曰孟琪作。《元史類編·伯顏傳》附載孟琪，蓋此人。按：《元史類編》二十二曰：『暢思文，字純甫，拜監察御史。上所纂《農政輯要》，尋遷漢中道巡勸農副使。」張師說不考及

〔註6〕「常」，刻本無，據稿本補。
〔註7〕眉批：「『騄』，原注：□作□。」按：羅振玉《雪堂類稿》戊《長物簿錄·藏書目錄題識》「經總類」著錄《松原經說》八卷，孫之騄，原刊本」。

者，何也？李氏《農事直說》，姜氏《黔陽雜錄》、張國維《農政全書纂輯》、《齊民要術》、《農書》、《農桑通訣》、《救荒本草》者有此書，不必要他書。書中玄扈先生者，徐光啟也。《荒政要覽》，明俞汝為所輯。《康濟錄》全襲《荒政要覽》。」　朝川鼎《善庵隨筆》云：「朝鮮役，加藤清正徵咸鏡道，小西行長征平安道。清正至咸鏡道會寧府，生獲兩王子，退屯咸寧府，未曾出兵道外。而《朝鮮征伐記・清正記》將誇耀我武，曰逼兀良哈國都兀良哈。秦、漢遼西郡，不接朝鮮界。《續文獻通考》曰：『洪武廿二年夏，詔以兀良哈地置三衛』云云，清正固無至此之理。」川口《靜齋隨筆》曰：『觀瀾先生問對洲兩森芳洲：兀良哈何方？曰：朝鮮方言總稱邊界荒外之地曰於羅牟加以，非一定地名。清正所過，今不知何地，意皆西北邊界地，朝鮮總稱為於羅牟加以者，後人妄填女直兀良哈者。』得此說始釋然。」　尾藤孝肇《冬讀書餘》云：「《唐書・日本傳》載粟田真人冠進賢冠。進賢冠，未詳其制。今冠襆頭漆紗。按：宋畢仲詢《幕府燕閒錄》云：『襆頭自隋以前只是皂絹羃其首，唐馬周始制四腳繫，繫於上二腳，垂於後，又加巾子，制度不一。偽蜀始以漆紗為之，不知與我先後如何。』」　《北史》：「高勾驪國人頭著折風，形如弁。」吾俗所用風折帽，即是也歟？　尾藤孝肇《靜寄餘事》云：「《宋史・外國傳》載日本僧奝然表語極精麗。按：《鶴林玉露》亦載奝事。築前扶桑最初禪窟，奝開基寺。」　林信勝《羅山集・神武帝論》云：「東山僧圓月，字中巖，號中正子，創建妙喜院，修日本紀。朝議不協，火其書。余按：諸書以日本為吳泰伯之後，泰伯逃荊蠻，斷髮文身，與交龍雜居，其子孫來築紫，土人為神此天孫降於日。向高千穗也，土人始爭起拒之，是大已貴不順服也。其與交龍雜，故有海神交會之說。其所齎有墳典邱索科斗文字，故有天書、神書、龍書之說。其三以天下讓，故以三讓兩字揭伊勢大神宮圓月。為說牽強附會如此。然而似有一理。夫天孫誠自天而降，何不於畿邦，而於西鄙蕞爾千穗峰？何不夙都中州治野，而必經瓊杵彥火，鸕草三世，至神武帝而後東其鋒也？神武四十五歲東征，至安藝，明年入吉備，修舟楫，聚兵食，積三年而後至河內，克長髓彥於孔舍衛坡，入大利建橿原宣以神武雄略，其難如此，蓋大已貴、長髓彥我邦古昔酋長勢力固足抗之，而神武伐之，布政國中，垂天壤無窮之統。余於是愈信姬氏積德累仁，本枝百世，而泰伯之至德，雖滅於越，其統越海，立萬世無疆之國體也。」　伊藤長胤《紹述集・跋唐明州刺史鄭審則牒》云：「唐德宗貞元廿一年乙酉，明州刺史鄭審則《批判求法目錄》一卷，

見存於天台山松禪院院主，後雄屬余跋語。按：唐貞元乙酉當我桓武帝延曆
廿四年，距今九百廿九年，而完全不損。唐家當時制度可見者，賴有此判。而
惇中稱為禮義之國，亦足知其善我邦之禮俗也。檢《唐書》，鄭審則無所見。
《三代實錄》，光孝帝仁和二年，圓珍奏狀，具載此事，曰《鄭審則批判求法
目錄》。知曩時甚重此牒也。批中言陸台州，不著其名。檢《元亨釋書》，則台
州刺史陸淳也。淳字元沖，避憲宗諱，改賜名質，歷官尚書郎、國子博士、給
事中、太子侍讀，刺臺、信二州。既歿，柳子厚作墓表，名傳儒林，蓋顯人
也。其知台州求法之所自。鄭為明州，即寧波府，本朝使人歸帆開洋之處，故
俱書其官也。」　佐藤直方《白石史論》云：「《新唐書・日本傳》：建中元年，
日本使者真人興能來。《史寶龜》：九年十二月，以佈勢朝臣清直充送唐客使。
天應元年六月，送客使等自唐還。此歲辛酉建中二年也。興能即清直，猶妹
子稱，因高葛野稱賀能以我方音相通故也。《舊唐書》以真人為官名，《新唐
書》謂因官而氏，皆不得我情者。」　《隋書》曰：「自義安浮海，至高華嶼，
又東行二日，至竃鼈峽，又一日至琉求。」義安即今潮州高華嶼，俗謂之東
番，即今臺灣。竃鼈峽，今所謂惠平。也島，明人曰熱壁山，古今方言之轉
耳。　寬永間，長崎送到邏馬國人，其人被服如我俗。荷蘭人云：「實邏馬王
使者，為諸藩游說以求好。」請示者示以利瑪竇《萬國輿圖》。其人曰：「歐邏
巴人未聞有利氏子者。」嗣後得金閶鍾始振《辟邪論》於《新增大藏函》中，
始知寶本生於廣東旁海島，聞北學於中國，實非西方之人，則前者之說果不
誣矣。　岡西勝《消閒雜誌》云：「觀《東國通鑑》，朝鮮風俗與我略同。如娶
姊妹，尚異教，信怪詐，王子為僧，王女及夫人為尼，眩惑妖言，尊信僧侶，
造塔飯萬僧，五服給假式，守庚申贈，贈神祇勳號，類和韓相似。蓋我邦文明
多來自韓土也。」　宋景濂《櫻詩》曰：「賞櫻日本盛於唐，嬌豔牡丹兼海棠。
恐是趙皇所難畫，春風綫起雪吹香。」貝原篤信《格物餘語》云：「《文選》沈
休文《早發定山》詩云：『山櫻發欲然。』《注》：『櫻，果木名。花朱色，如火
欲然。』篤信謂本邦櫻花帶微紅而非朱色，且其子不堪食，決是別物。朝鮮亦
有之。韓客曰二三月開淡紅白花，可愛賞，名曰奈木。」　木下貞幹《錦里文
集・泰伯論》云：「泰伯逃世而三讓之，餘慶施罩本朝，神風聖俗，聲教漸被，
無所不至。自人皇之建極，二千有餘歲，此則至德之化、之澤、之久而大，其
文可知也。」　太宰純紫《芝園漫筆》云：「《論語》三省猶言三讓、三復、三
詳，辭不必泥三次之數。朱子以為三事。曾子所省，偶止三事，若四事則將曰

四省耶？」　青山延光《櫻史新編》云：「櫻花一種有稱楊貴妃櫻者，以櫻花豐豔似貴妃託名。花傳名海外，此貴妃之幸。宋濂《日東曲》曰：『玉環妖血污寰中，豈有靈祠祀鬼雄。莫是仙山真縹緲，雪膚花貌主珠宮。』注云：『國有楊貴妃祠。』案：此有所源。行囊抄曰：『尾張人相傳貴妃見方士於熱田。謠曲有貴妃一曲，演白氏《長恨歌》海中仙山者。』」　菅晉帥筆乃須佐美云：「八丈以南海中一所，白鳥數千，盤舞高颺，直至眼力所不及，如白色柱，稱曰鳥柱。蝦夷海中有小島，牡蠣堆積為島者，漢人蠔山是也。」〔註8〕

　　《釋門事物紀原》：「推古天皇二十三年三月，高麗國僧惠灌來弘三論宗。」〔註9〕

　　西人書言阿彌陀佛，譯即頂上圓光。余問之南條文雄，云：「此說誤也。阿彌陀佛，按梵文意義當作〔註10〕阿彌陀阿引庾斯，阿訓無，彌陀阿訓量，庾斯者壽，譯言無量壽也；一作阿彌陀阿引婆，譯言無量光也。一佛有二名，以顯光明壽命之無量也。」又云：「西人信阿彌陀佛者夙所未見，二十年前，傳梵文阿彌陀經於倫頓，讀之者以為非佛說。日本人亦往往疑之。但以阿彌陀佛為理佛，則多有首肯者。然淨土門固稱指方立相，故某不敢枉其說」云。南條為本願寺僧。親鸞之宗派本於南齊曇鸞。阿彌陀義，可謂不背家法矣。〔註11〕

　　《般若心經》呪語，南條文雄為余譯之，云：「行揭諦行揭諦過行波羅揭諦過皆行波羅僧揭諦覺菩提莎婆訶。」此語不可譯，純密句也。此四語皆形容覺道者也。余問以楞嚴呪，南條言此在五種不翻之列，故亦未能明解。余以《楞嚴》晉、宋譯本與房相本迥異，詢之南條，云：「梵本同題異文者極多。如《淨土三經》中，《無量壽經》現有漢、吳、魏、唐、宋五譯，此中漢、吳一類，魏、唐一類，宋全異其撰而已。所得於英國梵本，又與前五譯不同。如《法華經》亦然。蓋印度人本尚記憶，後世各地各人筆記之，故有詳略異同之別。」平日所考如是，恨漢譯梵本中土未有全存者矣。〔註12〕

　　余問南條：「印土有密宗否？婆羅門呪語與釋典呪語有相通處否？」南條云：「密宗之事，今時印度殆無其傳。密宗所傳呪，往往有與婆羅門同一者。

〔註8〕眉批：「夷情。」
〔註9〕眉批：「宗教」、「佛學」、「入三論條」、「此條應入廿三冊廿二頁三論宗一條後」，即卷二十四「日本佛學有三論宗」一條。
〔註10〕「按梵文意義當作」，稿本作「梵文作 阿彌陀阿引庾斯」。
〔註11〕眉批：「阿彌陀阿〔引〕庾斯」、「阿彌陀阿〔引〕婆。」
〔註12〕眉批：「佛學。經。」

西人以呪語為佛說，此以哲學眼視佛，故曰佛不可說如此不明之語也，此其機緣未熟歟？」高楠順次郎云：「經呪中有可解者，有不可解者。其可解者，義甚容易。」島田蕃根曰：「呪術門本婆羅門所建立。南天鐵塔之說，即點鐵成金之喻也。其事玄妙，不可以理解說。」

南條文雄曰：「佛經卷初舉同聞眾之數曰大比邱眾千二百五十人，此數在梵本，直譯當曰半三十百，解曰此三十非滿數，以三加十者，故非三十而十三也。梵語及歐洲語十三及三十共以三數置十數前以為一語，而二語全別。今梵本所謂三十百，是十三百，即千三百也。其上有半字者，示減半百，故千三百中減半百即五十，是為千二百五十。」按：德意志人稱兩點半鐘為半三點鐘，正同此例。〔註13〕

英人遮末士司溫珀北《支那戰記》云：「喇嘛廟迴廊內有青綠色菩薩數個，其一三頭一軀，云此菩薩能守護男女大倫。婦女群詣禱生子。堂旁甚多私室，皆祭喇嘛神者。西藏沙門數輩住焉。第二堂有菩薩數個，屋背畫髑髏皮肉剝脫者，壁掛衣服數十領，堂內有經函，稱曰馬美函。底有樞軸，可以旋轉。凡善男女禱告，口嗒呪一句，手轉此經函，云：一轉之功，足抵誦全經也。余就僧徒問所念呪文，其文曰唵麻奈波拖彌爾吽，又曰唵攀薩剌巴乃吽囁脫，此禱守護天地眾生傷害及苦難之義，向大小菩薩誦此呪文。菩薩寶座上置鐵板籤子數十條，上寫西藏文字：支那莊嚴喇嘛教殿堂，蓋將合併西藏入版圖也。」聖祖遠略亦可畏。其闢新疆，亦用此術也。〔註14〕

董越《朝鮮賦注》曰：「其國音有二樣。讀書則平聲似去，如以星為聖，以煙為燕之類。常語則多類女直，甚至以一字為三四字呼者，如以八為也得理不之類是也。一字作二字呼者尤多。」〔註15〕

岡千仞言高麗諺文，里土所撰，里土，人名。至今已千餘年。里土，唐時人。然高麗今時之諺文，則明初所修，又非里土之舊。內藤虎次郎云：「里土一作吏道。」速水一孔言高麗諺文誠不知始於何時，然在高麗時，曾細考之，實與元時蒙古文大略相似也。松岡馨《朝鮮語學》云：「元來本邦之假名，悉能現彼國之音。」按：日本與新羅同種，此亦可證。《滿洲地志》三百八十五頁。云：「新羅在唐代，統轄二韓之地，屢遣使入唐留學。就中最可稱

〔註13〕眉批：「又。」
〔註14〕眉批：「宗教。」
〔註15〕眉批：「語文」、「此當與廿四冊卅九頁相接」。

者，用國音發明國字。」朝鮮國人說云：「新羅慶州府之學士薛聰碩學英才，達支那、印度之古文，用歷年之工夫，以制國字，名之吏讀。一曰吏套用發朝鮮國音，勝於日本假名云。但吏讀以漢字文書，唯假其音，不取其字義。或曰此文為吏吐，音伊緇。如支那之俗文云。」余按：朝鮮人成侃《慵齋叢話》云：「世宗設諺文廳，命申高靈、成三問等製諺文，初終聲八字，中聲十一字，其字體依梵字為之。本國及諸國語音文字所不能記者，悉通無礙。《洪武正韻》諸字，亦皆以諺文書之。遂分五音而別之，曰牙、舌、脣、齒、喉。脣音有輕重之殊，舌音有反正之別，字亦有全清、次清、全濁、不清不濁之差。雖無知婦人，無不曉之。」傅雲龍《日本圖經》曰：「朝鮮世宗莊憲王名裪，明永樂十七年即位。」然則諺文為李裪所撰，吏道、里土、吏讀等說，皆音訛致誤也。〔註16〕

日本刻《佚存叢書》之天瀑山人，余問之日本人，多不知其名。重野安繹云：「天瀑山人為林衡，號述齋，官大學頭，世稱林祭酒。幕府儒官以官儒，故不著姓名。」成齋所言官儒者，言以儒入官，人人知其姓名也。然距今八十年許，而知之者已罕矣。《日本帝國圖書館目錄》正作林衡輯。〔註17〕

五大洲亞細亞之名，友人黃枡材《補注漢書西域傳》以為當由西人先通安息，遂以安息之名統目全洲，亞細亞之音，由安息二字轉變也。或曰先有小亞細亞之國，由此以達東方，故有亞細亞之名。其亞非利加、歐羅巴兩洲得名之故，則東土諸書無論及者。余屬日本內藤虎次郎檢西書考之，內藤覆余云：「承問二洲名稱，粗得其說。亞西里人按即亞利安。稱朝陽所照之地曰亞細，即亞細亞之名所由來也；稱西方夕暉紫映之邦曰葉列夫，轉而為其屬土西極摩利他尼亞及伊伯利亞半島之名，再轉而為西方大洲之名，即歐羅巴也。」此說似頗有據。歐羅巴之義，更有一說出於《希臘神世史》所傳，曰：「菲尼西亞王亞地挐爾有子女各一，子曰喀特木，女曰歐羅巴。喀特木後移住比阿地亞，建德伯國。希臘之有阿爾法伯都，即古希臘字母十六字。實喀特木傳來自菲尼西也。歐羅巴神女之從熱烏斯神古希臘最尊之神。而來德兒菲也，變形為白犢，歐羅巴之稱起於此神女」云。其說荒唐，無可徵信。當以亞利西語自出之說為長。亞非利加則羅馬人語，然西書未見載其義者。余謂以日出入命名，於義固近。即變形白犢，與印度天帝化牛之說，亦頗相同。古說流傳，遂為口

〔註16〕眉批：「又。」
〔註17〕眉批：「人物」、「著述」、「夷情」。

－866－

實，似此者多矣，亦未可盡以為荒誕也。〔註18〕

摩醯首羅為息罷者，以大自在天能生滅自由之故也。唐窺基《法苑義林》卷七云〔註19〕：「梵云摩醯首羅，即《瑜伽》所云大自在第十地菩薩也。第十地菩薩將成佛時，往色究竟，上坐大寶蓮華成正覺。」此佛家欲化息罷教之說也。自在天外道，佛教謂之一因家。島田蕃根云：「基督教即釋典所稱自在天外道。」余曾錄《十二門論》駁自在天一條，與島田說正合。〔註20〕

《本行經》云：「摩醯首羅，其神極惡，而後有靈。」《俱舍論》卷七云：「嚕捺羅，此云暴惡。自在天有一千名，此是一號。」《大日經疏》卷五云：「嚕捺羅是摩醯首羅異名，又云嚕捺羅，即是商羯羅忿怒身也。」此皆足證南條之說。井上圓了《外道哲學》云：「考西洋所傳，自在天為三神中之淫婆，即破壞神。」佛書中未見其說。余亦徧撿《佛藏》，而未有實據，此或在婆羅門書中耳。〔註21〕

中國	漢十二支對墨西哥十二支對照表			
子		水	Atl 押麗	戌 Itacuintli
丑			Cipactli	亥 Calli 加里利
寅		虎	Ocelotl	
卯		兔	Tochtli	
辰		辰	Cohuatl	
巳		蘆	Acatl	
午		墥	Tecpatl	
未		蘆	Ollin	
申		申	Otmatli	
酉		鳥	Ouohtli	

〔註18〕眉批：「語文」、「輿地」。
〔註19〕見唐・釋窺基《大乘法苑義林章》卷七《佛土章第六》。
〔註20〕眉批：「宗教」、「佛學。外道」。
〔註21〕眉批：「又。」

－867－

【西人以此證之，知墨西哥人種本於支那云。】〔註22〕德意志人蘭兀卡比兒《人類及人種學》云：「墨西哥人伶俐，容易習得事物。依自然之理論，善於判斷正邪。」然則其性質固與西北亞美利加人種迥異。其為亞細亞人渡海而居，孳生蔓衍，可無疑也。慕維廉《地理全志》卷四云：「墨西哥，古已自立為國。城邑、壇廟、宮闕、建署，靡不建造肖物形而作字。有律法。地有發按：或是廢字之訛。城，為千餘年之遺跡，時代名字悉湮沒而不可考。」俄羅斯博士羅機跌士托威文士基《神學汎論》云：「墨西哥人以為神無所不在，無形可見，故不作像設，不建禮拜堂。」此則尤合中國「如在」〔註23〕之古義，即謂之宗教相同，可矣。〔註24〕

紀年之法，各國不同。西人《六合叢談》以咸豐七年丁巳元旦推各國曆紀，云：「泰公曆一千八百五十七年正月廿六日，俄羅斯為正月十四日，以耶蘇降生為元。回回曆一千二百七十三年五月三十日，以馬哈麻離本國之年為元。巴社曆按：即波斯。一千二百二十六年六月初四日，以薩沙泥朝末主野特日即位之年為元。猶太曆五千六百十七年五月朔日，以開闢為元。暹羅、緬甸諸國曆國年一千二百十八年十一月朔日，以暹羅勇士非雅克勒時為元。佛年二千三百九十九年九月十六日，以佛涅槃之年為元。」按：日本以神武天皇開國之年為元，在咸豐丁巳之後，故此書未及載。

《湛園札記》卷四云：「杜詩：『壽酒賽城隍。』《北史》慕容儼守鄴州，城中先有祠一所，俗號城隍神。此城隍神始見史傳者。」〔註25〕

〔註22〕按：【】內文字，刻本無，據稿本補。稿本「西人以此證之知墨西哥人種本於支那云德意志人」為一行，刻本保留「德意志人」，知【】內文字乃有意刪除。究其原因，因上圖不錄，「以此證之」一語便無著落。

〔註23〕《論語‧八佾第三》：「祭如在，祭神如神在。子曰：『吾不與祭，如不祭。』」

〔註24〕眉批：「種族。」

〔註25〕眉批：「祠祭。」
另，趙翼《陔餘叢考》卷三十五《城隍神》（第675～676頁）：
王敬哉《冬夜箋記》謂城隍之名見於《易》，所謂「城復於隍」也。又引《禮記》「天子大蠟八」，水庸居其七，水則隍也，庸則城也，以為祭城隍之始固已，然未竟名之為城隍也。按《北史》：「慕容儼鎮鄴城，梁大都督侯瑱等舟師至城外。城中先有神祠一所，俗號城隍神。儼於是順人心禱之，須臾風浪大起，凡斷其荻洪鐵鎖三次。城人大喜，以為神助，遂破瑱等。」《隋書‧五行志》：「梁武陵王紀祭城隍神，將烹牛，有赤蛇繞牛口。」是城隍之祀，蓋始於六朝也。至唐則漸遍。《唐文粹》有李陽冰《縉雲縣城隍記》，謂「城隍神祀典所無，惟吳越有之」。是唐初尚未列於祀典。張曲江集有《祭洪州城隍神文》。杜甫詩有「十年過父老，幾日賽城隍」之句。杜

牧集有《祭城隍祈雨文》。則唐中葉各州郡皆有城隍。五代錢鏐有《重修墻隍神廟碑記》，書「大梁開平二年歲在戊辰」。顧寧人謂以城為墻，以戊為武，蓋以朱全忠父名誠、曾祖名茂琳，故避其嫌名而改。陸放翁《寧德縣城隍廟記》所謂「唐以來郡縣皆祭城隍」是也。《宋史》：「蘇緘殉節邕州，後交人入寇，見大兵從北來，呼曰蘇城隍來矣。交人懼，遂歸。」又范旺守城死，邑人為設像城隍以祭。張南軒治桂林，見土地祠，令毀之，曰：「此祠不經，自有城隍在。」或問：「既有社，莫不須城隍否？」曰：「城隍亦贅也，然載在祀典。」是宋時已久入祀典也。洪景盧《夷堅志》：「滑世昌所居應被火，而城隍救之。殿前程某部綱馬濟江，以不祭城隍神，而馬死過半。鄱陽城隍誕辰，士女多集廟下，命道士設醮。張通判之子病祟，乞路當可符法治之。俄有一金紫偉人至，路詰之曰：『爾為城隍神，知張氏有鬼祟，何不擒捉？』朱琮妾以妻王氏妒，至於自刎，遂為祟。朱請閤皂山道士禳之，道士牒付城隍廟拘禁。」是時城隍之祀，一如郡縣有司官，與今制大略相同矣。吳澄《記江州城隍廟》曰：「江右列郡，以漢潁陰侯灌嬰配食。」〔按查初白詩，今江西城隍即係灌嬰，並非配食矣。〕明太祖初，封京師城隍為帝，開封、臨濠、東平、和、滁以王，府曰公，縣曰侯。洪武三年去封號，但稱某府縣城隍之神。

清·秦蕙田《城隍考》（載清·賀長齡《清經世文編》卷五十五《禮政二》）：祈報之祭，達於王公士庶，京國郡邑而無乎不徧者，在古唯社稷，而後世則有城隍。且其義其秩，頗與社稷類，而威靈赫濯，奔走巫祝，為民物之保障、官吏之所倚庇者，則更甚於社稷。在《易·泰》之上六曰：「城復於隍。」《禮記》：「天子大蜡八，伊耆氏始為蜡。」水庸居七。水，隍也。庸，城也。《詩·大雅》曰：「崇墉言言。」墉與庸同。說者謂即古祭城隍之始。夫聖王之制祀也，功施於民則祀之，能禦災捍患則祀之。況有一物則有一物之神，近而居室飲食，如門、井、戶、竈、中霤，尚皆有祀。矧夫高城深溝，為一方之屏翰者哉！《孟子》曰：「三里之城，七里之郭，環而攻之而不勝，是天時不如地利。」又曰：「築斯城也，鑿斯池也，與民守之，效死而民弗去。」是城隍直與地方民物相依為命，誠不殊於社稷矣。民為貴，社稷次之，其祀顧不重與？但社稷所以養人，而城隍所以衛人，且濬隍為城，亦土之功用，則社宜足以該之。然而古人必別有水庸之祭，而後世且盛於社稷者，竊意三代時，封建法行，分茅胙土，首重社稷。即降而卿大夫，莫不有埰地。下而農夫，亦有井田，衣租食力，專以土穀為重，故自天子諸侯而外，大夫以下，咸群置社，祈焉報焉，如是而已。雖城與隍，不過秩諸百神之列而索饗之，亦其宜也。後世易封建為郡縣，而兵戈盜賊攻戰防守之事起，遂專以城池為固。守土之臣，齋肅戰慄而嚴事之。平時則水旱疾疫於以祈禳，有事則衛民衛敵於焉請禱，亦理勢之不得不然者。故自兩漢以後，廟祀見於乘志者，則有吳赤烏之年號，而《北齊書·慕容儼傳》載儼守郢城，禱城隍神護祐事。唐諸州長史、刺史，如張說、張九齡、杜牧輩，皆有祭文傳於世。逮後唐清泰中，諸封以王爵。宋建隆後，其祀徧天下。明初，京都郡縣並為壇以祭，加封爵；府曰公，州曰侯，縣曰伯。洪武三年，去封號。二十年，改建廟宇，俱如公廨設座判事，如長史狀。迄於今，牧守縣令，朔望展謁，文廟外則唯城隍。偶有水旱，鞠躬拜叩，呼號祈請，實唯城隍。迎神賽會，百姓施捨恐後，亦

　　中國通行之語音，自以金陵、洛下為近正。然世俗謂之官話，則不知始於何時。英人艾約瑟以英文著一書，名《官話活法》，謂「各省土音尚存古音之一二，而所行官話較土白尤為新創。考中國古音者，當講求各省土音」云。此說甚得聲音之理。又法蘭西人巴性未入中國，亦法文著《官話活法》一冊，其言云：「自古以來，中國文理與俚言二者並行，撰書則祇以文理，而各處皆有方言。逮至元代，始有官話通行各省。」所謂「元代始有官話」者，殆即指周德清《中原音韻》之書乎？〔註26〕

　　黎僖《大越史記全書》卷六《陳紀》：「癸卯元大德七年。八月，禁李朝廟諱蘊、瑪、尊、德、煥、祚、翰、旵。原注：『翰音幹，與鼾同，又古汗切。旵，初減切，聲與讖同。』八字減畫。」知《玉堂襍記》「翰」字誤也。〔註27〕

　　葉廷珪《海錄碎事》卷十二〔註28〕引市舶錄三條。曰：「市舶者，其利不貲，推金山珠海，天子南庫也。」又曰：「海南諸國，雜貨所湊。」又曰：「有獨檣舶，深五十餘肘；三木舶，深四十餘〔註29〕肘。又有牛頭金睛舶，其大者可載一千婆簡。方言二十兩為一加底，二百四十加底為婆簡。」〔註30〕

　　濊地，今或不知所在。按：《朝鮮通漁事情》云：「江原道在慶尚道之北、咸鏡道之南，東一面臨日本海。」《文獻通考》云：「濊亦朝鮮地，南與辰韓，北與高句驪沃沮接。」則本道適當其地。然則今朝鮮之江原即古之濊地矣。

唯城隍。銜冤牒訴，辨訟曲直，疫癘死亡，幽冥譴謫，麗法輸罪，亦莫不奔走歸命於城隍。至廟貌之巍峩，章服之鮮華，血食品饌之豐繁，歲時伏臘，陰晴朝暮，史巫紛若，殆無虛日，較之社稷之春祈秋報，割祠繫絲，用牲伐鼓，蓋什百矣。夫明有禮樂，幽有鬼神，苟可以庇民利國者，揆之聖人神道設教之意，列之祀典，固所不廢。雖古今事殊，其誼一也。

阮葵生《茶餘客話》卷四：

城隍之祀，莫詳所始。先儒謂既有社矣，不應復有城隍。故李陽冰《縉雲城隍記》謂祀典無之，惟吳越有之。然成都城同祠，太和中李德裕所建。張九齡《祭洪州城隍文》、杜牧《祭黃州城隍文》，李商隱集中尤多，則不獨吳越然也。又蕪湖城隍建於吳赤烏二年。高齊、慕容儁、梁武陵王祀城隍神，皆書於史，又不獨唐而已。洪武初年，始封天下城隍廟神，在帝都者封為帝，在藩邸者封為王，府州縣者封為公侯伯。當今太平一統，而各省城隍為王公侯伯者如故，將安用是紛紛者耶？

〔註26〕眉批：「入十二冊《老學庵筆記》金陵話下條後」、「見十二冊廿二頁」，即卷十二「陸務觀《老學庵筆記》卷六云」一條。

〔註27〕眉批：「……（漫漶、殘）情」、「入安南條。〔《玉堂襍記》〕」。

〔註28〕見《海錄碎事》卷十二《臣職部下・市舶門》。

〔註29〕「餘」，稿本作「深」，眉批：「『四十深』疑作『四十餘』」。

〔註30〕眉批：「夷情」、「此條似可接廿九冊卅五頁言市舶一條，應檢校」。

又咸鏡道即古高句驪故地，全羅道即古百濟之故地，慶尚道即古新羅弁韓、辰韓之故地，濟州島即耽羅之故地。島有漢羅山，一云耽羅國，蓋以此得名。山高六千五百尺，為朝鮮通國第二高山，與全羅道之知理山、江原道之金剛山並稱三神山矣。長白山，朝鮮人名之曰白頭山，見《麗使問答》。《滿洲地志》云：「長白山即長嶺子，在興京之北。」朝鮮史乘以平安道一帶之山脈所謂單單大嶺者當之，似太牽強。《滿洲源流考》云〔註31〕：「今吉林西南長嶺子，滿洲語稱歌爾敏朱墩。」按：《遼史》有長嶺府，又新羅記靺鞨燒長嶺之五柵，皆即此地。〔註32〕

歐陽文忠《日本刀歌》云：「徐福行時書未焚，遺書百篇今尚存。令嚴不許傳中國，舉世無人識古文。」近三百年已知此說之不確矣。然朝鮮趙泰億使日本時，曾輯《江關筆談》。麗使舉歐詩為問，而日本白石源璵君美應之，云：「本邦出雲州有大神廟，俗謂之大社，嘗聞神庫所藏竹簡、漆書，蓋《古文尚書》」云。又云：「尾張州熱田宮宮中亦有有竹簡、漆書二三策云，蓋科斗文字。而概以為神府之祕，不可獲觀。」余案：白石君美，日本之博雅士也。其故為附會，以對外人耶？抑果舊有是說耶？注歐詩者要可以此為證也。白石君美，一稱新井君美。〔註33〕

宋祝穆《古今事類全書續集》卷十八云：「豐城、萍鄉二縣皆產石炭，於山間掘土，黑色可燃，有火而無焰，作硫黃氣，既銷則成白灰。」按：吾鄉所產油煤，俗亦稱洋炭者，作深黑色，其堅如石。即此書所謂石炭也。是宋時民間已開山採取，故祝氏得記之。祝氏說必出當時地志，特偶未注所引書目耳。〔註34〕

元太祖之事，洪文卿《譯補元史》記之稍詳。然論者或謂其有攻戰之略，無制作之才，未能如拏破侖之定國律也。余按：俄羅斯人所著《鐵木真帖木兒用兵論》卷一云：「蒙古無固有之文字，成吉思取畏吾兒之字母增改，使童蒙學之。又以蒙古語編輯律令。此律令用鋼版鐫刻，平時祕藏之，每新汗即位之日及其他大事，各諸侯會同之時，則取閱決事。此慣例今尚存於波斯」云。然則太祖定制之才，亦不易及。而其律令所以祕不示人者，蓋兵略存焉。

〔註31〕見《滿洲源流考》卷六《部族渤海‧唐》、卷十《疆域‧渤海‧長嶺府》、卷十四《山川‧長嶺》。「朱」，《滿洲源流考》作「珠」。
〔註32〕眉批：「輿地」、「夷情」。
〔註33〕眉批：「語文」、「文學‧詩」。
〔註34〕眉批：「器物」、「物產」。

《元史‧虞伯生傳》所謂「《脫卜赤顏》」〔註35〕，或兼有此律令矣。柯九思《宮詞》，自注云〔註36〕：「凡大宴世臣，掌金匱之書，必陳祖宗大札撒以為訓。」其說亦與此合。〔註37〕

　　《大唐西域記》云：自佛涅槃，諸部異議，或云已過九百，未滿千年；當根王時。或云一千二百餘年；當周靈王時。或云一千三百餘年；惠王。或云一千五百餘年。平王。《鷲嶺聖賢錄》云：「說佛生時，凡有八別。一、夏桀時；二、

〔註35〕《元史》卷一百八十一《虞集傳》：
又請以國書《脫卜赤顏》增修太祖以來事蹟，承旨塔失海牙曰：「《脫卜赤顏》非可令外人傳者。」遂皆已。
又：
初，文宗在上都，將立其子阿剌忒納答剌為皇太子，乃以妥歡帖穆爾太子乳母夫言，明宗在日，素謂太子非其子，黜之江南，驛召翰林學士承旨阿鄰帖木兒、奎章閣大學士忽都魯篤彌實書其事於《脫卜赤顏》，又召集使書詔，播告中外。
此外，卷三十五《文宗本紀四》：
戊辰，奎章閣以纂修《經世大典》，請從翰林國史院取《脫卜赤顏》一書以紀太祖以來事蹟，紹以命翰林學士承旨押不花、塔失海牙。押不花言：「《脫卜赤顏》事關秘禁，非可令外人傳寫，臣等不敢奉詔。」從之。
卷三十六《文宗本紀五》：
撒迪請備錄皇上登極以來固讓大凡，往復奏答，其餘訓敕、辭命及燕鐵木兒等宣力效忠之跡，命朵來續為《蒙古脫不赤顏》一書，置之奎章閣，從之。
另，清‧汪師韓《韓門綴學》卷二《脫卜赤顏〔卜亦作必〕》：
《元史》稱「太祖深沉有大略，用兵如神，故能滅國四十，遂平西夏。其奇勳偉跡甚眾，當時史官不備，多失於紀載云」。按：太祖平北狄諸國，則《本紀》有之。憲宗時續平西域諸國，則郭寶玉之孫郭侃傳有之。又元劉郁《西使記》作於世祖中統四年，具載諸國山川風土。今西北四十八家皆為元裔，則元太祖、世祖之勛跡洵奇偉矣，但《考察罕傳》仁宗命譯脫必赤顏，名曰《聖武開天紀》及《紀年纂要》、《平金始末》等書，俱付史館。《文宗本紀》：「至順二年，奎章閣纂修《經世大典》，請從翰林國史院取《脫卜赤顏》一書紀太祖以來事蹟。翰林學士承旨押不花等言：《脫卜赤顏》事關秘禁，非可令外人傳寫。臣等不敢奉詔。從之。」然則《脫卜赤顏》雖史館有之，乃是譯本，故奎章閣復有請耶？其後撒迪請備錄，皇上固讓。大凡往來奏答與訓勒辭命及燕鐵木兒等宣力效忠之跡，續為蒙古《脫卜赤顏》，置之奎章閣。從之。同一《脫卜赤顏》也，太祖之勳烈以奎章閣無書而不傳，文宗之不軌以奎章閣有書而傳矣。
〔註36〕乃《宮詞十五首》之一，見清‧顧嗣立《元詩選》三集卷五。
〔註37〕眉批：「語文」、「制度」。
按：稿本下有「《瀛寰志略》之『羨特』，洪氏《元史譯文證補》作『郭特』，蓋皆《後魏書‧蠕蠕傳》『嚈噠』之音轉」一條，眉批：「俟考」、「未定」、「刪」。今不補入正文，茲附於此。

商末武乙時；法顯議。三、西周昭王時；法本內傳。案：釋家多引《周書異記》，以為佛生於昭王二十四年甲寅。《上統傳》、《阿含經》並同。四、穆王時；五、東周平王時；王玄策。六、桓王時；道安。七、莊王時；王簡棲。八、貞定王二年甲戌。趙伯休《眾聖點記》。隋、唐以來，紛然聚訟。」近時日本撰述家詳考佛教，村上專精佛教史林，則取舊說，謂佛生於周夷王之世，先於耶穌紀元八百七十六年。姊崎正治則據錫蘭傳說，以為在耶穌前五百四十三年，以阿育王與佛滅之間證之。富永仲基《出定後語》則據趙伯休《遇律師弘度語》，以為生於貞定王二年甲戌。然《佛教小史》、《佛陀論》則據《眾聖點記》，以為佛滅於周敬王三十五年丙辰，則在耶穌紀元前四百八十五年。而南條文雄考之西方各書三十二種，立說亦與之同。藤井宣正《佛教小史》則用《善見律》毘婆沙之說，以為佛滅度在公曆紀元前四百七十九年，則生於靈王十四年癸卯，涅槃於敬王四十一年壬戌，後於孔子四年。藤井所引四十八說文中原武八郎佛陀論所引五十五說然每混生年為滅年。今採其異同，更博引諸書補正之。《西藏語文典》有謂佛滅在公曆紀元前二千四百二十二年者，有謂二千一百四十四年者，有謂二千一百三十九年者，有謂二千一百三十五年者，有謂一千三百十年者，有謂一千六十年者，有謂八百八十四年者，有謂八百八十二年者，有謂八百八十年者，八百三十七年者，七百五十二年者，六百五十三年者，五百七十六年者，五百四十六年者。以上十四說，皆南條文雄所譯。蒙古史家沙南先逞所傳，則先於公曆紀元二千五十三年，見《蒙古源流》。巴列士達士蒙古士的錦倭路卡則謂一千九百六十四年。多列巴那《歐洲人文發達史》引迦溼彌羅所傳，則云一千三百三十二年。《文獻通考》卷二百二十六云「在殷紂王辛未」，則當公曆紀元前一千一百三十年。《聖賢錄》言周武王即位之頃，則先於公曆紀元一千一百二十年。《法顯傳》言周成王三十二年丁巳之頃，則先於公曆紀元千八十四年。庫索麻《亞細亞探求》卷二十其〔註38〕記蒙古及西藏所傳，則在穆王二年辛巳，先於公曆紀元一千年。《法琳別傳》定為周穆王五十三年。《聖賢錄》又以為周懿王十三年，或厲王十一年，或莊王六年，或襄王十一年、十二年，或頃王一年癸卯，或二年甲辰，或定王四年。《蘭銑》第二卷以為先於公曆紀元八百五十二年，汲古士麥多難穆喀《蒙古佛教史》以為先公曆紀元八百三十五年，《五運圖》以為東周平王四十八年戊午歲佛生，見贊寧《僧史略》。像正記以為佛滅於周惠王八年壬子，《拉紫珊》第二卷以為

〔註38〕「其」，稿本作「則」。

先公曆紀元六百五十二年，道安《羅什年紀》及《石柱銘》以為佛生於周桓王五年乙丑，則滅於襄王十五年甲申，先公曆紀元六百三十七年。費長房《歷代三寶記》定佛生於周匡王四年甲午，先公曆紀元六百九年，以恒星不見為徵。多列巴《歐洲人文發達史》引暹羅、錫蘭所傳，則在周定王六年辛酉，先公曆紀元六百年。緬甸人所傳，云則在定王十一年壬申，先公曆紀元五百八十九年；又云靈王二十三年壬子，先公曆紀元五百四十九年。《西域記》第六卷印度傳說五百五十二年，又云三百五十二年，又云二百五十二年。巴資《亞細亞探求》記載佛陀伽耶緬甸碑文，五百四十四年。泰西人依據暹羅、錫蘭所用佛滅紀元，則先於公曆紀元五百四十三年。阿自沙麻教師法持梵志說，則五百二十年。不茹列兒教學論之說，則四百八十三年，或四百七十一年。《緬甸佛傳》記佛陀伽耶碑文，則四百八十一年。堪捏富哈默之說，則四百七十八年。麻苦士希科列兒之說，則四百七十七年。苦列之說，見佛陀傳序說，則四百七十年。《緬甸佛傳》又云在公曆紀元前五世之末，印度史家之說又云四百四十二年。利上大比自據錫蘭古貨幣，謂佛入滅在公曆紀年前四百十二年。荷蘭人開倫《佛滅年代考》云三百八十八年。愛士達加兒多氏及挖比兒氏兩家之說，或三百七十年，或三百六十八年，見《西藏佛教及佛滅年代考》。以上各說，遠者及於帝譽，近者生於周末，相距逾二千年。而證以東西各書，則與孔子同時而先於耶穌五六百年者，為得其實。至佛住世之年，則《佛般泥洹經》及《佛祖通載》等書皆以為七十九歲，《西域記》、《緬甸佛傳》等書皆以為八十歲。今定從八十歲說。〔註39〕

　　西藏之十四說，南條文雄所著《佛涅槃年代考》引之。《西藏語文典》乃匈牙利人曲莎麥所著。曲莎麥探檢西藏佛教，以西曆一千八百四十二年再赴西藏，歿於大吉嶺，途次其說，採自西藏人教典中，未詳所由來。藤井宣正云：「其第九說與玄奘《西域記》、《佛涅槃諸部異議》之第三說近，其第十三說與第一說近。」又蘇拉筋托歪脫所著《西藏佛教》第七頁《佛滅年代之異說》，自西曆紀元前二千四百二十二年至五百四十四年，與曲莎麥所錄，雖未知同異何如，而五百四十四年之說，與錫蘭所傳同。故南條以為曲莎麥之十四種，非盡西藏所傳之異說也。〔註40〕

〔註39〕眉批：「撒古之說，以為五百八十五年。」
〔註40〕眉批：「卅冊首頁及四十一頁各條應錄入此條後。」

　　《西伯利地志》卷五云：「唐代史家記突厥俟斤汗之末子達頭汗住土耳格國之西部，即天山之北側斜面。五百六十九年，據耶蘇紀元。東羅馬帝裕斯尼齊安第二世遣使臣色馬兒赴西突厥。當時僧玄奘赴印度，到天山伊什克里泊之近傍，於明伯羅克宮謁見西土耳格爾國肆葉護汗。明伯羅克，土耳格語，千泉之義。」按：《大唐西域記》卷一云：「素葉城西行四百餘里，至千泉。千泉者，地方二百餘里，南面雪山，三垂平陸，水土沃潤，林樹扶疏。暮春之月，雜華若綺。泉池千所，故以名焉。突厥可汗每來避暑。」即此地也。〔註41〕

〔註41〕眉批：「輿地」、「夷情」。

卷三十二〔註1〕

　　《滿洲地志》云：「女真為滿洲東北各部族總稱，惟分生、熟兩種，見《遼史》。現今住黑龍江之下流及烏蘇里江水域之種族，稱瓦爾喀人者，譯之或為金人，即生女真之遺種云。」《西伯利地志》云：「瓦爾喀人，支那人稱之曰魚皮達子，又稱使犬部，蓋以魚皮為衣服，故住烏蘇里江岸者自稱發善云。言語近滿洲，且多混支那語，宗教奉薩滿教，或奉釋教，支那人授之。」按：使犬部為鄂倫春人。瓦爾喀亦使犬，則各書所不載。《滿洲地志》又云：「瓦爾喀，滿洲種族之一派。清創業時，以其同族編入旗籍」，是則然矣。又云：「或稱魚皮套子，或稱長髮子，漢人賤之之辭。」〔註2〕

　　《滿洲地志》云：「高句麗始祖朱蒙，諡東明。」《北史》〔註3〕：「朱蒙，其俗善射。」《滿洲源流考》〔註4〕：「滿洲語，稱善射曰卓琳莽阿，或即朱蒙之急呼，訛其音云。」余謂古譯簡，今譯繁。愛新覺羅必新羅之詳譯也，此說蓋亦可證。〔註5〕

　　袁子才《隨園隨筆》卷二十。云〔註6〕：「漢軍之名，始見於《宋史·劉廷

〔註1〕按：稿本題「純常子枝語第三十二冊」。稿本乙封題「純常子枝語　第三十二冊」。
〔註2〕眉批：「種族。」
〔註3〕見《北史》卷九十四《高麗列傳》。
〔註4〕《滿洲源流考》卷一《部族·夫餘·南北朝》：
　　　　《北史》：「朱蒙者，其俗言善射也。」〔按：今滿洲語稱善射者謂之卓琳莽阿，卓與朱音相近，琳則齒舌之餘韻也。莽阿二字急呼之則音近蒙，是傳寫雖訛，音解猶有可考也。〕
〔註5〕眉批：「語文。」
〔註6〕見清·袁枚《隨園隨筆》卷二十一《不可亦可類·漢軍始見於宋史》。
　　　　汪師韓《韓門綴學續編·漢軍》：
　　　　漢軍之名古有之。《宋史·劉廷慶傳》：「遼將蕭幹擒護糧將王淵，得漢軍二人，蔽其目，留帳中，夜半偽相語曰：『聞漢軍十萬壓吾境，吾師三倍，敵之有餘。』」

慶傳》：『遼將蕭幹擒獲糧將王淵，得漢軍二人，蔽其目，留帳中，夜半偽相語曰：聞漢軍十萬壓吾境，吾師三倍，敵之有餘。』此蓋遼稱宋軍為漢軍也。《金史·兵志》：『伐宋之役，參用漢軍及諸部落，而統以國人。』」〔註7〕

　　明王弇州《讀〈元史〉》《讀書後》卷五。云：「其君臣斷然思以其教，易中國之俗。省臺院寺諸路之長，非其人不用也。進御之文，非其書不覽也。名號之錫，非其語不為美也。天子冬而大都，夏而上都。上都，漠北也。其葬亦漠北。視中國之地若甌脫焉，不得已而居之。於中國之民若贅疣焉，不得已而治之。又若六畜焉，食其肉而寢處其皮，以供吾嗜而已。於乎！不亦天地之至變，不幸者哉！」弇州之議蒙古，當矣！顧謂匈奴、鮮卑、氐、羯忘其故，是以易世輒盡。元不忘其故，是以易世之後，至今不絕，則未窺其本也。劉淵、石勒諸人雖起羌胡，而久居中國，其未起也，固無大漠之可憑；其既亡也，亦未必種人之頓盡，特與齊民雜處，不復能分別而已。元則拓地廣遠，氣力雄厚，自太祖、太宗以來，所滅者數十國。其視金也、宋也，與欽察、斡羅思、花刺子模之屬無以異也。其治屬地之例，久有成規，又非因滅中國之後而始異其政策也。弇州知其視中國猶甌脫，不知此正順帝棄之之易，而明所以得之之不難也。後魏無代郡之可歸，金源無混同之可避，而元猶有北庭萬里，雄長自如此。明之兵威不振，而不能犂庭掃穴耳，豈繫於元人之不忘故俗哉？弇州此論，述之者多，故聊為正之。〔註8〕

　　《呂氏春秋》云〔註9〕：「客有以吹籟見越王者，上下宮商和，而越王不

此特遼稱宋軍為漢軍耳。《金史·兵志》：「伐宋之役，參用漢軍及諸部族，而統以國人。」又曰：「漢人王六兒以諸州漢人六十五戶為一謀克，王伯龍、高從祐等並鎮所部為一猛安。」又：「伐宋之役，調各路民兵隸諸萬戶，其間萬戶亦有專統漢軍者。又凡漢軍有事，則簽取於民。事已，或放免之。」按：猛安者，千夫長。謀克者，百夫長。金之漢軍即宋地民兵，為金所有而名之也。《元史·兵志》：「既平中原，發民為卒，是為漢軍。」又曰：「其繼得宋軍，號新附軍。」《池北偶談》曰：「元以契丹、高麗、女直、竹因歹、竹亦歹、術里濶歹、竹溫、勃海八種為漢人，以中國為南人。本朝制以八旗遼東人號為漢軍，以直省人為漢人。」

〔註7〕眉批：「考證」；「掌故」；「入漢軍條」，即卷十四「辛稼軒乾道乙酉進《美芹十論》」一條。

〔註8〕眉批：「論史。」

〔註9〕《呂氏春秋》第十四卷《孝行覽第二·遇合》：「客有以吹籟見越王者，羽角宮徵商不謬，越王不善，為野音而反善之。」

　　按：此處文字與《呂氏春秋》有出入，而與《藝文類聚》卷四十四《樂部四·簫》、《初學記》卷十六《樂部下·簫第八》同。

喜也。或為之野者，而王反說之。」《新論》云〔註10〕：「越王退吹籟之音，而好鄙野之聲。」吳越王之越歌，猶用句踐之故智也。〔註11〕

釋贊寧《僧史略》卷中。云：「東晉何充始捨宅為寺，安尼其間，不無神異。義解道明之者，雄飛傑出矣。宋寶賢為京邑尼僧正，文帝四事供養，孝武月給錢一萬。尼正之俸，寶賢始也。」姚秦命僧䂮為僧正，秩同侍中，是僧正之始。〔註12〕

宋儒注經，多用釋家句語。余曾論之。日本太田元貞《疏證宋儒雜語》曰：「虛靈不昧出《大智度論》，明鏡止水出《圓覺經》，事理對言出《華嚴法界觀》，體用一源，顯微無間出《華嚴大疏》。」余謂宋儒用佛理說經，此不必諱。用佛理而又立說以攻佛，則似可不必也。〔註13〕

李西涯《麓堂詩話》云：「嘗聽人歌《關雎》、《鹿鳴》諸詩，不過以四字平引為長，無甚高下緩急之節。意古之人不徒爾也。」按：朱子以《關雎》、《鹿鳴》十二詩譜編入《儀禮經傳通解》，豈明時尚有能歌之者，故西涯得聽之耶？〔註14〕

唐吳兢《樂府古題要解》云：「漢孝和帝時，王渙為安定太守，人思其德，立祠。帝事黃老之道，悉毀諸神廟，惟渙及卓茂廟存焉。」是黃老之道亦毀雜祠。〔註15〕

南天鐵塔之事，世多疑之。〔註16〕龍樹菩薩所箸各書，亦未有言之者。故世人於密宗，往往疑焉。然鳩摩羅什所譯《龍樹菩薩傳》云：「更求異經，都無得處，遂入雪山。山中有塔，塔中有一老比邱，以摩訶衍經典與之，此則

〔註10〕見劉晝《劉子‧適才第二十七》。
〔註11〕眉批：「史事」、「音律」、「入吳越王條」
〔註12〕眉批：「僧尼」、「入尼寺條」。
〔註13〕眉批：「性理。」
〔註14〕眉批：「音律」、「歌舞」。
〔註15〕眉批：「祠祭」、「入佛教毀襍祠一條」。
〔註16〕謝无量《佛學大綱》第三章《東土佛教流傳之十宗》第九節密宗（第149頁）：
密宗一名真言宗，天竺屬灌頂部。如來滅後七百年時，龍猛菩薩開南天鐵塔，遇金剛薩埵，受職灌頂，然後廣傳此宗。
太虛大師《龍猛受南天鐵塔金剛薩埵灌頂為密宗開祖之推論》（《太虛大師全書》第16卷，第454頁）：
密法由龍猛菩薩從南天竺鐵塔傳出，與華嚴之由彼自龍宮誦出，同為佛史上相傳之一不思議事。但龍宮雖莫可稽考，而所謂南天鐵塔，則依日本梅尾祥雲教授之理趣經研究，已可推測而知。（下略）

大乘之法，龍樹得之於塔中也。又更求餘經，大龍菩薩接之入海，發七寶革函，以諸方廣等深奧經典無量妙法授之，此則方等諸經，龍樹得之於海底也。」其不言鐵塔呪術者，或時節因緣未至，故作傳者略之。然又云：「龍樹亦因呪術，化作六牙白象，行池水上」，則龍樹固密教之宗祖矣。〔註17〕

　　沈明遠《寓簡》卷七云：「西方聖人之書，十二部大典之外，有雪山如來、梵天、蓮華仙人、南天竺所說書；吉祥、疏勒、天、龍、天音聲、人非人；苦活、不飲酒、地居天、金剛、未曾有；諸仙苦行、觀地、觀虛空、一切藥草因、總覺、西園韋陀典。其名雜見諸經，又數百品，皆未至中華。其間必有說妙法者。近世取經來南洲者，絕不聞問，恨未盡見也。」余讀釋典，亦往往留意諸經之未來者。如《阿毘達磨順正論》第六十九引《藍薄迦經》，《瑜伽師地論》卷十三引《盡塵經》、六十七引《伐他迦經》、六十八引《乞食清淨經》、八十一引《鸚鵡經》，《彌勒所問經論》第二引《娑伽羅龍王經》，陳真諦譯《四諦論》卷一引《娑羅訶馬王經》，隋達磨笈多譯《緣生論》引《迦旃延經說》、蓋即迦旃延所結集者。《正見及空見破邏具膩經》，注：張宿名。均未見譯本。〔註18〕

　　中國物產自外國來者，今據段公路《北戶錄》記之。　占卑國出偏核桃，形如半月狀，波斯人取食之，絕甘美，極下氣力，比於中夏桃仁，療疾不殊。《會最》云：偏桃仁，勃律國尤多，花殷紅色。郎中解忠順使安西，以蘿蔔插接之而生，桃仁肥大，其桃皮不堪食。　貞觀二十一年，康國獻金銀桃，詔令植於苑圃。　迷迭香，大秦出。　艾納出驃國。　指甲花，細白色，絕芳香，今番人重之，但未詳其名也。又耶悉弭花、白末利花，紅者不香。皆波斯移植中夏。如毗尸沙金錢花也，本出外國，大同二年始來中土。愚按：末利乃五印度華名，佛書多載之。貫華亦佛事也。耶悉弭即野悉茗。〔註19〕

　　《太平廣記》：四百十一。「菜之菠稜者，本西國中有，僧自彼將其子來。如苜蓿、蒲萄因張騫而至也。菠稜本是頗陵國將來，語訛耳。出《嘉話錄》。」《困學紀聞》：二十。「《唐西域傳》：『末祿有軍達，泥婆羅獻波稜，皆菜名。』」

〔註17〕眉批：「佛學。」
〔註18〕眉批：「又」、「佛經」。
〔註19〕眉批：「果」、「草木」；「入占城稻後」，即卷二十一「宋僧文瑩《湘山野錄》卷下云」一條；「本冊廿五頁《太平廣記》一條應入此條下，見原注」；「下接《太平廣記》四百九□□，在第十卷卅一頁」，即卷十「《太平廣記》四百九」一條。

原注：張文潛謂波稜自坡陵國來。按：末祿在大食國東。軍達菜，今廣東有之，俗名豬婆菜。〔註20〕

《陔餘叢考》「西瓜始於五代」條云〔註21〕：「歐陽公《五代史記・四夷》附錄，胡嶠居契丹七年，自上京東去四千里，至真珠寨，始食菜。明日始食西瓜。土人云：契丹破回紇得此種，以牛糞覆棚而種，大如中國東瓜而味甘。楊用脩云：余嘗疑《本草》瓜類不載西瓜，後讀五代胡嶠《陷虜記》，云嶠於回紇得瓜種，結實大如斗，名曰西瓜。則西瓜由嶠入中國也。」按：《拾遺記》燉煌瓜疑即西瓜，亦見《廣志》，未必至五代始有也。〔註22〕

《廣東新語》云〔註23〕：「羊桃，其種自大洋來。一曰洋桃樹高五六丈，大者數圍，花紅色，一蔕數子，七八月熟，色如蠟。一名三斂子。斂，稜也，俗語訛稜為斂也。」余按：粵之羊桃偶與萇楚同名，不可混為一種。羊桃與三斂，甘酸迥異。三稜見《〈吳都賦〉注》，亦與此別。〔註24〕

宋徐兢《宣和奉使高麗圖經》卷四十曰：「高麗稟受正朔，遵奉儒學，樂律同和，度量同制，古人所謂『書同文，車同軌』者，於今見之。」是知當時朝鮮未有諺文。日本人誤李絢為里土，而以為唐人者，真失之不考也。〔註25〕

湯脩業《賴古堂文集・錢鑄菴〈東林紀事〉序》〔註26〕云：「《明史》經數十巨公之手，參訂數十年，與《元史》數月而成迥異。而荊溪史南如司馬著《藕莊文鈔》，辨其族祖史夏隆於康熙丙子卒於家，年近九十，而《明史》則載其死節。蕭山張君風林《螺江日記》亦駁正《明史》數條。」《鮑臆園手札》〔註27〕云：「考據之學，豈但往古難徵，即以近時論，實錄重大之事，咸豐末年，國史館補繕宣宗實錄一分，借出當日，恭閱稿本，康與校最多。如文孔修相國諡文端，數年前事耳，錄中作文莊，經纂修校對，提調總裁數十人之目，

〔註20〕按：稿本此條位於「《書・堯典》『克明俊德』」一條後。眉批：「果」、「草木」、「入《北戶錄》後，在本冊十二頁」、「此條與廿八冊四十一頁《困學紀聞》一條略有異同」。
〔註21〕見卷三十三。
〔註22〕眉批：「又。」
〔註23〕見清・屈大均《廣東新語》卷二十五《木語・羊桃》。
〔註24〕眉批：「又」、「俟檢」。
〔註25〕眉批：「□（燅，疑為『語』）文」、「入朝鮮諺文條，在廿四冊廿八頁」
〔註26〕見湯脩業《賴古齋文集》卷二。（《清代詩文集彙編》第 371 冊第 149 頁）按：此處作「賴古堂」，似誤。
〔註27〕鮑康《鮑臆園手札》，有《叢書集成初編》本。

未曾更正，即與列傳不符。又如兵部朋馬奏銷某，總裁簽出雲朋疑作棚，提調即加籤云遵改。康在閣中頻見提本，朋何嘗作棚乎？又如朝鮮國王李昇康，年年票擬彼國奏本，所見多矣，錄中誤作升翁。相國簽云升字恐誤，提調即加簽云遵改，作實乃字也。彼國王命名亦特取生異，以別於臣下耳。」姚文僖《春秋大事表序·經序》云：「脩純皇帝實錄時，總理之人三易，書成，上載命辭臣專司畫一，竟以簡策繁多，有不能覆定者，皆如其舊。」余按：官書之誤尚至於此，讀者不可不知。又如近時中東之役，廷臣中請會議者有給事中謝希銓、祭酒陸潤庠，先後兩疏，皆留中未允，而丹徒姚氏撰《中東戰紀本末》，遽以為朝旨命四品以上官會議，則真郢書燕說矣。〔註28〕

近時直隸總督裕祿、奉天將軍慶裕等，皆喜塔喇氏。繼昌《行素軒雜記》以為他塔喇氏〔註29〕，亦誤。喜塔喇、他塔喇，原以兄弟分支，故不通婚姻。然滿洲氏族固截然兩姓也。繼昌以旗人談旗事，乃有此誤，殊不可解。

《愧郯錄》卷六云〔註30〕：「案《國朝會要》，政和六年正月二十三日詔：近來京師姦猾狂妄之輩，輒以箕筆聚眾，立堂號曰天尊大仙之名，書字無取，語言不經。竊慮浸成邪慝，可令八廂使臣逐地分告示，毀撤焚棄，限三日。外立賞錢三千貫，收捉犯人，斷徒二年，刺配千里，官員勒停，千里編管。若因別事彰露本地，分使臣與犯人同罪。每月一次檢舉告示，取使臣知委，繳連聞奏。」宋時箕筆之禁其嚴如此。〔註31〕

〔註28〕眉批：「掌故。」
〔註29〕按：書名當為《行素齋雜記》。卷下載（第36頁）：
　　　滿州他塔拉氏，本為望族。近年仕宦，尤為一時之盛。裕壽山祿任盛京將軍，裕壽泉長任河南巡撫，裕壽田德任總憲，慶蘭圃裕任福州將軍，墊紫岩岫任侍郎，裕澤生寬任河南巡撫，曾懷清銖任陝西布政。外此任翰林部曹等尚復多人。同時並登朝籍，視前此佟半城，幾不多讓。
〔註30〕見宋·岳珂《愧郯錄》卷六《仙釋異教之禁》。
〔註31〕眉批：「宗教」、「入邪教門」。
　　　另，俞樾《茶香室叢鈔》卷十四《扶箕》：
　　　宋岳珂《愧郯錄》載政和六年正月二十三日詔：「近來京師奸滑狂妄之輩，輒以箕筆聚眾，立堂號曰天尊大仙之名，書字無取，語言不經。竊慮浸成邪慝，可令八廂使臣逐地分告示，毀撤焚棄。」按：此即今所謂扶箕者。扶箕之術，余雅不謂然。嘗言絕地天通，宜首禁此，不知宋時固嘗有禁也。
　　　《茶香室四鈔》卷二十一《禁箕筆》：
　　　宋岳珂《愧郯錄》云：「政和六年正月二十三日詔：近來京師姦猾狂妄之輩，輒以箕筆聚眾，立堂號曰天尊大仙之名，書字無取，語言不經。竊慮浸成邪慝，可令入廂使臣逐地分告示，毀撤焚棄，限三日。外立賞錢三千貫，收捉

周煇《清波別志》云：「政和四年，詔置道階，自六字先生至鑒義，一作蒙。凡二十六等。崇奉道教，其權輿於此歟？」余按：元人稱道教曰先生，蓋亦本此。〔註32〕

《永樂大典》卷一萬九千九百二十七引《仙愚錄》：「魏主備法駕，詣道壇，受符籙，旗幟盡青。自後每帝即位皆受籙。」

蔡絛《鐵圍山叢談》。鐵圍山，佛家多言之，然皆與「叢談」之義不相關涉。後閱《永樂大典》卷二千三百四十引《元一統志》云：「鐵圍山在興業縣南五里，舊經云有四門：東門砌石，路通人行，中有磻石，上有二牛跡，深三尺，長二尺，其中巖竇深邃，泉流不涸；南門山半有土基一，闊四五丈，俗傳古之敵樓；西、北二門多石，山少林，木陰闇如夜，不通人行，猿猱麋鹿來往其間。據經所載，即古之鐵城。」蔡絛以坐父京累，貶白州，嘗遊息於此，作《鐵圍山叢談》，然後知絛之書名蓋出於此。〔註33〕

聖祖仁皇帝《庭訓格言》曰：「我朝清字，各國語音俱可以叶。太宗皇帝時曾借蒙古字以代清文，後來奉敕諭學士達海修飾蒙古字，加以圈點，而撰清文。朕慮將來或有授受之訛，故特與高年人等搜輯舊語，製為清文，鑒頒行之。既有此書，則我朝清字必不至於遺漏矣。」〔註34〕

《煙波釣叟歌句解》：《圖書集成·藝術典》第七百三卷。「認取九宮為九星。」解云：「天蓬、貪狼主坎一宮，屬水。天內、按：當即天芮。巨門主坤二宮，屬土。天衝、祿存主震三宮，屬木。天輔、文曲主巽四宮，屬木。天禽、廉貞主五中宮，屬土。天心、武曲主乾六宮，屬金。天柱、破軍主兌七宮，屬金。天任、左輔主艮八宮，屬土。天英、右弼主離九宮，屬火。」按：此與《撼龍經》以廉貞屬火、貪狼屬木、文曲屬水、武曲屬土、巨門屬金者，無一相符。蓋術數家取星名為記萌之號，非必有所占候也。〔註35〕

《庭訓格言》曰：「子平六壬奇門等學，其神煞名號，盡是人之所定。」凡術數家之取星名，亦猶是矣。〔註36〕

犯人，斷徒二年，刺配千里，官員勒停，千里編管。」按：政和間崇尚道教，而猶有此禁，況在治世乎！
〔註32〕眉批：「道流。」
〔註33〕眉批：「名勝」、「輿地」。
〔註34〕眉批：「語文」、「掌故」、「入文字門」。
〔註35〕眉批：「術數。」
〔註36〕眉批：「又。」

元尤玘《萬柳溪邊舊話》云：「始遷祖贈待制公原注：諱權保。自晉江避難入吳，嘗同王樞密康靖公游浮玉山，宿壯繆侯祠中，以卜居求夢。夜夢侯手賜錫器，器中書一成字。覺，告康靖。康靖曰：『器者，器皿也。皿上著一成字。錫者，常之西南有錫山。神明賜公錫器，意者俾公無錫而子孫盛乎？』始祖遂領神意，定居錫之許舍山中，子孫世世奉壯繆侯香火。」《陔餘叢考》卷三十五云〔註37〕：「壯繆祠，三國、六朝、唐、宋未有禮祀。考之史志，宋徽宗始封關壯繆為忠惠公。大觀二年，加封武安王。高宗建炎二年，加壯繆武安王。孝宗淳熙十四年，加英濟王，祭於荊門當陽縣之廟。元文宗天曆元年，加封顯靈威勇武安英濟王。明洪武中，復侯原封。萬曆二十二年，因道士張通元之請，進爵為帝，廟曰英烈。四十二年，又敕封三界伏魔大帝神威遠鎮天尊關聖帝君。劉若愚《蕪史》云：『太監林朝所請也。』繼又崇為武廟，與孔廟並祀。本朝順治九年，加封忠義神武關聖大帝。何寂寥於前，而顯爍於後耶？」又云：「《獨醒志》：『李若水為元城尉，有村民持一書來，雲夢金甲神人，告我到關大王廟側。《夷堅志》：『明椿都統自立生祠於關王廟側。』是宋時關王廟亦已多。」劉獻廷《廣陽雜記》云〔註38〕：「報國寺乃關壯繆祠，極其壯麗。江陵舊城乃羽所築，祠之宜也。而遂以江陵為古荊州，相去遠矣。」徐世溥《榆溪詩鈔》，自注：「粵賊所過，琳宮梵剎悉燬，獨關廟則畏懾遠避。楚中所存，皆關廟也。」俞蔭甫《茶香室四鈔》云〔註39〕：「張唐英《蜀檮杌》：永平二年，贈張魯扶義公，諸葛亮安國王。天漢元年正月，封張飛靈應王。按：孟蜀加封諸葛亮、張飛而不及關公，何耶？」〔註40〕

《易林・暌之無妄》：「金城朔方，外國多羊。」仁皇帝《庭訓格言》曰：「昔喀爾喀尚未內附之時，惟烏朱穆秦之羊為最美。厥後七旗之喀爾喀盡行歸順，達里崗阿等處立為牧場，其初貢之羊，朕不敢食，特遣典膳官虔供陵寢，朕始食之。」按：喀爾喀，漢朔方舊地，此足為《易林》之確證。〔註41〕

元柳貫《護國寺碑》：「摩訶曷剌神」，漢言大黑神也。《輟耕錄》云〔註42〕：

〔註37〕見《陔餘叢考》卷三十五《關壯繆》。
〔註38〕見清・劉獻廷《廣陽雜記》卷四。
〔註39〕見《茶香室四鈔》卷二十《王建時封號不及關公》。
〔註40〕眉批：「祠祭」、「入關祠條」。
〔註41〕眉批：「畜牧」、「再檢」。
〔註42〕見錢大昕詩自注。
　　　另，《南村輟耕錄》卷二：
　　　累朝皇帝先受佛戒九次，方正大寶，而近侍陪位者必九人或七人，譯語謂之

「今上謂順帝。初入戒壇，見馬哈剌按：即摩訶曷剌之異譯。佛前供羊心，上曰：『曾聞用人心肝者，有諸？』帝師答曰：『有之。凡人萌歹心害人者，事覺，則以其心肝作供耳。』上曰：『此羊曾害人乎？』帝師無答。」錢辛楣《潛研堂詩集・寶成寺觀元人所鑿麻葛剌佛石像》詩〔註43〕：「云何番僧作變相，卻塑魔王喚菩薩。祝釐漫說朶兒禪，梵語或訛馬吃剌。纍纍髑髏懸胷前，吮血磨牙澹生活。」按：大黑神即釋典所謂大黑天。又楊瑀《山居新話》云：「元累朝於即位之初，須受佛戒九次，方登大寶，而同受戒者或九人或七人，譯語謂之暖答世。一日，上入戒壇中，見馬合哈剌佛前以羊心作供。上問沙剌班學士曰：『此是何物？』班曰：『此羊心也。』上曰：『曾聞用人心肝為供，果有之乎？』班曰：『聞有此說，未嘗目擊。問之剌馬可也。』剌馬即帝師。余按：即今之喇嘛字。上命班叩之，答曰：『有。凡人萌歹心害人者，事覺，則以其心肝作供耳。』遂以此言覆奏，上曰：『人有歹心，故以其心肝為供。羊何曾害人，而以其心為供耶？』竟無以答。」《永樂大典》一萬三千一百三十一亦引此條。此所載，較《輟耕錄》為詳〔註44〕。〔註45〕

晃西士加尼遠《印度探地記》云：「游探所經，民種各異。其風化之善者為蒙古種。」按：此語誤。余別有說，其色黃。　又曰：「黃種在遠印度間者，率皆略似。其情性語言，則隨地而異。即如安南、柬埔、南掌等部，肌色較濃者，亦關乎地土，非天成另外於黃種也。故暹、緬等部亦有微差。至各部土番，則種類迴異，愚智不等，或臣服遠印度，或自主者，大率皆在山麓間。」按：其種類之易別者，遠印度南地者與澳洲種同，北土者與高加索同。

又云：「遠印度南土居民與中國南界之土番，悉皆黑種。中國南界大山內之土番，皆為棕色種。」〔註46〕

暖荅世，此國俗然也。今上之初入戒壇時，見馬哈剌佛前有物為供，因問學士沙剌班曰：「此何物？」曰：「羊心。」上曰：「曾聞用人心肝者，有諸？」曰：「嘗聞之，而未嘗目睹。請問剌馬。」剌馬者，帝師也。上遂命沙剌班傅旨問之，答曰：「有之。凡人萌歹心害人者，事覺，則以其心肝作供耳。」以此言覆奏，上覆命問曰：「此羊曾害人乎？」帝師無答。

〔註43〕見錢大昕《潛研堂集》詩集卷九。
〔註44〕按：錢大昕詩自注係節引《南村輟耕錄》，文氏不檢原書，據錢氏轉引，而不察《南村輟耕錄》原文與《山居新話》近同。
〔註45〕眉批：「宗教」、「佛學」。
〔註46〕眉批：「種族」、「入種人條」。

　　遠印度土番之名有二類：一隨各方土音，如安南人名之曰麻衣，柬埔寨人名之曰北囊，南掌人名之曰解思，中國人名之曰猓猓，斯其實皆阿爾福羅種也；一隨其分派而異其名，支衍繁，雜未能晰。紀阿爾福羅種，居澳洲者甚多，與澳洲各島土番不同。其人身中面紫而清，尚未及黑，較淡於印度等番。腦後蓋上尖，額低而展，髮際圓如環，鬚純黑，耳大而招，耳柱粗，雖不釘孔，亦同面平，稍差於蒙古種。面下削紋，直而現鼻，較印度種為大。孔亦較展，目深而平，與蒙古反。目骨高起，眉猙近目，而彎顴無甚凸，略如黃種。筋現骨露，口大脣厚，腮骨直，牙牀大，大牙左右各四，與他種同。惟澳洲種，大牙偶有左右各五者。鬚微繆，較蒙古種為早出。由上脣連兩腮，身上多毛，聲屬醜。其俗以口大者為美，女子亦略似。身稍圓，乳微大，豐貌靈性，均遜黃種。遠印度南地諸島土番與此略同。惟體較窄長，四肢亦長，而股尤甚。身方筋隱，厚髀碩腹，所食米少，雜果居多，日食倍常人，始充腹化，液少下濁多，故體瘦而腹碩，飲食致然也。又云：「土番有遷於澳洲者，由遠印度駕獨木舟，望澳洲，直駛印度，下之嘛喇甲。按：即馬六甲。島並與澳洲接脈，星布之各小島，海洋間隔，竟能越流直抵澳洲之南，緣遠印度土番庶衍，加以黃種迫處，不得不遷也。」

　　黃楙材《西輶日記》云：「麗江府，古麼㱔詔，為六詔之一。明洪武時，宣撫司副使阿得率眾歸附，賜姓木，授土知府。雍正元年，改土歸流，降為土通判。境內夷民，凡有九種：曰麼㱔，曰儸儸，曰猓猓，曰古猔，曰西番，曰巴苴，曰刺毛，又有狨夷、怒夷居於瀾滄江外。」阿得本姓麥，見《麗江志》。

　　《漢書》已程不國，後世莫知其地。按：西人稱好望角為岌朴，音頗相近，豈漢人蹤跡已至南非耶？姑錄此以俟考。〔註47〕

　　《齊書‧張融傳》，今本多缺誤，據《永樂大典》卷六千三百三十九所引校之：〔註48〕

　　「茫沆汗缺」　《大典》作「茫沆汗澔」。

　　「崔礚」　《大典》「礚」作「嘰」。

　　「礀砎」　《大典》「砎」作「矶」。

　　「蓊砍硈」　《大典》「硈」下有「硾」字。

〔註47〕眉批：「種族」、「夷情」、「輿地」、「考證」。
〔註48〕眉批：「校讎。」

－886－

「牟浪硪掊」　《大典》「掊」作「拉」。

「朋山相磕」　《大典》「朋」作「崩」。

「王地交氣」　《大典》「王」作「玉」。

「歲去缺歸」　《大典》作「歲去陽歸」。

「昐芬芳於遙渚」　《大典》「昐」作「盼」。

「缺軒帳席」　《大典》作「文軒帳席」。

「長絃四斷」　《大典》「四」作「而誤」。

「鯷渚」　《大典》「渚」作「水」。

「星虛」　《大典》「虛」作「墟」。

「禽麗色以拂煙」　《大典》「禽」作「山」。

「求郡不得」　《大典》「不」疊「求郡」二字。

「口終不言」　《大典》「口」作「白」。

「食指」　《大典》作「食貨」。

「眾瑞公事」　《大典》「瑞」作「端」。

「況交音情」　《大典》「交」作「父」。

「史臣曰金等其外」　《大典》「金」作「全」、「其」作「塵」。

唐時袁州進士最多，今據徐星伯《登科記考》錄之：〔註49〕

李嘉祐。天寶七年，《唐才子傳》：趙州人。極元集，袁州人。又李端，嘉祐姪，大曆五年進士。

彭伉。貞元七年。

湛賁。貞元十二年。

宋迪。貞元十三年。

錢識。元和五年。

賈蕃。元和七年。　今本《宜春志》云：「《通志》作『賈譽』，誤。」

易之武。寶曆元年。　《袁州府志》：一作萍鄉人。

鄭史。開成元年。

楊鴻。開成二年。

謝防。會昌元年。

宋震。會昌二年。　《永樂大典》引《袁州府圖志》云：「宋震，齊邱之祖，登會昌二年進士第。」

〔註49〕眉批：「人物」、「著□」。

盧肇。會昌三年狀元。

黃頗。會昌三年第三人。

李潛。會昌三年。　《登科記考》引《摭言》：「潛字德隱。」不云何許人。　據《宜春縣志》有潛傳，故補入。

易重。會昌五年狀元。

魯受。會昌五年。

徐渙。大中十年。

伊播。咸通四年。　《唐詩紀事》作「伊璠」，《新修宜春志》誤作「尹璠」。

袁皓。咸通四年。

盧文秀。咸通六年。　《登科記考》未載。據《宜春縣志》補入。文秀，肇之子也。

曾鑠。咸通十二年。

鄭谷。乾符三年，史之子。　《永樂大典》引《宜春志》，作光啟三年，誤。

何迎。廣明元年。

曾德邁。光啟三年。　《袁州府志》有之，《登科記》未載。

蔣肱。大順二年。　《永樂大典》引《宜春志》作大順三年，誤。

易標。景福二年。

盧邈。景福二年。　《宜春縣志》有之，《登科記》未載登第年分。《永樂大典》引《宜春志》云：「邈，唐末寄舉湖南，登第，獻回文詩二百首。」

唐廩。乾寧元年。　《永樂大典》引《宜春志》：「乾寧元年，唐廩登進士第。」《新唐書·藝文志》：「廩，萍鄉人。」

陳炯。乾寧四年。

何幼孫。乾寧四年。　陳炯、何幼孫二人，《登科記》均據《永樂大典》作乾寧五年。

王轂。《登科記》據《唐才子傳》：「轂，乾寧五年羊紹素榜進士。」《袁州府志》作天祐二年，《新志》作後漢乾祐二年，誤。

李旭。天復四年。　《宜春志》作天祐二年。

【伍唐珪。　《宜春志》云：「唐末進士。」未詳其登第之年。】〔註50〕

徐瓊　歐陽薰　伍唐珪　李甲　張為　謝辟　陳嶠　吳罕　黃諷　劉望　李滄　彭遵　袁希古　劉廓　宋鵬舉　周確　梁珪　張咸　許洞　蔣勳　趙

〔註50〕按：【 】內文字，刻本無，據稿本補。

防　崔絳　劉仁祥　李餘慶　易廷楨　彭惟岳以上二十六〔註51〕人，《登科記考》云：「並見《永樂大典》引《宜春志》。」《袁州府志》引《宋嘉定志》亦有之。

《袁州府志》尚有李令曼，天祐二年進士。又南唐昇元間進士，有李徵古、徐鍇，《府志》入萬載縣〔註52〕人。後漢乾祐元年進士第一劉式，《府志》作萍鄉人。〔註53〕

《太平寰宇記》卷五十五引《顏脩內傳》，記橋順子橋璋、橋琮學仙事。引魏文帝詩曰：「西山有雙童，不飲亦不食」，謂此也。《顏脩內傳》，侯君模《補三國藝文志》失載。又卷五十六引《魏地記》云：「滏口山，即魏帝邀擊袁尚於此」云云。《魏地記》，侯氏亦失載。〔註54〕

倪二初《讀書記》：五。「《詩》云：『惠此中國。』中國對諸夏言之，謂京師也。《孟子》：『北學於中國』，中國對南蠻言之，謂諸夏也。同言中國而所指不同，經典中類此者多矣。」〔註55〕

宋曾三異《因話錄》云：「近歲衣制：有一種如旋襖，長不過腰，兩袖僅掩肘，名曰貉袖。聞起於御馬院。短前後襟者，坐鞍上不妨脫著；短袖以其便於控馭耳。今士大夫亦服之。」余按：今世所行馬褂，殆與此類。汪芙生《松煙小錄》云：「揣曾氏說，與今日行袿正相似。」《會典》：「行袿長與坐齊，袖長及肘，用石青色。」〔註56〕

〔註51〕「六」，稿本作「五」。因伍唐珪係右側補寫，故此處未及更正。
〔註52〕「縣」，刻本無，據稿本補。
〔註53〕眉批：「『曼』字原本□□□，俟考。」
〔註54〕眉批：「道流。」
〔註55〕眉批：「考證」、「種族」、「入中國條」。
〔註56〕眉批：「冠服。」
　　　另，趙翼《陔餘叢考》卷三十三《馬褂缺襟袍戰裙》：
　　　凡扈從及出使皆服短褂、缺襟袍及戰裙。短褂亦曰馬褂，馬上所服也，疑即古半臂之制。《說文》無袂衣謂之䄡，趙宧光以為即半臂，其小者謂之背子。此說非也。既曰半臂，則其袖必及臂之半，正如今之馬褂，其無袖者乃謂之背子耳〔背子即古裲襠之制。《南史‧柳元景傳》：「薛安都著絳衲裲襠衫馳入賊陣。」《玉篇》云：「裲襠，其一當背，其一當胸。」朱謀㙔《駢雅》：「裲襠，胸背衣也。」〕劉孝孫《事原》，隋大業中，內官多服半除，即今之長袖也。唐高祖減其袖，謂之半臂。則唐初已有其制。《唐書》：「韋堅為租庸使，聚江淮運船於廣運潭，令陝尉崔成甫著錦半臂，缺胯綠衫而褐之，唱得寶歌，請明皇臨觀。」又曾三異《同話錄》有「貉袖」一條，云：「近歲衣制：有一種長不過腰，兩袖僅掩肘，以帛為之，仍用夾裏，名曰貉袖。起於御馬院圉人。短前後襟者，坐鞍上不妨脫著，以其便於控馭也。」此又宋人短褂之制。然短袖之服，又不僅

　　姚文僖《邃雅堂集・宋諸儒論》云〔註57〕：「大氐君臣之禍，甚於六朝；夫婦之義，紊於唐代。至五季之亂，倫紀全缺，刈人民如羊豕。由是不反，乾坤將息。宋諸儒出，然復孔孟之道，復明大凡，更事深則防患亟。湯、武之事，孟子不非，然後世託於湯、武者，則不得不嚴絕之。齊莊之亂，晏子以為非其親暱。衛孔悝之難，子羔以為弗及不與。蘧伯玉兩出近關，似苟全軀命，不恤其君者，乃夫子稱曰君子。三代以上，婦人不諱再適，故為出母有服。至宋儒守從一之經，嚴失節之律，今雖委巷婦豎，皆羞更嫁矣。古之論人寬，今之論人刻。何者？時會日降，事變愈滋，苟非峻立其防，則必有寡廉鮮恥、浮沉取容、恬不知非者。此諸儒慮患之心，不得不如是其切也。」余謂契敷五教，其道在寬。至宋儒而盡繩以嚴峻之法，幾於司空城旦書矣。近人多以是病宋儒，要非無故。然《坊記》一篇，每苦峻為之防，猶致崩弛，則凌夷之後，激為峭直，固有由然。文僖此論，亦可謂心知其故矣。〔註58〕

　　吳桭臣《寧古塔記略》云：「滿洲人家歌舞名曰莽式，有男莽式、女莽式。兩人相對而舞，旁人拍手而歌，每人於新歲或喜慶之時，上於太廟中，用男莽式禮。」按：此即喜起舞也。女莽式禮未聞。《記略》又云：「凡大小人家，門前立木一根，以此為神。」按：今時都中滿洲人家祠中皆有之，俗稱曰媽媽竿。竿繫一繩，以族中人名字、生年書繫繩上。此《記略》所未及者也。〔註59〕

　　《約章分類輯要・傳教門》「文廟捐款民教一律通派」條云：「孔子為中國至聖，歷代崇敬，教民雖習外國之教，實係中國之人，若祇知有天主，而不知有孔聖，則與叛民何異？人心所不順，即王法所不容。天主教即不應收留此等匪人入教。」此同治十二年鉅鹿縣案，由北洋大臣函致法蘭西熱使之詞。而熱使轉飭領事及教士，皆無可致辭者也。余案：天主教例，凡入教者，皆先

起於唐、宋。按：《魏志・楊阜傳》：「阜嘗見明帝著帽披縹綾半袖，問帝曰：『此於禮何法服也？』」則短袖由來久矣。《北史》：「周武帝著短衣，享二十四軍督。」馬縞《中華古今注》：「隋文帝征遼，詔武官服缺胯襖子，三品以上皆紫。」《唐書》：「高祖武德元年，詔諸衛將軍每至十月一日，皆服缺胯襖子。」是缺襟之制亦，起於隋、唐時。至戰裙之始，按《國語》鄢之戰，卻至以韎韋之跗注，三逐楚平王。注：「跗注者，兵服，自腰以下注於跗。」則今之戰裙蓋本此也。鄢之戰，屈蕩逐趙旃，得其甲裳，又裙之有甲者耳。

〔註57〕見姚文僖《邃雅堂集》卷一。
〔註58〕眉批：「學術」、「評議」、「儒術」。
〔註59〕眉批：「音律」、「歌舞」。

有不背本國之誓。孔子為中國國教，天子所尊，則凡入教之人，不能違異必矣。此函義正詞直，故彼國使臣教士均俯首無辭也。此函又云：「從前髮撚各逆到處焚燬廟宇，而於文廟則特加敬重，未敢焚燬一處。」〔註60〕

《書·堯典》：「克明俊德。」《史記》作「能明馴德」〔註61〕。余案：「馴」即「順」字。「順德」，孝悌之德也。《孝經》：「先王有至德要道，以順天下」，即「能明馴德」之義。《爾雅》：「順父母為孝，順兄弟為友。」《漢書·平當傳》〔註62〕：「元帝時，韋玄成為丞相，奏罷太上皇寢園。當上書曰：『昔者帝堯南面而治，先克明俊德，以親九族，而化及萬國。《孝經》曰：『天地之性，人為貴。人之行莫大於孝，孝莫大於嚴父，嚴父莫大於配天，則周公其人也。』夫孝子善述人之志，周公既成文、武之業，而制作禮樂，修嚴父配天之事，知文王不欲以子臨父，故推而序之，上極於后稷而以配天。此聖人之德亡以加於孝也。』上納其言，詔復太上皇寢廟園。」此疏稱聖人之孝，而引帝堯「克明俊德」，知以俊德為孝德，實《今文尚書》歐陽家義。平當習歐陽《尚書》，見《漢書·儒林傳》。〔註63〕

日本熊本縣有游泳術，其學分三段：初曰踏水術，次曰吞水術，末曰忘水術。踏水者，弄潮、泅水之淺技。至吞水則如兩軍相當，氣吞勁敵，雖洪波大瀾，亦陵躐之。然猶有水之見存也。忘水術，則《列子》所記呂梁之夫，「與齊俱入，與沒〔註64〕俱出」者相類，蓋淡然不知其為水。雖處濤淵，如在陸矣。學此者，必先習禪定久，久而後有效，今猶間有能之者。故熊本一縣中大

〔註60〕眉批：「掌故」、「宗教」。
〔註61〕見《史記·五帝本紀第一》。
〔註62〕見《漢書》卷七十一。
〔註63〕眉批：「經義。書。」
　　　　按：此條下稿本有「《太平廣記》四百十一」一條，據眉批移入本卷「中國物產自外國來者」一條後。
　　　　又有「《舊唐書》：『拂菻。』洪鈞《元史譯文證補》云：『今土耳其康思灘丁地。拂菻，本城名，假為國號。唐時阿剌比人滅波斯，侵印度，環蔥嶺地，悉歸役屬。方言流播，遂入中華。此《唐書》拂菻所由來也。』《瀛寰志略》以西西亞之耶路撒冷當《唐書》之拂菻，誤」一條。眉批：「入拂菻條」、「刪」。故不入正文，錄於此。
　　　　又有「《晉書·劉淵載記》」一條，眉批：「考證」、「此條已見廿八冊十三頁」，即卷二十七「《劉淵載記》」一條。
　　　　又有「陳新蔡王叔齊《籍紀》」一條，眉批：「文學」、「此與廿八冊十二頁重複」，即卷二十七「陳新蔡王叔齊《籍紀》」一條。
〔註64〕「沒」，《列子·黃帝第二》、《莊子·外篇·達生第十九》均作「汨」。

半皆通釋理，由習此異術者多也。〔註65〕

中國五行之說，專重目驗而切人用，故不言風而言木，不言地而言土。古之天文家亦然。日食可推而得，而言日有食之；月亦出東方，而言月生於西是也。鄒特夫《終日七襄解》《學計一得》卷上。云：「以恒星赤道經緯求之，是時織女在赤道北三十八度，其出地至入地，常越七時，則更七次，計織女每日在地平上所行也。古之為文詞者，於星日以出地為行，入地為止，不必繩以實象。故《淮南子》言日於旦曰『爰始將行』，於昏曰『爰止其馬』，不數地下之行者，所謂知其不可知，知也。」特夫之言深合經意。〔註66〕

紀文達《四庫提要原稿》有故事類，其序云：「故事有二。祖宗創法，奕葉慎守，是為一朝之故事。後鑒前師，與時損益，是為前代之故事。史家著錄，大抵前代事也。《隋志》所載，攙以《漢武故事》、《西京雜記》，濫及稗官《八王故事》，今雖未見其書，據《世說新語注》所引，直傳記耳。《唐志》載《魏文貞故事》之類，宋志載尉遲偓《中朝故事》之類，均循名誤採，不核本書，更如《樹萱錄》之入種植矣。今總核遺文，惟以國政朝章六官所職者入於斯類，以符周官故府之遺。至儀注條格，舊皆別出，然均為成憲，義可同歸。政典禮經，古原一理，後世失其本意，歧為多途，非先王制作之意也。又《元典章》前集六十卷附新集，原本著錄，今改入存目。」〔註67〕

〔註65〕眉批：「藝術。」
〔註66〕眉批：「五行」、「入五行條及七□生兩條」。
〔註67〕眉批：「目錄」、「著述」。
又，《四庫全書總目》卷八十一《史部三十七·政書類·序》：
志藝文者，有故事一類。其間祖宗創法，奕葉慎守，是為一朝之故事；後鑒前師，與時損益者，是為前代之故事。史家著錄，大抵前代之故事也。《隋志》載《漢武故事》，濫及稗官。《唐志》載《魏文貞故事》，橫牽家傳。循名誤列，義例殊乖。今總核遺文，惟以國政朝章六官所職者，入於斯類，以符周官故府之遺。至儀注條格，舊皆別出；然均為成憲，義可同歸。惟我皇上制作日新，垂謨冊府，業已恭登新笈，未可仍襲舊名。考錢溥《秘閣書目》有《政書》一類，謹據以標目，見綜括古今之意焉。

卷三十三 〔註1〕

　　包孝肅《請兩制官祀九宮貴神》《奏議》卷二。〔註2〕云：「伏睹唐天寶年勅，以九宮神，實司水旱，功佐上帝，德庇下民。又准禮，九宮次昊天上帝，壇在太廟之上，用牲牢璧帛，類天地神祇。」余案：九宮之神即太一下行之九宮。以太一為上帝，故九宮之神曰佐上帝也。蕭吉《五行大義》五。云：「太神太一主風雨水旱兵革飢疫災害，復使十六神遊於九宮。」又云：「天一是含養萬物，太一是察災殃，是為天帝之臣。」按：蕭氏不知太一即上帝，失周、漢人之舊義矣。〔註3〕

　　《〈水經‧沔水篇〉注》：「潝水又南逕。張魯治東水，西山上有張天師堂，於今民事之。」按：張天師號始此。

　　《太上正一朝天百拜寶懺》稱天師夫人姓雍氏。《歲時廣記》三十六引《女仙錄》：「孫夫人，三天法師張道陵妻也。以桓帝永壽二年九月，與天師於閬中雲台山白日昇天。」

　　《正一天師傳》：「張留孫者，字師漢，信州貴溪人。少時入龍虎山為道士，有道人相之曰神仙宰相也。」《圖書集成‧藝術典》六百十五。

　　馬禮遜《外國史略》云：「蕪來由之列地，由暹羅而南，斜行到六坤宋蓋六鯤身之轉音。腳。此地之民，半暹羅語音，喜拜佛像；半蕪來由各類，並回回人拜天地真主。暹羅官之在此者，每酷虐蕪族。」余謂暹人與蕪人種族相同，其酷虐之者，蓋同種而不同教之故。邵大緯《薄海番域錄》口：「婆羅　一名文

〔註1〕稿本題「純常子枝語第三十三冊」。稿本乙封題「純常子枝語　第三十三冊」。
〔註2〕見宋‧包拯《包孝肅奏議》卷二。
〔註3〕眉批：「祠祭」、「神祇」、「入下太一九宮條，見第三頁」。

萊，俗素食念佛，禁食豬肉，犯者論死。」文萊即蕪萊由之異譯。禁食豬肉者，回教例也，邵氏誤矣。王之春《使俄草》云：「婆羅洲今稱般鳥，南屬荷，北屬英。」〔註4〕

《後漢書·張衡傳》〔註5〕：「上疏曰：『臣聞聖人重之以卜筮，雜之以九宮。』」《注》：「《易乾鑿度》曰：『太一取其數，以行九宮。』鄭玄注云：『太一者，北辰神明也。下行八卦之宮，每四乃還於中央。中央者，北神之所居，故謂之九宮。天數大分，以陽出，以陰入。陽起於子，陰起於午。是以太一下行九宮，從坎宮始，自此而從於坤宮，自此而從於震宮，自此而從於巽宮，所以行半矣，還息於中央之宮。既又自此而從於乾〔註6〕宮，又自此而從於兌宮，又自此而從於艮宮，又自此而從於離宮，行則周矣，上游息於太一之星而反。紫宮行起，從坎宮始，終於離宮也。』」〔註7〕

《五經通義》曰：「天神之大者曰昊天上帝，即耀魄寶也，亦曰天皇大帝，亦曰太一。其佐曰五帝：東方青帝靈威仰、南方赤帝赤熛怒、西方白帝白招矩、北方黑帝汁光紀、中央黃帝含樞紐。」《古今事類全書》一。〔註8〕

《楚詞·九歌·東皇太一篇》云：「穆將愉兮上皇。」王逸《注》曰：「上皇謂東皇太一也。」宋玉《高唐賦》曰：「醮諸神，禮太一。」案：上皇即上帝之稱。變言「上皇」者，以協韻之故。以此知中國古昔以太一為上帝矣。《文選·西都賦》，《注》引《春秋合誠圖》曰：「紫宮，大帝室，太一之精也。」又引《春秋元命苞》曰：「紫之言此也，宮之言中也。言天神圖法，陰陽開閉，皆在此中也。」《太乙人道命法君基總論》云：「君基，太乙為紫微大帝群曜之尊，執掌權衡，較量天地。」即沿《合誠圖》之說。《說文》「一」字訓云：「造分天地，化成萬物。」亦以太一為造化主，故有此語。然則三古以前，言天之理，中外同也。馬驌《繹史》卷五。引《泰壹雜子》云：「黃帝謁峨眉，見天真皇人，拜之玉堂，曰：『敢問何為三一之道？』皇人曰：『而既已君統矣，又諮三一，無乃朗抗乎？』」〔註9〕《泰壹雜子》，《漢書·藝文志》入之神仙家。泰壹即太一，故後世以太一為上帝，惟道家尚存其說。又由太一而言三一，

〔註4〕眉批：「宗教。回」、「入教派回□」。
〔註5〕見《後漢書》卷五十九。
〔註6〕「乾」，稿本作「坤」，眉批：「此『坤』字應作『乾』。」
〔註7〕眉批：「神祇」、「祠祭」。
〔註8〕眉批：「入太乙條」、「記《禮記正義》亦引之，俟檢」。
〔註9〕按：又見羅泌《路史》卷三《前紀三·循蜚紀》。

則道家所謂一氣三清者。而景教「三一妙身」之言，亦沿於此矣。《老子》：
「一生二，二生三」，亦即此義。〔註10〕

賈公彥《〈周禮‧大宗伯〉正義》引《文耀鉤》云：「中宮大帝，其北極星
下一明者為太一之先，合元氣以斗布常。」〔註11〕

《史記‧封禪書》：「宜立太一而上親郊之。」《天官書》：「中宮天極星，
其一明者，太一常居也。」《正義》曰：「泰一，天帝之別名也。」《索隱》引
《春秋合誠圖》云：「紫微大帝室，太一之精也。」《〈周禮〉注》：「昊天上帝，
又名太一。」《隋志》曰：「北極大星，太一座也。」宋制：明堂神位，殿上有昊天上
帝位，東廊又有天以太乙位。見《文獻通考》卷十二。《史記‧封禪書》：「謬忌奏
祠太一方，曰天神貴者太一。」《索隱》：「《樂汁徵圖》曰：『天宮，紫微。北
極，天一、太一。』宋均曰：『天一、太一，北極神之別名。』《春秋佐助期》
曰：『紫宮，天皇曜魄寶之所理也。』石氏云：『天一、太一各一星，在紫宮門
外，立承事天皇大帝。』」此於太一、天一外，別尊天皇大帝，實宋制之所本。
顧亭林曰：「太一之名，不知始於何時。」《日知錄》卷十〔註12〕。余謂太者即惟
初泰始之謂，一者即數立於一之謂。許氏訓其義矣。《禮記》所稱「禮本太一」
〔註13〕，即禮本於天之謂。此等強名，不必推原事始也。〔註14〕

《易乾鑿度》曰：「太一取其數，以行九宮。九宮者，一為天蓬，以制冀
州之野。」按：《楚辭‧雲中君篇》：「覽冀州兮有餘」，蓋用斯義。太一行九宮
法，始於坎宮，故云冀州。自此而徙於坤宮，於震宮，於巽宮，而息於中央，
又徙於乾宮，於兌宮，於艮宮，又於離宮，行則周矣，而上息於太一。此所謂
「橫四海兮焉窮」也。太一行九宮法，必始於周末也。〔註15〕

所姓，光緒癸巳順天副榜貢生所開先，掖縣人。案：《史記‧司馬相如傳》
有所忠。《正義》引《風俗通‧姓氏》云：「《漢書》有諫大夫所忠氏。」〔註16〕

光緒丙戌春季搢紳有炳姓，湖北荊州人炳遂為清泉縣新城司巡檢；有盧
姓，四川漢川人盧汝湘為永興縣典史；有信姓，金縣訓導信中選，平涼人。

〔註10〕眉批：「入太乙條。」
〔註11〕眉批：「又。」
〔註12〕按：實見《日知錄》卷三十《太一》。
〔註13〕《禮記‧禮運第九》：「禮必本於大一。」
〔註14〕眉批：「又。」
〔註15〕眉批：「又。」
〔註16〕眉批：「氏族」、「入希姓條」。

　　光緒庚子夏季搢紳有分發奉天知縣鮮俊英，順天人。鮮姓蓋鮮于複姓所改也。

　　廣東連平州有鄉姓。

　　湖北監利有革姓，自言明臣黃子澄之後。見譚獻《復堂日記》。

　　陳曇《廟齋雜記》云：「余所見奇姓，線、浙江巡撫。鎖、把總。黏、薩、皆福建舉人。脫香部、湖北拔貢。勾門。江南知府。《川楚報捐錄》有銀、渠二姓。粵東有禱姓、老姓、布姓、雞姓。讞牘有遣犯糟二，但明倫係貴州甲榜，出科聯繫乾隆戊午福建解元。皆可補漁洋《居易錄》之缺。」余按：黏、薩、脫皆出自蒙古，勾姓當出勾龍渠，但未為希姓。讞牘所載犯人名姓，率意繕寫，非必出自本然，未足為據也。出科聯，後登進士科，見太學題名碑記。但姓，據《漢書注》音單，今皆讀去聲。

　　《止園筆談》五：「昌黎縣有朴姓，讀為瓢，乃高麗姓。案：《集韻》，朴一作搜求切，音飆。夷姓，《魏志》建安二十年，巴夷王朴胡舉巴夷來附。古蕭、尤二韻通。又六合有朴姓。見周櫟園《書影》。」

　　黃山谷集有《次韻答和甫盧泉水》詩，注云：「初虞世字和甫，工醫，居東平府須城縣盧泉鄉。」《老學庵筆記》云〔註17〕：「初虞世以醫名天下。元符中，皇子鄧王生月餘，得癇疾，危甚，群醫束手，虞世獨以為必無可慮。不三日，王薨。信乎醫之難也。」〔註18〕

　　《〈水經·河水篇〉注》曰〔註19〕：「魏襄王十七年，邯鄲命吏大夫奴遷於九原，又命將軍、大夫、適子、戍吏皆貉服。」全謝山云：「貉服即胡服也。」案：此則不獨趙武靈胡服騎射，魏襄亦嘗改軍吏胡服矣。胡服便戰鬥，自古然也。〔註20〕

　　《〈水經·河水篇〉注》曰：「《地理志》言高奴縣有洧水，肥可難。趙一清曰：「俗本《漢書》落『肥』字。」水上有肥，可接取用之。《博物志》稱酒泉延壽縣南山出泉水，大如筥，注地為溝。水有肥，如肉汁，取著器中，始黃後黑，如凝膏，然極明。案：「然」下疑脫「之」字。與膏無異，膏車及水碓缸甚佳。彼方人謂之石漆。水肥亦所在有之，非止高奴縣洧水也。」按：此即

〔註17〕見《老學庵筆記》卷三。

〔註18〕眉批：「入初姓一條。」

〔註19〕見《水經注》卷三。

〔註20〕眉批：「冠服。」

今日煤油之類。明謝肇淛《五雜爼》卷四。云：「蜀有火井，其泉如油，爇之則然。」

　　宋吳斗南《兩漢刊誤補遺》四。曰〔註21〕：「惟泰元尊媼神蕃釐。師古曰：『泰元，天也。媼神，地也。』仁傑曰：『泰元者，泰一也。泰一與天地並，而非天也。』志載天一〔註22〕祠三一：天一，地一，泰一。又載其贊饗，曰天增授皇帝泰元神筴皇帝敬拜泰一。又為泰一鏠旗，命曰靈旗。故此章有泰元及靈旗之文。媼字當作熅。熅神者，鬱煙以祀神。《東京賦》所謂『致高煙乎泰一』是已。禮：祭天以煙為歆神始。祀泰一同於祀天，故燎熏皇天，皋搖泰一。揚子雲以為並稱云。」余謂三一即太極兩儀，故泰一即太極，天一地一即兩儀。無論萬國之祭祀，皆以三神，一陰、一陽、一兼理陰陽，為始固人心之所同然也。一或作元，易理也。易之乾元即天一，易之坤元即地一矣。〔註23〕

　　《文選》陸倕《新刻漏銘》〔註24〕，《注》引崔玄山《瀨鄉記》曰：「《老子母碑》：『老子把持仙籙，玉簡金字，編以白銀，紀善掇惡。』」按：此宋人《太上感應篇》之所託始也。〔註25〕

　　《禮記·祭法》，鄭《注》云：「小神居人之間，司察小過，作譴告者。」是《感應篇》記過之說，固亦出於漢儒，特借太上立說，乃入於道家耳。林伯桐〔註26〕《供冀小言·鬼神篇》云：「《詩》曰：『相在爾室，尚不愧于屋漏。』此經之微言，非虮虱者所知也。」

〔註21〕見宋·吳仁傑《兩漢刊誤補遺》卷第四《富熅》。
〔註22〕「一」，《兩漢刊誤補遺》作「子」。
〔註23〕眉批：「祠祭」、「神祇」、「入太一條，見前」。
〔註24〕見《文選》卷五十六。
〔註25〕眉批：「道流。」
〔註26〕清·桂文燦《經學博採錄》卷一：
　　　　番禺林月亭學正，名伯桐，粵東碩儒也。嘉慶甲子舉於鄉，出閩中陳恭甫編修之門。屢躓公車，以選授德慶州學正，卒於官。學正素履嚴正，學術深醇。以毛西河好為辨駁之論，戴東原不為墨守之學，嘗以毛、戴並稱之。道光間，鄉人士請以學正崇祀鄉賢，呈學官牒有「十三經之注疏，無一卷不手自披尋；七十載之操修，無一事不心存敬慎」，皆紀實也。學正博通經史，旁涉群書，所著有……《供冀小言》，子部也，凡二十二篇，曰天人，曰小民，曰出處，曰勤惰，曰鬼神，曰古昔，曰食力，曰天辭，曰質文，曰習俗，曰家教，曰宗法，曰師友，曰練習，曰內行，曰實惠，曰貧富，曰奢儉，曰息機，曰安雅，曰勞樂，曰簡壽。《荀子》云：「行而供冀，非漬淖也。」楊倞注：「供，恭也。冀，近也。恭近謂不敢放誕也。」供冀名書，實取諸此。

宋芸子《采風記》云：「歐洲有巴柳士艮教，散處各國，子身修鍊。西人書言古時多隱者，伏處山洞清修，不與世事，而不能考其由來。」

林文忠《華事夷言》云：「中國有回回之馬黟墨頓教，各處建廟禮拜。又有由教，其人甚少，只散在鄉間，單身修煉。」《采風記》云：「回教則分由斯、原注：亦曰由教，即西域婆羅門舊教。馬哈墨、比阿釐三種。」余案：中國有猶太教，而由斯則未之聞，豈回教之旁支，無從晰其歧別耶？

《新譯萬國通史·阿喇伯志》云：「慕罕默德又自稱彌賽亞降世，冀羅致旅居貊隄那之猶太人。」此又譯摩西為彌賽亞。然可知猶太奉摩西，即以摩西為教名。景教既稱彌施訶教，則為猶太教無疑也。〔註27〕

《水經·漾水篇》，《注》引《續漢書》曰〔註28〕：「虞詡為武都太守，下辨東三十餘里有峽，峽中白水生大石，障塞水流，春夏輒潰溢，敗壞城郭。詡使燒石以醋。趙一清曰：「《御覽》引作醋。」灌〔註29〕之。」《新唐書·地理志》云〔註30〕：「嚴礪自長舉縣西疏嘉陵江二百里，焚巨石，沃醋以灌之。」案：此即近世用炸藥轟石之嚆矢也。〔註31〕

《元史》：「元初，施用文字用漢楷及畏吾《元典章》作衛兀。字。世祖中統元年，命國師八思巴製蒙古新字，字僅千餘，其母凡四十有一。其間關紐而成字者，則有語韻之法。大要以諧聲為宗。二十一年，勅中書省奏目及文冊皆不許用畏吾字，其宣命劄付並用蒙古書。」趙崡《石墨鑴華》云：「蒙古字法皆梵天迦盧按：即佉盧。之變也，故與佛真言相類。重陽萬壽宮元碑皆以蒙古字書。」余按：蒙古文與山西吉文不相類。特其字母之法，據梵字為增減耳。〔註32〕

趙甌北《廿二史劄記》卷三十云：「元諸帝多不習漢文。大臣亦多用蒙古勳舊，罕有留意儒學者。世祖時，尚書留夢炎等奏，江淮行省無一人通文墨者，乃以崔彧為江淮行省左丞。李元禮諫太后不當幸五臺，帝大怒，令丞相完澤、不忽木等鞫問。不忽木以國語譯而讀之，完澤曰：『吾意亦如此。』是

〔註27〕眉批：「又」、「此應併入十七冊四十二頁景教條後」
　　　　另，稿本文末有注：「貊隄那，他書多作麥底迦。」
〔註28〕見《水經注》卷二十。
〔註29〕「灌」，刻本作「新」，據稿本及《水經注》改。
〔註30〕見《新唐書》卷四十。
〔註31〕眉批：「器物」、「考證」。
〔註32〕眉批：「語文」、「此」、「卅七頁」、「及□□條」。
　　　　按：此條與卷二十五「元至元元年詔曰」一條相近。

不惟帝王不習漢文，即諸大臣中習漢文者亦少也。」余案：元時蒙古人不甚習漢文，而漢人顧頗有通蒙古文者。今之蒙文字母百餘，已非元舊。而見於陳元靚、陶宗儀書者，猶可見其彷彿，亦足歎興廢之不常爾。

《元史・世祖紀》：「至元九年，和禮霍孫奏蒙古字設國子學，而漢官子弟未有學者，及官府文移猶用畏吾字。詔自今凡詔令皆用蒙古字，仍遣百官子弟入學。至元二十九年，河南福建省臣奏請詔書用漢字，帝命以蒙古語詔河南，漢語詔福建。」《順帝本紀》：「至元中，禁漢人、南人勿學蒙古畏吾字書。」

宋張南軒曰：「南海諸番書煞有好者，字畫遒勁，如古鐘鼎款識。諸國各不同，風氣初開時，此等事到處皆有，開其先者不獨中國也。」《南軒文集》。〔註33〕南軒不以諸番書為出自中國，是其識見高廣處。

邵大緯《薄海番域錄》曰：「婆羅一名文萊。」余按：廣東人呼南洋人曰摩羅，清平聲，亦文萊之轉音。　又云：「婆羅有東西二王。永樂四年，各遣使來朝。相傳國王閩人，隨鄭和往，因留鎮焉。王府旁有漢字碑。」

唐李嘉祐《夜聞江南人家賽神因題其事》詩云：「南方淫祀古風俗，楚嫗解唱迎神曲。鎗鎗銅鼓蘆葉深，寂寂瓊筵江水綠。」又云：「韓康靈藥不復求，扁鵲醫方曾莫睹。」見《唐風集》。此與薩瑪教大略相似。薩瑪教即中國之巫教也。〔註34〕

西清《黑龍江外紀》：「達呼爾即達瑚哩。病必曰祖宗見怪，召薩瑪跳神禳之。薩瑪，巫覡也。其跳神法，薩瑪擊太平鼓作歌，病者親族和之。歌詞不甚了了，尾聲似曰耶格耶。薩瑪曰祖宗要馬，則殺馬以祭；要牛則椎牛。驪黃牝牡，一如其命。有所殺無算，病者死而家亦破者。然續有人病無牛馬，猶宰山羊以祭，不敢違薩瑪之命。伊徹滿洲伊徹新也。病亦請薩瑪跳神，而請扎林一人為之相。扎林，唱神歌者也。祭以羊、鯉，用腥。薩瑪降神亦擊鼓。神來則薩瑪無人色，如老虎神來猙獰，媽媽神來噢咻，姑娘神來覷覷，各因所憑而肖之。然後扎林跪陳祈神救命意，薩瑪則啜羊血嚼鯉，執刀槍義梃，即病者

〔註33〕此係錄自清・倪濤《六藝之一錄》卷二百六十六《宋張栻論南海諸番書》。
　　　又・清・康有為《廣藝舟雙楫》卷二《本漢第七》：
　　　南軒曰：「南海諸番書煞有好者，字畫遒勁，若古鐘鼎款識。諸國不同，蓋風氣初開，為之先者皆有質奇之氣，此不待於學也。」
　　　按：此係朱子語，見《朱子語類》卷第一百四十。
〔註34〕眉批：「宗教。」

腹上指畫而默誦之，病亦小愈。然不能必其不死。」按：各書所記薩瑪，惟祭神禳病，餘無所為，實沿古昔巫風，而未可謂之立教也。《外紀》又記達呼爾富林嘗言跳神一事，不見經傳。既知其非，而因循不改，用夏變夷之謂。何則？達呼爾人亦有服習儒術者矣。〔註35〕

　　徐宗亮《黑龍江述略》〔註36〕云：「巫風盛行，病者輒招巫入室，裝束如方相狀，以鼓隨之，應聲跳舞，云病由某祟，飛鏡驅之，向病身按摩，數次遂愈。或延喇嘛治之，亦大同小異。寺觀無僧道，行腳者亦尠。唯呼蘭三城，時一遇焉。」陳玉璡《寧古臺方言記》《學文堂文集》卷七。云：「跳神之家，主婦主邑，而男子擊鼓佐之，無親疏男女環觀。祭畢，雜坐，分糕如受餕餽，遺鄰里，若重貺然。餕名飛石黑阿峰，猶漢言黏穀米糕也。」

　　吳其禎《緬甸圖說》云：「緬甸語言文字風俗與印度同。」黃楙林《西輶日記》云：「其字體望之如連圈不斷，有二十六字母。」〔註37〕

　　祁鶴皋《回俗紀聞》見《新疆要略》卷四。云：「回字凡二十九字頭，或兼數音而成一字，或聯數字而成一音。」《明一統志》卷九十云：「回回書體旁行，有篆、草、楷，今西洋諸國皆用之。」〔註38〕

　　明李詡《戒庵漫筆》卷三云：「韃人稱中朝皇帝為罕，蓋胡入聲，重而疾。古云可音克。汗，音寒。音近罕耳。」又云：「達達稱中國官府為阿法。」

　　黃省曾《西洋朝貢典錄榜》：「葛剌國，東印度之國也。其語謂之榜葛俚，亦善吧兒語。案：今譯作巴利。樂工謂之根肖速魯奈。」

　　近人馮知遂有《馬拉語類》，記巫來由語言，見潘飛聲《說劍堂集》，余未之見。〔註39〕

　　祁鶴皋《新疆要略》卷四《厄魯特舊俗紀聞》云：「其文字謂之託忒，共十五字頭，每字頭凡七音，共得一百五音。其法直下右行，用木筆書之，或削竹為筆，長四寸，上闊而下銳，取墨以作書，謂之烏珠克。」《龔定菴集‧蒙古字類表》云〔註40〕：「蒙古文字又為準部託忒之祖。託忒十五頭皆略仿蒙古，

〔註35〕眉批：「又」、「入薩瑪教條」。
〔註36〕「略」，刻本作「云」，據稿本改。
〔註37〕眉批：「語文。」
　　　　按：稿本文末刪「余友人張成周孝廉頗識緬文，惜當時未究其說也」。
〔註38〕眉批：「又。」
〔註39〕眉批：「又。」
〔註40〕見清‧龔自珍《定盦全集》定盦文集補續錄《蒙古字類表序》。

無圈點，而末筆直下，波磔方闊者也。」〔註41〕

　　江西南昌有澹臺門，門內有澹臺墓。咸豐間，有欲發其墓者。甫穴其前，則萬蛇蟠蜿，中植一劍，因懼而止。友人黃豪伯知縣栐材為余言之，以為靈異也。余按：《〈水經‧澮水篇〉注》引《陳留風俗傳》曰〔註42〕：「陳留縣裘氏鄉有澹檯子羽冢，又有子羽祠，民祈禱焉。京相璠曰：『今泰山南武城縣有澹檯子羽冢，縣人也。』未知孰是。」夫陳留風俗之所記，春秋土地之所傳，滅明所藏，居然有二。而大江南服，更有遺墟。既斬長蛟，爰安委蛻，亦其所矣。聖賢名跡，附會良多。尚父釣臺，子夏石室，猶斯類也。志方輿者，慎無自矜考核，妄刪舊聞，斯為得耳。〔註43〕

　　《雜兵書》曰：「八陣：一曰方陣，二曰圜陣，三曰牡陣，四曰牝陣，五曰衝陣，六曰輪陣，七曰浮沮陣，八曰雁行陣。」《文選》陳孔璋《〈為曹洪與魏文書〉注》。余案：《握機經》之八陣，所謂天地、風雲、龍虎、鳥蛇者，實同於此。方圜即天地，牡牝即龍虎，道家多用此比。衝即風，輪即云，浮沮即蛇，雁行即鳥也。古兵家陣法大抵如此。異其名，不異其實也。汪宗沂輯《諸葛武侯八陣兵法》，以《雜兵書》之言為是，而力闢龍虎風雲之非，可謂知二五而不知一十者也。〔註44〕

　　趙雲菘《廿二史劄記》論「金末種人被害之慘」云〔註45〕：「一代敝政，有不盡載於正史而散見他書者。金制以種人設猛安謀克分領之，使散處中原。世宗慮種人為民害，乃令猛安謀克自為保聚，其土地與民犬牙相入者互易之，使種人與漢民各有界址，意至深遠也。其後蒙古兵起，種人往戰輒敗。承安中，主兵者謂種人所給田少，不足贍身家，故無鬥志，請括民田之冒稅者給之。於是武夫悍卒倚國威以為重，有耕之數世者，亦以冒占奪之。及宣宗貞祐間南渡，盜賊群起，向之恃勢奪田者，人視之為血讐骨怨，一顧盼之頃，皆死於鋒鏑之下，雖赤子亦不免。事見元遺山所作《張萬公碑文》。又《完顏懷德碑》亦云：『民間讎撥地之怨，睊皆種人，期必殺而後已。尋蹤捕影，不三二日，屠戮淨盡，甚至掘墳墓，棄骸骨。惟懷德令臨淄有惠政，民不忍殺，

〔註41〕眉批：「又。」
〔註42〕見《水經注》卷二十二。
〔註43〕眉批：「輿地。名勝」、「入輿地」。
〔註44〕眉批：「兵事」、「入八陣條」，即卷二十八「諸葛《武侯八陣圖》與《握機經》同」一條。
〔註45〕見《廿二史劄記》卷二十八。

得全其生。」可見種人之安插河北諸郡者，盡殲於貞祐時。蓋由種人與平民雜處，初則種人倚勢虐平民，後則平民報怨殺種人，此亦一代得失之林也。然《金史》不載此事，僅於《張萬公傳》中略見之。」余按：山東、直隸各州縣，如完顏、徒單等姓，尚偶見之。是當時屠戮有未盡者，特亦僅存什一於千百耳。本朝駐防之制，與金時安插種人稍異。然洪、楊之亂，江寧、浙江兩處駐防，幾於靡有孑遺，亦以平日凌虐平民，積忿之所致也。孰能使其相忘於江湖哉？〔註46〕

陳玉璂《寧古臺方言記》云：「諸申木克，猶漢言滿洲水也。滿洲舊稱，諸申呼水為木克法，取蔬作虀，置木桶中，和鹽少許，以水溢之，其汁微酸，取以代醯。」按：諸申，《滿洲源流考》作珠申，以為肅慎之轉音。吳桭臣《寧古塔記略》云：「水曰目克。」〔註47〕

《寧古塔記》略記土語，如父曰阿馬、母曰葛娘、余按：葛當作遏。金曰愛星、按：即愛新。銀曰蒙吾、按：即蒙兀。書曰必帖黑之類，頗有與蒙古語相同者。此由滿洲、蒙古婚姻互通，故言語相雜也。如硯曰硯窪、錢曰濟哈、按：「濟哈」二字急呼則成錢音。木曰木立、衣曰衣立之類，則又似漢音，當由柳邊之外，商賈久通，故言語亦有時出入矣。《後漢書·辰韓》〔註48〕：「其名國為邦，弓為弧，賊為寇，行酒為行觴。」蓋種類既同，斯名稱相襲，又其宜也。〔註49〕

姜宸英《湛園札記》曰：「《唐書·摩揭它國傳》：『太宗遣使取熬糖法，詔揚州取蔗柞瀋，如其劑，色味愈西域遠甚。』此則中國用糖之始。以諸蔗為糖，其法始於佛氏。然《吳志·孫休傳》已有甘蔗餳矣。」余按：《楚辭·招魂篇》云：「瀹鱉炮羔有柘漿。」王逸《注》云：「柘，諸蔗也。取諸蔗之汁以為漿飲也。」取蔗瀋為飲，自古有之。特製為糖霜，則其法至唐始得之西域耳。《漢書·郊祀志》：「泰尊柘漿析朝酲。」案：葉廷珪《海錄碎事》卷六：「南蠻赤土國以甘蔗作酒，雜以紫瓜根，酒色黃赤。」然則古所謂柘漿者，或以甘蔗為酒，亦未可知。〔註50〕

〔註46〕眉批：「□事」、「□族」，上兩字殘，疑為「兵」、「種」。
〔註47〕眉批：「語文」、「此應與廿九冊四十二頁契丹一條相接」。
〔註48〕見《後漢書》卷八十五《東夷列傳》。
〔註49〕眉批：「稱父母似不同，當再考。」
〔註50〕眉批：「入糖條」。另，「耳漢書郊祀志泰尊柘漿析朝酲案葉廷珪海錄碎事」一行上批：「俟檢。」

—902—

　　《文選》班孟堅《封燕然山銘》：「躡冒頓之區落。」「區落」，李崇賢無注。余謂區落蓋即單于帳殿之稱。「區」讀如「歐」。元人窩耳朵、幹耳朵皆區落之音轉。日本人稱拔都大王所建庭曰金黨，酒卷鷗公有《金黨史》。沈子培刑部云：「金黨即幹耳朵之對音。」案：那珂通世《敘雲編》述金幹耳朵之史，則幹耳朵三字急呼為黨，如沈君說。

　　晉崔豹《古今注》曰：「薤露、蒿里，並喪歌，出田橫門人。橫自殺，門人傷之，為之悲歌。言人命如薤上之露易晞滅，亦謂人死魂精歸乎蒿里，故有二章。其一曰：『薤上朝露何易晞，露晞明朝更復落，人死一去何時歸。』按：今本第一句無「朝」字，此用《文選》陸士衡《輓歌行》注。其二章曰：『蒿里誰家地，聚斂魂魄無賢愚。鬼伯一何相催促，人命不得少踟躕。』至李延年乃分二章為二曲。」余按：《琴操》所載歌曲，或由後人追摹其聲所作。此二章既為李延年所用，則實出於西漢之初。兩章皆七言古詩，第一章尤純用七言，故論文章緣起者，七言詩當以此為始，非如高帝《大風歌》猶用楚辭之舊調也。

　　宋日本僧道元《寶慶記》：「道元問：『《首楞嚴經》、《圓覺經》，在家男女讀之，以為西來祖道。道元推尋兩經文之起盡，不同大乘諸經，有劣於諸經之言句，無勝於諸經之義勢，頗有同六師等之見，畢竟如何法定？』天童淨云：『《楞嚴經》自昔有疑者也。謂此經後人撰歟？先代祖師未曾見也。近代癡暗之輩，讀之愛之。《圓覺經》亦然。文相起盡，頗似也。』」余嘗考《至元法寶勘同錄》及沈氏《西清筆記》，知《楞嚴經》實竺土所無，而《圓覺》則傳自西方，未有異義。今乃知宋時並有疑之者，故錄存其說，以質後人。

　　《水經‧洭水》，《注》曰：「皇女湯道士清身沐浴，一日三飲。四十日後，身中萬病癒，三蟲死。」按：三蟲即三尸。唐窺基《法苑義林章》卷二云：「阿難、迦葉執魔三屍繫咽，第一人屍，第二狗屍，第三蛇屍。」按：此出《大智度論》。此釋氏言，與道家三彭無涉。《羅昭諫集》有《寄第五尊師》詩云：「朱黃揀日囚尸鬼，青白臨時注腦神。」尸鬼謂三尸也。《真人制魂魄說》云：「三尸：上尸青姑，中尸白姑，下尸血姑。三尸蟲：一彭琚，二彭盾，三彭矯。」《真俗佛事編》云：「三尸蟲如三猿形，此道教之法。」日本〔註51〕法，於庚申本尊之前，塞目、塞口、塞耳，以為杜三猿之居。兒島碩鳳《佛教字典》以為好事者取孔子三緘故事，以不言、不聞、不見垂教云。《避暑錄話》載唐末

〔註51〕「本」，刻本作「木」，據稿本改。

道士程紫霄詩，云：「不守庚申亦不疑，此心常與道相依。玉皇已自行行止，任汝三彭說是非。」〔註52〕

　　明人論詩每有佳語，而駁正古人，則往往多謬。王敬美《藝圃擷餘》云：「《文選》李善《注》有牽合古書而不究章旨。如曹顏遠《思友人》詩：『清陽按：《選》原作「清揚」，敬美改作「陽」。未按：宋本作「永」，敬美所見乃誤本。可俟。』善引《詩》，『以為清揚婉兮，人之眉目間也』。然於章法句法，通未體貼。其詩本言『霖潦』、『玄陰』，與歐陽子別旬朔而思之甚，故曰『褰裳』，以應『潦』也。『清陽未可俟』，猶曰河清難俟耳。蓋以『清陽』反『霖潦』、『玄陰』也。其意自指『日出』，或即『青陽』而誤加三點，如上『褰裳』誤作『寒裳』按：舊本不誤。耳，何必泥《毛詩》『清揚』，令句不可解耶？」余謂此敬美之誤，崇賢不誤也。曹詩自「心與回飆俱」以上皆言景，「思心何所懷」以下皆言情。此二句云「褰裳不足難，清揚永可俟」，蓋言雖霖潦尚可褰裳，何必望晴霽如河清難俟乎。「褰裳」、「清揚」皆用《詩經》，是古人精切處。且下文云「延首出階簷」，佇立增想，似正為想見其眉目耳。若青陽難俟，則何必延首階簷以受淅瀝哉？如敬美所論章法、句法，真乃隔閡，而率議古人，後生所當誡也。〔註53〕

　　彭孫貽《客舍偶聞》云：「《金史》：『蒙古在女真北，勁勇善鬬，在古為

〔註52〕眉批：「入三尸條。」
　　　　另，宋・葉夢得《避暑錄話》卷下：
　　　　道家有言三尸，或謂之三彭，以為人身中皆有是三蟲，能記人過失，至庚申
　　　　日，乘人睡去，而讒之上帝。故學道者至庚申日，輒不睡，謂之守庚申。或
　　　　服藥以殺三蟲。小人之妄誕，有至此者。學道以其教言，則將以積累功行以
　　　　求升舉也。不求無過而反惡物之記其過，又且不睡以守，為藥物以殺之，豈
　　　　有意於為過，而幸蔽覆藏匿，欺妄上帝，可以為神仙者乎？上帝照臨四方，
　　　　納三尸陰告而謂之讒，其悖謬尤可見。然凡學道者，未有不信其說。柳子厚
　　　　最號強項，亦作《罵屍蟲》文。且唐末猶有道士程紫霄，一日朝士會終南太
　　　　極觀守庚申，紫霄笑曰：「三尸何有，此吾師託是以懼為惡者爾。」據牀求枕，
　　　　作詩以示眾，曰：「不守庚申亦不疑，此心長與道相依。玉皇已自知行止，任
　　　　爾三彭說是非。」投筆，鼻息如雷。詩語雖俚，然自昔其徒未有肯為是言者，
　　　　孰謂子厚而不若此士也。
〔註53〕按：此條下稿本又有「西清《黑龍江外紀》云」一條，見刻本卷二十七。
　　　　又有「《黑龍江外紀》云」一條，眉批：「入契丹條」，見刻本卷二十七。
　　　　又有「《文選》卷二十八，《注》：『《春秋考異記》曰：難應旦明，明與鳴同，
　　　　古字通也』一條，眉批：「入遊與由通條」，即卷二十三「《文選》阮嗣宗《詠
　　　　懷詩》」一條。按：此條所言與卷二十三「《文選》陸士衡《擬今日良宴會》
　　　　詩」一條（即「《文選》阮嗣宗《詠懷詩》」下一條）略同，故不補入正文。

蒙兀部，衣鮫魚皮，御弓矢。』然則蒙古本東人，即今魚皮韃子，乃蒙古種。既而走沙漠，為蒙古以別之，與東人為二矣。」余按：蔡伯喈《伐鮮卑議》云：「鮮卑種眾新盛，自匈奴北遁以來，據其故地，稱兵十萬，彌地千里，意智日生，才力勁健，兵利馬疾，過於匈奴。」是東人之走漠北，自古已然，蒙古特襲鮮卑之舊跡耳。

《爾雅》歲陽歲名，西人既云與猶太合，然中國古籍用之者，惟《呂氏春秋・序意篇》「惟秦八年，歲在涒灘秋甲子朔」一條。張歠山《舒藝室隨筆》云〔註54〕：「古書用歲名者僅見此。若《楚辭》之『攝提貞於孟陬』，自謂月建。《史記・天官書》：「大角者，天王帝廷。其兩旁各有三星，鼎足句之，曰攝提。攝提者，直斗杓所指，以建時節，故曰攝提格。」王叔師誤以太歲釋之。」余謂《爾雅》為釋經，作必在周、秦之際。秦人好勤遠略，又僻在西戎，其所交通，當逾天竺。劉向《列仙》一傳，未必盡誣。羅馬建號，既云大秦，而巴比歲名，遂傳中土，無可疑者。春秋各國惟用十二次之名，而呂氏好奇，獨標異語，亦所以示博於國人，故雖有懸金，莫敢易其一字矣。〔註55〕

宋費袞《梁谿漫志》卷三。云：「今之稱複姓者，皆從省文。如司馬則曰馬、諸葛則曰葛、歐陽則曰歐、夏侯則曰侯、鮮于則曰於，如此之類甚多。相承不已，複姓將混於單姓矣。唐永貞元年十二月，涫于姓改為于，以音與憲宗名同也，至今二於無復可辨。如豆盧，蓋唐大族，欽、望、瑑、革皆嘗為相。而此姓今不復見，其殆混於盧邪？」余按：至明初，複姓改為單姓而氏族之混者益多矣。補之之言，可謂先識也。〔註56〕

明李詡《戒庵漫筆》卷七。云：「今人家買得贗譜，便詫曰我亦華冑也。最是可笑。此事起於袁鉉。鉉以積學多藏書，貧不能自養，業此以驚愚賈利耳。」〔註57〕按：此近世家譜所以多不足信也。

〔註54〕見清・張文虎《舒藝室隨筆》卷六。

〔註55〕眉批：「入自西徂東說爾雅歲名與猶太相同一條」，即卷二十三「西人以爾雅歲名與猶太同」一條。

〔註56〕眉批：「入複姓條。」

〔註57〕《古今圖書集成・明倫彙編》氏族典第十九卷《氏族總部紀事》：
《懸笥瑣探》：「袁鉉，積學多藏書，然貧不能自養。遊吳中富家，依棲之間，與之作族譜，研窮、漢、唐、宋、元以來顯者，為其所自出。凡多者家有一譜，其先莫不由侯王將相而來，歷代封諡誥敕名人序文具在。初見之甚信，徐考之乃多鉉贗作者。鉉年七十餘，竟以作譜事致富家，為其府所究，破其產，人四竄避去，而鉉亦不復來吳。」

明謝肇淛《五雜俎》卷十三〔註58〕云：「陶穀原姓唐，因避石晉諱而改。真德秀原姓慎，因避孝宗諱而改。夫以君父一時之諱，而更祖宗百代之氏，不孝孰甚矣。陶不足責也。西山大儒，乃為此耶？」至萬季野之詆魏了翁〔註59〕，了翁本姓高。〔註60〕尤不可解矣。

李遜之《崇禎朝記事》卷四。云：「御史楊苦橋舉西洋人湯若望製火礮禦敵，左都御史劉宗周奏：『國之大事，以仁義為本。若望向來創說邪教，堂堂中國若用其小技以禦敵，豈不貽笑？』上曰：『火器是中國長技，若望比不得外夷。』宗周奏：『若望小技，何益成敗？目今要慎選督撫，若文官不要錢，武官不怕死，何愁不太平？』蕺山正人，而持論乃如此。兵者專門之學，儒家不宜妄議也。《明史·外國·意大里亞傳》〔註61〕：「其國善製礮，視西洋更巨。既傳入內地，華人多倣之而不能用。天啟、崇禎間，東北用兵，數召澳中人入都，令將士學習，其人亦為盡力。」〔註62〕

魏叔子《史論》曰：「成祖三犁虜庭，可謂武矣。建都北平，天子守邊，可謂壯矣。而乃棄三衛以資虜，斷三邊之喉，虛京師之背，若庸主所為，何哉？蓋其初急於得天下，其後喜於得天下，急則慮疏，喜則志盈。既疏且盈，神智不守，昧於遠圖，無足怪已。」余嘗謂明人棄越南，棄河套，皆謀國之不臧，而莫謬於棄三衛，遂循至於亡國。以此觀之，成祖固無經國之遠猷也。

邵長蘅《青門麓藁·梁維本墓表》云〔註63〕：「順治間，公抗疏略曰：『伏願皇上親禮儒臣，留神經史之學，讀漢書，習漢字，奏章不藉翻譯，大臣面陳幾務，天下幸甚。況皇上說學，則滿洲、蒙古大臣莫不說學，其裨益尤大。』上嘉納之。」維木為大學士清標之父。

宋葛勝仲《丹陽集·乞以學書上御府並藏辟雍劄子》云〔註64〕：「以大觀三年歲終數編纂，今已成書。總天下二十四路，教養大小學生以人計之，凡

〔註58〕「三」，刻本作「二」，據稿本、《五雜俎》改。
〔註59〕俟考。
〔註60〕明·邵經邦《弘簡錄》卷一百八十一：「魏了翁，字華父，卭州人。本姓高，出繼魏氏。」
　　　　另，清·袁棟《書隱叢說》卷八《族姓譜牒》：「魏了翁本姓高，養於姑而姓魏。」
〔註61〕見《明史》卷三百二十六。
〔註62〕眉批：「記前已有一條，此俱附入。」
〔註63〕見清·邵長蘅《邵子湘全集》青門麓藁卷十二。
〔註64〕見宋·葛勝仲《丹陽集》卷一。

一十六萬七千六百二十二。學舍以楹計之，凡九萬五千二百九十八。學錢以緡計之，歲所入凡三百五萬八千八百七十二，所用凡二百六十七萬八千七百八十七。學糧以斛計之，歲所入凡六十四萬二百九十一，所用凡三十三萬七千九百四十四。學田以頃計之，凡一十萬五千九百九十。房廊以楹計之，凡一十五萬五千四百五十四。既以逐州縣離為析數，又以天下合為總數，凡二十有五冊，而中都兩學之數不與焉。」

宋葛剛正《三續千字文注》云：「國朝廷試，唱名第一、第二甲敕賜進士及第，第三甲、第四甲敕賜進士出身，第五甲敕賜同進士出身。」有明以來，及第出身、同出身名目猶沿宋制，而四甲、五甲則無之。邵子湘《書朱文公同年錄記後》云〔註65〕：「宋制科分五等，而進士分三甲。自太平興國八年後，遂為定制。錄中載公名第五甲第九十名，友人林璐言不知五甲之制。」按：熙寧間，王安石更定科舉法，殿試分五等，其第五等賜同學究出身。而其後沿之而不變，或遂以五等為五甲耶？按：宋制一甲二甲賜進士及，第三甲四甲賜進士出身，五甲賜同進士出身。見　　錄。

宋同年小錄存於今者，惟文信公及王佐二榜。王佐榜以朱子之故得傳，然尤玘《萬柳溪邊舊話》云：「文簡公謂尤袤二十二歲名冠南宮，廷擬狀元，因不呈卷，秦檜易以王佐。」是佐之得元，由檜所取，其人蓋不足重。又按：王佐榜題名碑，是科御試，勅差初考官沈詼、吳栗、陳敬之，復考官李朝正、湯思退、沈介，詳定官詹大方、張杞、王之望。皆無檜名，或檜有所授意耳。尤袤名列三甲三十七，實三甲之末。《潛研堂金石文字跋尾》云〔註66〕：「是科徐履以省元殿五甲，未詳其故。後讀張荃翁《貴耳集》，稱淳熙間省元徐履因功名之念太重，遂有心恙之疾。殿試卷子寫一枝竹，題曰畫竹一竿，朝廷亦優容之，以省元身後一官與其子。乃知履之殿甲，蓋因心疾所致。然履乃紹興進士，荃翁以為淳熙，則記憶之誤耳。」然則文簡亦非名冠南宮，《舊話》所述未可盡信也。

李心傳《繫年要錄》云：「初奏董德元為首，陳孺次之。既而以事故遞降，遂擢佐為首是。」文簡固未嘗擬元也。

宋慕容彥《逢摛文堂集》卷七有《賜大遼國賀天寧節人使朝見訖歸驛賜酒果口宣》，胡宿《文恭集》卷二十七有《皇帝賀大遼太后生辰書》，又有《賜

〔註65〕見邵長蘅《邵子湘全集》青門旅稾卷四。
〔註66〕《潛研堂金石文字跋尾》卷十五《紹興十八年進士題名記》。（362～363頁）

—907—

契丹人使茶藥口宣》。蓋當時或稱契丹，或稱大遼，各從其便。又按：宋人多稱
遼使為北使。〔註67〕

陳曇《廊齋雜記》云：「西藏番民見漢官，卸帽，頂禮，伸舌者三；見達
賴、班禪與大頭人，同以伸舌為禮，真異俗也。」〔註68〕

又云：「西藏刑法甚酷，不論罪之輕重，皆拘攣於黑房，繩縛四肢，以待
援法。搶奪刲殺者，不分首從，皆擬死。或縛於柱上，施以鎗箭，較射飲酒為
樂；或送曲水蠍子洞，令螫之；或送貉貐國，野人分食其肉。」

國朝堂子之祭，事近祕密，至今漢講官不侍班。滿講官侍班者，言祭時
鐙燭皆滅，亦可異也。禮親王昭槤《嘯亭雜錄》以為祭鄧子龍。〔註69〕楊賓
《柳邊紀略》云〔註70〕：「奉天多鄧將軍廟。將軍名佐，成化間人。按《四鎮

〔註67〕眉批：「入宋人稱遼金為大遼大金條。」
〔註68〕眉批：「入藏番條。」
〔註69〕清·昭槤《嘯亭雜錄》卷八《堂子》：
國家起自遼瀋，有設竿祭天之禮。又總祀社稷諸神祇於靜室，名曰堂子，實
與古明堂會祀群神之制相符，猶沿古禮也。既定鼎中原，建堂子於長安左門
外，建祭神殿於正中，即匯祀諸神祇者。南向前為拜天圓殿，殿南正中設大
內致祭立杆石座。次稍後兩翼分設各六行，行各六重，第一重為諸皇子致祭
立杆石座，諸王、貝勒、公等各依次序列，均北向。東南建上神殿，南向，
相傳為祀明將鄧子龍位。蓋子龍與太祖有舊誼，故附祀之。歲正朔，皇上率
宗室、王、公、滿一品文武官詣堂子，行拜天禮。凡立杆祭神於堂子之禮，
歲以季春、季秋月朔日舉行。祭日懸黃幡，繫彩繩，綴五色繒百縷，楮帛二
十有七，備陳香鐙。司俎官於大內恭請神位，由坤寧宮以彩亭舁出，行中路
至堂子，安奉於祭神殿內東向，陳糕餌九盤，酒琖三。圓殿陳糕餌三，酒琖
一，楮帛如數。司俎官以贊祀致辭行禮。大內致祭後，越日為馬祭神於堂子
如儀。凡月祭，孟春上旬三日，餘月朔日，大內遣司俎官率堂子官吏於圓殿
奠獻糕酒，行禮如儀。是日，內管領一人，於上神殿獻糕酒楮帛，親、郡王
各遣護衛一人，於上神殿獻楮帛。凡浴佛之禮，歲以孟夏上旬八日，司俎官
率執事人等，自大內請佛至堂子祭神殿，陳香鐙獻糕酒，王公各遣人獻糕。
執事設盥盤，贊祀二人浴佛畢，六酌獻，三致禱如儀。是日大內及軍民人等
不祈禱，不祭神，禁屠宰，不理刑名。凡出師展拜堂子之禮，皇上親征，〔如
仁皇帝征噶爾丹事。〕諏吉起行，內府官預御拜褥於圓殿外，及內門外禦
營黃龍大纛前，兵部陳螺角，鑾儀衛陳鹵簿，均如儀。皇上先詣圓殿，次詣
纛前，均行三跪九叩禮。六軍凱旋，皇上入都門，先詣堂子行禮。命將出師，
皇上率大將軍及隨征將士詣堂子行禮，儀均與親征同。凱旋日，詣堂子行告
成禮，均與古之禡禂告功明堂之禮相同。實國家祈禱之虔，百神之所祐庇，
與商、周之制若合符節，所以綿億萬載之基也。
〔註70〕見楊賓《柳邊紀略》卷三。
又，俞樾《茶香室叢鈔》茶香室三鈔卷十九《鄧將軍》：

三關志》：『鄧佐者，定遼前衛指揮使也。成化三年，隨總兵施英按奉集堡，遇敵二千餘，佐率五百騎敗之。復追至樹遮里峻山峭壁中，鏖戰，忽有一校策馬退走，眾遂潰。乃下馬，步戰久之，知不可為，遂自刎。守臣上其事，立祠遼陽。都御史吳禎為撰碑記。』或曰京師堂子所祀亦將軍云。」案：《大清一統志》：「鄧將軍祠在遼陽州城南。明弘〔註71〕治間，為都指揮使鄧佐建。」是鄧佐為有明死事之臣，且有廟於遼陽矣。彭孫貽《客舍偶聞》云：「九月朔，當是康熙戊申歲。駕出東直門，迎鄧將軍神主入大內，黃幄列輿輦前，上親拜祭。詢諸故老：『鄧將軍何人，乃勞萬乘躬祭？』或曰：『將軍島帥毛文龍部下，善鬬。戰沒，有神靈立廟島上。太祖起兵時，戰急甚危，求庇於神，顯靈脫於難，立廟遼陽，每祭必先之。元旦亦先必謁廟，躬奠致敬，否則宮中時時為厲。』按：毛文龍與太祖同時，其部將戰沒立廟，未必為太祖所禱祀。此說似非事實。或曰：『將軍明之有功將帥，戰沒海上者也。』考明將帥死遼事，無鄧將軍其人者。按：此不知鄧佐之事。萬曆征朝鮮，副將鄧子龍數有功，戰死海上，豈其神耶？將軍英烈，沒而有神，固宜。」查慎行《人海記》云：「元旦堂祭，乃鄧將軍廟也，在朝門之巽隅。自車駕外，侍從皆匍匐而入，非親暱不隨行。將軍諱子龍，南昌人。萬曆中副總兵。」劉獻廷《廣陽雜記》曰〔註72〕：「梁質人汾云：今堂子所祀鄧將軍，諱子龍，江西南昌、豐城之間人。事母至孝。入行伍，以功得官。後起為遼東游擊將軍，死王事云。」是以堂子為祭鄧子龍其說較確。又沈國元《從信錄》云：「萬曆二十六年十一月，副將鄧子龍以剿倭陣亡。」伍袁萃《林居漫錄》云：「倭寇朝鮮，崑田邢公往救。副將楊元與倭戰，大敗遁回。會倭酋死，其將引眾去，遣副將鄧子龍躡之，亦敗沒。竟以平倭大捷聞，冒濫恩賞焉。」按《東西年表》：「萬曆戊戌，平秀吉卒，朝鮮平。」

　　張文虎《舒藝室隨筆》卷一云：「『寅餞納日』與上『寅賓出日』相對。賓餞，有迎送之意。馬注『餞』為『滅』，敬滅納日，不辭。鄭謂『秋分夕月』，亦不可以釋納日。《史記・五帝本紀》高辛氏『曆日月而迎送之』，蓋即賓餞之

　　國朝楊賓《柳邊紀略》云：「奉天多鄧將軍廟。將軍名佐，明成化間人。成化三年春，隨總兵施英按奉集堡，遇敵二千餘，佐率五百騎敗之，復追至樹遮里峻山峭壁中鏖戰，忽有一校策馬退走，眾遂潰。乃下馬步戰久之，知不可為，遂自刎。報未至，遼人見佐乘白馬，挾弓鼓吹而回。守臣上其事，立祠遼陽。至今滿洲跳神皆祠之。或曰京師堂子所事亦將軍云。」
〔註71〕「弘」，底本作「宏」。
〔註72〕見《廣陽雜記》卷二。

義。《匈奴列傳》：『單于朝出營，拜日之始生。』今回國風俗，每晚向西送日，見《西域聞見錄》。皆古禮之僅存者歟？」余謂凡人舉首見天，而天之大明莫著於日，故祭天祭日實民生之自然，無待於聖神之化導，亦無煩於彼此之沿襲也。嘯山謂匈奴回國古禮僅存，固非事實，而釋《堯典》之「寅餞」為送日之禮，則當與經義相符。馬注：「敬，滅，滅與沒同」，正當謂日沒之敬也，張氏譏之，誤矣。〔註73〕

李思倫白英吉利人。《萬國通史前編》卷二云：「埃及最貴之神曰禰，譯言日也，謂日為太上之真神，即宰物之真主。又漸分為數神。初出時，新氣勃發，目為好鷟。好鷟者，青年掌陽世之神也。將沒時，目為奧山烈司。奧山烈司者，暮年掌陰界之神也。故摹刻好鷟之容，為盛年麗都之子，執長矛，將逐矮帕魄而殺之。矮帕魄者，幽闇之神也。好鷟既誅，矮帕魄即化幽闇而現光明，遂變暮而為旦。摹刻刻奧山烈司之狀貌，為皤然老叟，旁侍傭奴十二人，謂神實率之以分司夜間十二小時也。奧山烈司之妻則曰娭西。於是一禰之外有三神。」按：此記埃及古事，皆在五六千年以前。是埃及之事日先於堯舜之世，固知西方典禮不宜附會以為沿於中國也。

祁鶴皋《回俗紀聞》云：「回俗無跽拜，惟納馬茲始跽拜。納馬茲者，送日西入禮拜之名。」

唐僧一行《大日經義釋·次世出世護摩法品第二十七》云：「彼行法者，日未出時，合掌東方望日，日出即拜謁誦咒，以此火神法作之。至日欲沒，又向西送之如上法。每日如此。是送日之禮，婆羅門教亦有之。」

《史記·封禪書》〔註74〕：「始皇東遊海上，祠八神，七曰日主，祠成山。成山斗入海。最居齊東北隅，以迎日出云。」

《續漢·禮儀志上》，劉昭注：「魏文帝詔曰：『漢時不拜日於東郊，而旦夕常於殿下東面拜日。』煩褻似家人之事，非事天交神之道也。於是朝日東門之外，將祭，必先夕牲，其儀如郊。」按：漢世旦夕拜日，夕拜即送日入也。「東面」疑是「東西」之誤。蓋旦則東拜，夕則西拜耳。

〔註73〕眉批：「入拜日一條。」
　　　　按：此條下稿本有「《漢書·揚雄傳》『薰鬻作虐』」、「《交涉紀事本末》又以哼司為匈奴之轉音」兩條，均見卷二十七。
〔註74〕見《史記》卷二十八。

　　江陰鳳韶有經學，吳縣亦有鳳姓，皆自言南詔閣羅鳳之後，由質子入唐，其苗裔以鳳為姓，志不忘也。按：《神仙傳》鳳綱者，戰國時漁陽人。是唐前已有鳳姓。〔註75〕

　　周荇農閣學《思益堂日札》云：「本朝進士題名碑錄榜花各姓，則有青伯昌、順治丙戌。河南洛陽人。侶鸞舉、順治己亥。直隸清豐人。賽玉紘、康熙丁未。山東靖海衛人。茆薦馨、康熙己未探花。浙江長興人。昂天翮、康熙乙丑。江南合肥人。戰殿邦、康熙乙丑。山東膠州人。雒倫、康熙甲戌。河南武陟人。叱驪、雍正癸酉。陝西蒲城人。祕象震、雍正甲辰。直隸故城人。緱山鵬、乾隆甲戌。陝西鄜州人。拱翊勖、乾隆丁丑。廣西桂林人。侍朝、乾隆庚辰。江南泰州人。黏克升、乾隆戊戌。福建晉江人。要問政。乾隆甲辰。山西太谷人。」

　　算命理學以星度為言者，皆本於西域穆尼閣《天步真原》之說，與《張果星宗》固同出一源也。白羊、金牛等十二宮名義，原出《大集日藏經》，云：「昔在殊致羅婆菩薩受龍王請，始說十二宮及星象曆數。」蓋以星紀為磨羯、元枵為寶瓶、娵訾為雙魚、降婁為白羊、大梁為金牛、實沈為陰陽、鶉首為巨蟹、鶉火為獅子、鶉尾為雙女、壽星為天秤、大火為天蠍、析木為人馬。《張果星宗》卷一已載之。其恩星、難星等名，即照星、許星之類也。《聿斯經》雖不傳，而《張果星宗》頗引之。《歲星交會章》云：「巨蟹宮中如會遇少年，榮折桂枝香」，謂木孛。又有韓魏公呂僕射語，則宋人書也。但皆七言韻語，當是《聿斯歌》耳。《書錄解題》有青羅布衣王希明《聿斯歌》。《星宗》又引《樞要歌源髓歌》之類，大抵皆西方之學。《稗編》〔註76〕：見《圖書集成·藝術典》六百三十。「王應麟云：『以十一星行曆推人命貴賤，始於唐貞元初都利術士李弼乾。《聿斯經》本梵書。程子謂三命是律，五星是曆。晁氏謂泠州鳩曰：武王伐殷，歲在鶉火，月在天駟，日在析木之，津辰在斗柄，星在天黿。五星之說，其來尚矣。』」又按：唐、宋命書雖出西學，而多以中學入之，與《天步真原》之派純用西學者稍異。惜溫明叔侍郎未嘗考索及此。如《琴堂指天歌》所云「土埋雙女，木打寶瓶，水泛白羊，金騎人馬」之類，其十二宮從天竺之名，而五星用中國之號，其雜糅可知也。《吉凶時日善惡宿曜經·二十七宿除

────────────

〔註75〕眉批：「《圖書集成·藝術典》第五百二十四卷引之。」
〔註76〕明·唐順之《荊川稗編》卷六十二王應麟《論三命五星所自》。
　　　王應麟此說見《困學紀聞》卷九《曆數》。又見《純常子枝語》卷二十七、卷三十七，均稱「《困學紀聞》」。

牛宿。十二宮圖》：「第一羊宮翼軫，第二牛宮角亢，第三男女宮氐房，第四蟹宮心尾，第五獅子宮箕斗，第六女宮女虛危，第七秤宮室壁奎，第八蠍宮婁胃，第九弓宮昴畢，第十磨羯宮觜參井，第十一寶瓶宮鬼柳，第十二魚宮星張。」男女宮即陰陽，弓宮即人馬，蓋譯者稍異。

《地理正宗》：《圖書集成‧藝術典》六百七十九。「楊筠松，字叔茂，竇州人。」亦不知筠松名益。〔註77〕

向來堪輿家分巒頭、理氣兩宗，互為軒輊，莫衷一是。然形勢之學，殊於五行，《漢志》猶可考也。《管氏地理指蒙》一書，《圖書集成》載之，雖出依託，猶多雅言。惟《飾方售術篇》九宮圖後云：「凡是局例，固非五行二氣之法程。然來山去水亦不淫而不雜，是為衒術之機緘，庶速人之見納。」此則理氣一門，乃為售技而設，嘻可怪也。《青囊經》云：「楊公養老看雌雄，天下諸山對不同。」昔順德李仲約侍郎為余言，此開卷言「養老」二字，明是筠松暮年倦於登陟，冥憶平生所歷，而以地羅格之。斯得之矣。術數之學，遠有師承，辯章藝文，亦宜留意。茹敦和《存格盤說》《竹香齋古文》卷上。云：「格盤迷悶跲塞，了無深旨。趙汸《葬書問對》以為非江西之傳，斥為閩巫之邪說。其徒劉青田、周景一之屬，亦以為可廢。雖然，予嘗讀《禮運》之篇，至『天秉陽，垂日星；地秉陰，竅於山川』，則憬然曰：此非葬家之說乎？非葬家之說，何以言竅乎？又曰『播五行於四時』，此非格盤之說乎？至於『和而月生，三五盈闕』，則二十四氣並納甲之說皆概之矣。『還相為宮』，而納音之說亦著之矣。」余謂術數家紛紛異同，各以性之所近取之，何必是丹而非素乎！

《吉凶時日善惡宿曜經‧祕密雜占品》後附云：「唐用二十八宿，西國除牛宿，以其天主事之，故十二宮猶唐十二次。」〔註78〕

《太平廣記》三百七。引《逸史》：「裴度少時，有術士云：『命屬北斗廉貞星神。』度奉事甚謹。」

《萬國通史前編‧阿喇伯志》曰：「慕罕默德之教，二語蔽之：一曰阿襯按釦毭，譯言上帝至尊也；二曰倚勢攔，譯言宜敬服之也。今泰西人恒取其第二語為回教之名。」倚勢攔即依石藍之異譯。

〔註77〕眉批：「入楊益條。」
〔註78〕眉批：「入天神化牛條。」

臨川吳鐸有《淨髮須知》一卷，專言釋家剃度規則，與《永樂大典》所載迴異。〔註79〕

《萬國通史前編‧羅馬志》云：「古人鬚髮任其生長，剃為每日薙面之法者，賽披也。沿至海特理安皇卒之世，人恒剪髮使短而薙其鬚。海特理安面有疤痕，留鬚不去，大臣從而傚之。」然則今西人短髮長鬚，實用海特理安之遺制也。

史夢蘭《止園筆談》：三。「金人辮髮見於《宋史‧劉錡傳》。」明朱國楨《湧幢小品》云：「元人入主中國，為士者辮髮短衣，效其言語衣服。」則辮髮金、元皆同。　鄭麟趾《高麗史》言蒙古俗，剃頂至額，方其形，留髮於中，謂之開剃。與金源制異。

《林邑記》曰：「儋耳民好徒跣，暑褻薄日，自使人黑，積習成常，以黑為美。《離騷》所謂玄國矣。」《〈水經‧溫水〔註80〕〉注》。按：此知黑色由薄日而成，不足以為人種之區別也。〔註81〕

《宋史‧藝文志》：「姚舜輔《蝕神隱曜曆》二卷。」日本釋圓通《佛國曆象編》云：「梵曆之法，以羅計二曜為蝕神頭、蝕神尾，而梵曆曰羅計，常隱行不見。」舜輔用梵曆，燦然可見。

《東華錄》：「順治十四年夏四月，革職欽天監回回科秋官正吳明炫。奏：『臣祖默沙亦黑等一十八姓，本西域人，自隋開皇己未年為曆元，按：此回教紀元之歲。抱其曆學，重譯來朝，授職歷官一千五十九載，專管星宿行度吉凶。每推算太陰五星陵犯天象，占驗日月交食，即以臣科白本進呈御覽。順治三年，本監掌印湯若望諭臣科：凡日月交食及太陰五星陵犯天象，占驗俱不必奏進。臣查若望所推七政曆水星二八月皆伏，今水星於二月二十九日仍見東方，又八月二十四日夕見，皆關象占，不敢不據推上聞。乞皇上立臣內靈臺，以存臣科，庶絕學獲傳。』竝上順治十四年回回科推算太陰五星陵犯書一部，日月交食天象占驗圖像一本。事下所司。七月，吳明炫又奏湯若望舛謬三事：一遺漏紫炁，一顛倒觜參，一顛倒羅計。」蓋回曆本於梵曆，亦用羅睺計都也。

〔註79〕眉批：「入剃髮條。」
〔註80〕「水」下，稿本有「經」字。
〔註81〕眉批：「入卷十七。」

康熙二十四年十月，江蘇巡撫湯斌奏：「吳郡淫祠有所謂五通〔註82〕、五

〔註82〕明・田藝蘅《留青日札》卷二十八《二郎三郎神》：

灌口二郎神在四川灌江口。和合二郎神，市井商賈所祀者。竹王三郎神，漢夜郎縣。泰山三郎神，後唐雄威將軍，即炳靈公也。草野三郎神，獄訟所祀者。五郎神即五通也，一作五顯、五聖，吾鄉有五郎山神，姓田氏，鄉民奉事甚虔，今為朝議公葬地。

趙翼《陔餘叢考》卷三十五《五聖祠》：

鈕玉樵謂明太祖既定天下，大封功臣，夢兵卒千萬羅拜乞恩，帝曰：「汝固多人，無從稽考，但五人為伍，處處血食可耳。」命江南人各立尺五小廟祀之，俗謂之五聖廟。後遂樹頭花間、雞塒豕圈小有災祅，輒曰五聖為祟。本朝有湯公斌巡撫江南，奏毀之，其禍遂絕。《述異記》亦載康熙八年，秀水縣民郭季平為五聖所祟。丙寅，江蘇巡撫湯公奏除五聖淫祀，妖禍遂絕云云。然定未盡絕也。余少時見鄰人王祥龍及俞奕乾之女皆犯此祟，謂之神和病。男則有女鬼與合，女則有男鬼與合，來則必有泄精遺血之事。而山村野岸，尺五小廟，所在有之，如汀州七姑子、建昌木下三郎之類，蓋幽明之際，變幻無窮，固非尋甲所能禁也。然玉樵謂起於明祖，則未必然。按《夷堅志》，林劉舉將赴解，禱於錢塘門外九里西五聖行祠，遂登科為德興尉。到任莫五顯廟，知為五聖之祖祠也。則五聖之祠，宋已有之。《七修類稿》又謂五通神即五聖也。然則五聖、五顯、五通，名雖異而寔則同。《夷堅志》所載韓子師病祟，請客以符水治之，見五通神銷金黃袍騎馬而去。又醫者盧生託宿趙喜奴家，共枕席，天明但見所寢在五聖廟側草露之上。《武林聞見》所載宋嘉泰中，大理寺決一囚，數日後見形於獄吏，求為泰和樓五通神。如此之類，不一而足。而陳友諒僭號，亦在采石五通廟。則五聖者，宋、元已有之，而非起於明祖矣。

清・鄭光祖《一斑錄》雜述三《上方山五通》：

五通邪神，民間奉祀，不知始於何時。柳宗元《龍城錄》云：「柳州舊有鬼，名五通」，則知唐以前已有之。吳中稱為五聖，因蚩氓之惑而為厲。康熙時，湯文正公撫吳，奏請禁絕。胥門外十里上方山楞伽寺，係五聖主廟。妖像雖已久毀，而寺僧猶延私奉。道光十六年，裕公謙治梟事，訪拿兩僧傳德、成鎰，收禁治罪，宜知戒矣。乃僧利於蠱惑，私奉如舊。吳俗疾病，例問師巫，山僧串慫，到山齋獻，以遂要索，有茶筵、燒紙、收驚、借債諸名目。十九年秋，裕公又蒞撫任，再置山僧於法，將山巔小廟全行拆毀，真去惡能盡者矣。

清・翟灝《通俗編》卷十九《神鬼・五通神》：

《龍城錄》：「柳州舊有鬼，名五通。余始到，不之信。一日偶發篋，易衣盡為灰燼，乃為文，醮訴於帝。帝愍我心，遂俾龍城絕妖邪之怪。」

《武林聞錄》：「嘉泰中，大理寺決一囚，數日見形獄吏，云：『泰和樓五通神虛位，某欲充之。求一差檄，言差充某神位，得此為據可矣如其言。』經數月，人聞樓上五通神日夜喧闐，吏乃泄前事，為增塑一像，遂寂然。」

按：今委巷荒墟多建矮屋，繪版作五神像祀之，謂之五聖。《留青日札》云：「即五通神也。或者謂明太祖定天下，封功臣，夢陣亡兵卒千萬請恤，太祖許以五人為伍，處處血食。乃命江南家立尺五小廟，俗稱為五聖堂。」依其說，則五聖與五通蓋不同矣。

顯〔註83〕、劉猛將〔註84〕、五方賢聖〔註85〕等名號，皆荒誕不經。臣已收取

〔註83〕翟灝《通俗編》卷十九《神鬼・五顯靈君》：

《〈水經・洛水〉注》：「嵩麓有九山廟，廟有碑，云：九顯靈君者，太華之元子。」

按：今雲五顯，疑屬九顯傳訛。

〔註84〕王士禎《居易錄》卷三十二：

舊說江以南無蝗螟，近時始有之。俗祀南宋劉漫塘宰為蝗神。劉，金壇人，有專祠。往祀之則蝗不為災。俗呼莽將，殊為不經。按：趙樞密蔡作《漫塘集序》，稱其學術本伊雒，文藝過漢唐，不知身後何以矯誣如此，亦如江湖間祀張睢陽作青面鬼之類也。

清・平步青《霞外攟屑》卷五《豔雪盫襍觚・劉猛將軍》：

《居易錄》：「俗祀南宋劉漫塘宰為蝗神。劉，金壇人，有專祠。往祀之則蝗不為災。俗呼為莽將，殊為不經。按：趙樞密蔡作《漫塘集序》，稱其學術本伊洛，文藝過漢唐，不知身後何以矯誣若此。」〔《柳南隨筆》卷二〕本此。

按：宰字平國，官浙東倉司幹官，見《宋史・隱逸傳》。著有《漫塘文集》、《語錄》。全氏《宋元學案》入之嶽麓諸儒中，云：「游氏門人。紹熙元年進士，累官直顯謨閣，主管玉局觀，諡文清。」李元春《益聞散錄》下：「俗傳神為劉宰，然史無捕蝗之說。」朱坤《靈泉筆記》：「宋景定四年，封劉錡為揚威侯天曹猛將之神，勅書除蝗。」〔《堅瓠甲集》卷一「揚威侯勅」條引《怡菴雜錄》，與《筆記》同〕然予以為蝗神即八蠟中昆蟲之神，李說蓋卽略本漁洋《池北偶談》。〔卷四。〕湯斌《丙寅疏毀吳下淫祠》：「五通、五顯、劉猛將、五方賢聖等廟，恭請上諭勒石上方山。得俞旨通行直省。」至雍正二年，奉旨各省府州縣。廟祀劉猛將軍，始見《會典》。近《俞樓雜著》中《壺東漫錄》，疑為城陽景王劉章，亦肊度不足信。或以八蠟中昆蟲為即百蟲將軍伯益，則說益新奇，然不可以之釋經也。

陶文毅公〔澍〕《印心石屋全集》中有《皖城劉猛將軍廟碑記》，則云：「神名承忠，吳川人。元末授指揮使。嘗飛劍驅蝗，蝗飛境外。元亡，自沉於河，因封今號。見《降靈錄》。」而《怡菴雜錄》謂宋淮南、淮東、浙西制置使劉錡因驅蝗，理宗封為揚威侯天曹猛將之神。二說皆可徵。伏查《會典・主降靈錄》，故廟額但題劉猛將軍云。怡菴與朱坤合以錡為錡，似槧工偶誤也。〔道光己亥勅賜福二封號扁，咸豐丁巳加保康字保康年。〕

清・王應奎《柳南隨筆》卷二：

南宋劉宰漫塘，金壇人。俗傳死而為神職，掌蝗螟，呼為猛將。江以南多專祠，春秋禱賽則蝗不為災，而丏戶奉之尤謹，殊不可解。按：趙樞密蔡作《漫塘集序》，稱其學術本伊雒，文藝過漢唐，身後何以不經如此。其為後人附會無疑也。

汪師韓《韓門綴學》卷三《祭蝗〔劉猛將〕》：

《漢書・五行志》紀蠃蟲之孽，引京房之說：「凡蟲食苗心苗葉苗根苗節，各以類應。」雖未必盡然，而司民牧者正宜引以自儆。至於歷代祀神之典，有可稽者《周禮》無司蝗螟之官，惟《地官・族師》「春秋祭酺」，《注》疑為「蝝螟之酺」。《雅詩・大田》曰「田祖有神」，《甫田》曰「以御田祖」，《毛傳》云：「田祖，先嗇也。」夫八蠟，先嗇乃神農，諸侯不敢祭天子。則諸侯之蠟所祀，司嗇以下耳。八蠟終於昆蟲，而其祭坊與水庸之詞曰「昆蟲毋作」。

先儒或以昆蟲合貓虎為一，或分貓虎為二而不及於蟲，或又欲易昆蟲以百穀，皆疑昆蟲不足當祀典者。沙隨程氏曰：「非祭昆蟲，祭其除昆蟲而有功於我者，如火田之人、捕蝗之子，禽鳥或能食之，霜霰或能殺之，以其不一而作，故曰昆蟲。」是則昆蟲兼言人物，而人又為物主人，則《詩》言「田祖」是已。史所載，北齊文宣帝天保八年，河北六州、河南十二州蝗，饑人皆祭之。唐開元四年，出御史為捕蝗使，祀典無聞。文宗開成四年，天下旱，蝗食田，禱祈無效。後五代，晉出帝祭蝗於臯門。漢隱帝乾祐元年七月，開封府奏陽武、雍邱、襄邑等縣蝗，開封尹侯益遣人以酒肴致祭，尋為鸜鵒食之皆盡，勅禁羅弋鸜鵒。二年五月，宋州奏蝗一夕抱草而死，差官察之，覆命尚書侍郎段希堯祭東嶽，太府卿劉暉祭中嶽。宋太祖建隆二年，澶、濮、曹、絳等州蝗，命長吏以牢禮祭之。乾德三年七月，諸路有蝗，淄州民韓贊斷手指以祭。真宗天禧元年，以蝗蟲再生，分遣官禱京城宮觀寺廟，仍命諸州軍於公宇設祭。徽宗崇寧二年，諸路蝗，命有司酺。高宗建炎二年六月，京師淮甸大蝗，令長吏修酺祭。紹興三十二年七月，蝗飛遍畿縣，餘杭、仁和、錢唐皆蝗，尋入京城；八月，山東大蝗，酺祭，頒酺禮式。寧宗嘉定元年五月，江浙大蝗；六月，有事於圓邱方澤，且祭酺；七月，又酺，頒酺式於郡國。二年四月，又蝗；五月，令諸郡修酺祀。八年四月，飛蝗入畿縣，祭酺，令蝗郡如式以祭。是年八月，蝗，禱於霍山，見《禮志》。九年六月，蝗，禱群祀。宋之有司以祭蝗著績者，南北初講和時，趙方知隨州，旱、蝗相仍，方親走四方以禱。一夕大雨，蝗盡死，歲大熟，見於史者獨此。宋所謂祭酺者，《禮志》云：「慶曆中，禮院言《周禮·族師》春秋祭酺。酺為人物災害之神。鄭康成云：『校人職有冬祭馬步，則未知此酺者，螟螣之酺歟？人鬼之步歟？蓋亦為壇位如雩禜云。』然則校人職有冬步，是與馬為害者。此酺蓋人物之害也。歷代史書悉無祭酺儀式，欲準祭馬步，儀壇在國城西北，差官就馬壇致祭，稱為酺神。若外州者，即略依禜禮。」紹興祀令，蟲蝗為害，則祭酺神。其祝，文學士院撰定，但曰敢昭告讁酺神而已。若夫《漢·郊祀志》所載：「孝武帝太初元年，西伐大宛，蝗大起，丁夫人、〔丁姓夫人各。〕雒陽虞初等以方祠詛匈奴、大宛焉。」《晉書·載記》：「慕容雋斬冉閔於龍城，遏陘山。山左右七里，草水悉枯，蝗蟲大起。人言閔為祟，雋遣使祀之，諡曰悼武天王。其日大雪。」此二事雖因蝗起，非為滅蝗計也。至近代劉猛將軍之祀，不知其所自來。康熙二十五年，湯文正公由江寧巡撫擢大宗伯，瀕行，疏毀吳下五通、五顯、劉猛將、五方賢聖等滛祠，勒石上方山，且通行直省矣。至康熙五十八年，直隸總督李維均為守道時，復祀之。自云：五十九年扶乩，虔請降靈。至雍正二年，以其事上。聞降靈之言曰「元指揮吳川劉承忠」，其言荒誕無徵，不足置辨。今直隸郡縣之志，多有全錄其碑文者。或又以為宋紹興中進士金壇劉宰，仕為浙東倉司幹官，歸隱三十年，諡文清。按：劉宰乃《宋史》有傳者。傳云：「字平國。紹興元年進士，調江陵尉，調真州司法，授泰興令，為浙東倉司幹官。告歸後，屢召受官改秩，訖不起。有《漫堂文集》、語錄。」生平多惠政，然無捕蝗之事，亦無文清之諡。且作尉時，息巫風，禁妖術，居鄉白，於有司毀滛祠八十四所。史但稱其飄然遠引，鴻飛冥冥而已。近見山東博平令、秀水朱坤中黃著《靈泉筆記》，引《怡菴雜錄》云：「宋景定四年，封故提舉江州太平興國宮淮南江東浙西制置使劉錡為揚威

妖像，土偶者投之深淵，木偶者付之烈炬。檄行有司，凡如此類，盡數查毀。其房屋木料，拆備修學宮之用。」余謂淫祀既多，邪教即從之而出，惑世不已，必且殃民。多神教之弊，至於如此。則一神教之有益於民，蓋可知矣。所

侯天曹猛將，有勅書云：飛蝗犯境，漸食嘉禾。賴爾神力，掃蕩無餘。又《姑蘇志》以為武穆之弟名銳者。〔錡諡武穆。〕吾鄉丙子孝廉盛百二秦川考核頗詳。」按：此較前兩說為有所本，而《宋史》不載，惜未得一見而問之也。

清·王端履《重論文齋筆錄》卷二：

吾邑數十年前，又有青蟲之孽，能聯卷數苗葉作繭，處其中，久之成小蝶飛去，苗亦隨槁。先君聞劉猛將軍神專除蟲孽，令鄉民塑像於城南十里岳大橋廟中，並親書昆蟲毋作扁額，榜諸廟門，其患頓息。今亦無知之者矣。其像及扁額現存。〔端履〕案：《居易錄》云：「舊說江以南無蝗蝻，近時始有之。俗說南宋劉漫塘宰為蝗神。劉，金壇人，有專祠，往祀之則蝗不為災，俗呼莽將。殊為不經。按：趙樞密前作《漫塘集序》，稱其學術本伊雒，文藝過漢唐，不知身後何以矯誣至此，亦如江湖間祀張睢陽作青面鬼之類也。」〔猛將俗呼莽，將想因聲近而訛。然吾邑自建祠以來，迄今二十餘年矣，而蟲不為災，亦一異也。〕

〔註85〕 明·李流芳《檀園集》卷八《重建五方賢聖殿疏》：

五方賢聖者，不知其為何神。吳越之間，廟而祀之者，所在皆是，而尤著於吾吳之楞伽山。山去郡十里，禱祀無虛日。相傳以為石湖一片水，為神所據，舟行不敢遺穢濁湖中，犯之者禍立至。吳中祀神，皆設聖母五侯五夫人，位潔粢盛，陳歌樂婆娑累日夕。其贊神之詞，敘置始末甚詳甚異，不知何所本。大要巫者傅會之耳。以五月十八日為神之誕辰，其期輒盛儀，從鼓樂以迎神，謂之賽會，而獨吾槎里為尤盛。里中往時富賈輻輳，競為珍異，結束以相誇耀，今且日就凋弊，而此風猶相沿不絕。每會出旌旗隊仗輿服歌吹，費以千計。四方觀者，舟車闐隘，親朋高會，酒食宴樂之費，復以千計。每歲節而省之，可以為一境備荒之儲，而愚民不可以慮遠。予又不敢以不尊不信之言而戶說之，徒有歎息而已。古者謂先成民而後致力於神，夫事神之禮，固不可廢也。要以無民而神何依？則夫竭民以事神，神亦何利焉。且民之所以敬事神而不敢違也，夫固謂神之聰明正直有靈於人者也。今有疾痛冤抑而不得控於君上官長者，則號呼鬼神而求其應。此以神為何如者乎？及其所以媚神而事之以非禮者，乃即以其欺君上官長者施之，豈今之為神者，亦皆攬權勢，作威福，喜諂佞而不恤下民之私，不凜上帝之鑒乎？則吾不得而知之也已。去年廣濟胡侯來宰吾邑，期月而政清，鋤豪剔奸，鄉閭慴息。故事：賽神主事者先期釀金。既具而後，舉事至是懼以淫祀靡民財，干賢令君之神明，相戒不敢動。顧金業以釀，匕何，乃謀新神之祠宇，而以不足者告之十方，蘄共成之。度其費，止百金，而可省千金之費。興作在一時，而可圖數十年安靜之利。所謂彼善於此者也。主事者來乞疏於予，予告之曰：方今賢侯在上，有鄆令投巫之明，故能回一國之狂酲，而使之敦本節儉，豈徒人哉？神亦聽之矣。夫神道之禍淫福善，固常在遠近之間，不可以不畏也。吾聞昔之賽神者，科斂若干，乾沒若干。今之新祠宇者，科斂若干，乾沒若干。蓋有之矣。吾且知之，而況於神乎！以為無神則已，以為有神，是媚神而干神之怒，以自求禍也。不如其已也。請以此言質主事者，並質之大眾。

以巫風所煽，漢、宋因之而亡；天教盛行，歐洲由其強霸。非無故也。論國教者於此亦不可不察也。趙甌北云：「鈕玉樵謂妖禍遂絕，然實未盡絕也。蓋幽明之際，變幻無窮，固非令甲所能禁云。」〔註86〕

〔註86〕眉批：「鈕玉樵記湯公，在未除五顯淫祀，事在丙寅。與董含記在二十四年事，前後差一年。俟檢□書。」
王士禎《池北偶談》卷四《毀淫祠》：
康熙丙寅，擢江寧巡撫都御史湯斌禮部尚書，掌詹事府事。湯瀕行，疏毀吳下淫祠五通、五顯、劉猛將、五方賢聖等廟，恭請上諭，勒石上方山。得俞旨，通行直省。初，湯以閣學遷巡撫，過予邸舍。予為言吳中婦女好入寺院燒香，首當禁止。湯以為然。在吳遂力行之，風俗一變。若淫祠一節，尤於世道人心，裨益不小。湯自言昔為方面時，只遵寧陵呂叔簡先生從政錄行之。其撫吳亦此志云。
清·湯斌《湯子遺書》卷二《毀淫祠以正人心疏》：
臣才具庸劣，奉命撫吳，陛辭之日，蒙我皇上諄諄誨諭，以移風易俗為先務。聖駕南巡，又論以敦本尚實，使民還淳返。樸臣仰承德意，月吉齊集士民講解上諭十六條，又定期至學宮講《孝經》、小學，使人知重倫常而敦實行。一年以來，風俗亦漸改觀。竊以吳俗尚氣節而重文章，閭閻以著述相高，固天下所未有也。但風涉淫靡，黠者藉以為利，而愚者墮其術中，爭相傲傚，無所底止。如婦女好為冶遊之習，靚粧艷服，聯袂僧院或群聚寺觀，裸身燃臂，虧體誨淫。至於斂錢聚會，迎神賽社，一旛之直可數百金，刻造馬弔紙牌，編作淫詞艷曲，流傳天下，壞人心術。婚喪不遵家禮，戲樂奉靈，彩服送喪，仁孝之意衰，任恤之風微。而無賴少年，教習拳勇，身刺文繡，輕生好鬭，名為打降。如此之類，不可枚舉。臣皆嚴加禁飭，委曲告誡。今寺院無婦女之跡，河下無管絃之聲，迎神罷會，艷曲絕編，打降之輩亦稍稍斂跡。若地方有司守臣之法，三年之後，可以返樸還淳，且浮費簡則賦稅足，禮樂明而爭訟息，固吳中之急務也。然此皆地方官力所能行，不敢上煩諭旨，惟有淫祠一事，挾禍福之說，年代久遠，入人膏肓，非奉天語申飭，不能永絕根枝。蘇松祠有五通、五顯及劉猛將、五方賢聖諸名號，皆荒誕不經，而民間家祀戶祝，飲食必祭。妖邪巫覡創為怪誕之說，愚夫愚婦為其所惑，牢不可破。蘇州府城西十里有楞伽山，俗名上方山，為五通所踞，幾數百年。遠近之人，奔走如鶩。牲牢酒醴之饗，歌舞笙簧之聲，晝夜喧闐，男女雜沓，經年無時間歇。歲費金錢，何止數十百萬。商賈市肆之人，謂稱貸於神，可以致富，重直還債，神報必豐。里諺謂其山曰肉山，其下石湖曰酒海，耗民財，蕩民志，此為最甚。更可恨者，凡少年婦女有殊色者，偶有寒熱之症，必曰五通將娶為婦，而其婦女亦恍惚夢與神遇，往往羸瘵而死，家人不以為哀，反艷稱之。每歲常至數十家，視河伯娶婦之說更甚矣。夫蕩民志，耗民財，又敗壞風俗如此。皇上治教，如日中天，豈容此淫昏之鬼肆行於光天化日之下。臣多方禁之，其風稍息。因臣以勘災至淮，益肆猖獗，臣遂收取妖像，木偶者付之烈炬，土偶者投之深淵，檄行有司，凡如此類，盡數查毀。撤其材木，備修學宮，並葺城垣。民始而駭，繼而疑，以為從前曾有官長厭其妖妄，銳意革除，神即降之禍殃，皆為臣危。至數月之後，見無他異，始大悟往日之

顏師古《匡謬正俗》：卷五。「習鑿齒與謝安石書云：『匈奴名姜作閼氏，言可愛如煙支也。』按：《史記》及《漢書》謂單于正妻曰閼氏，猶中國言皇后耳。舊讀音焉氏，此蓋北狄之言，自有意義，未可得而詳也。若謂色象煙支便以立稱者，則單于之女謂之居次，復比何物？未知習生何所憑據，自謂解釋。」余謂凡宋、明以前強就譯語望文生義者，皆顏監之所譏也。〔註87〕

趙雲菘《陔餘叢考》卷三十云〔註88〕：「《金史》及《續通考》：金哀宗時，蒲察官奴以火槍破敵，以紙十六重為筒，實以柳炭、鐵屑、磁末、硫磺、砒硝，以繩繫槍端，以鐵鑵藏火，臨陳燒之，火出槍前丈餘，元兵不能支，遂潰。其後阿里海牙攻樊城時，元世祖得回回亦思馬因所獻新礮法，《元史》：「世祖徵礮匠畐域阿老瓦丁與其徒亦思馬因至，造大礮豎午門前試之，徹數十里。」命送軍前，乃進攻樊。樊破，移以向襄陽，一砲中譙樓，聲如震雷，世所謂襄陽砲也。蓋火砲之制，至是而益精，且來自西域，故世傳為西洋礮。」按：阿里海牙原作阿爾哈雅。姜西溟《湛園札記》云〔註89〕：「火砲興於宋末元初，其初猶用石也。

非。然吳中師巫最黠而悍，誠恐臣去之後，必又造怪誕之說，箕斂民財，更議興復。愚民無知，必復舉國猖狂，不可禁遏。請賜特旨嚴禁，勒石山巔，令地方官加意巡察，有敢興復淫祠者，作何治罪。其巫覡人等，盡行責令改業，勿使邪說誑惑民聽。天威所震，重寐當醒，人心既正，風俗可淳，更通行各直省，凡有類此者，皆行禁革，有裨世道非渺小矣。
清·董含《三岡識略》卷九《革淫祠》：
十月，江撫湯公斌，拘蘇州上方山僧人，責問何故誘婦女入寺燒香。即鎖僧前去，將五通神像拋入太湖中。隨具疏，以為「吳郡風俗淫靡，男子唱曲賭牌，婦人靚妝豔服，或聚會賽神，或聯袂僧院。越禮誨淫，莫此為甚。而淫祠一事，尤為可恨。有所謂五通、五顯、劉猛將、五方賢聖等名號，皆荒誕不經。愚夫愚婦，為其所惑，牢不可破，笙歌酒醴，晝夜不絕，男女雜處，奔走如鶩。婦女如有姿色者，偶犯寒熱之症，恍惚夢與神通，往往羸瘵而死。聖明在上，豈容此淫昏之鬼肆行無忌乎？臣已收取妖像，土偶者投之深湖，木偶者付之烈炬。檄行有司，凡如此類，盡數查毀。其房屋木料，拆備修學宮、城垣之用。民始而駭，繼而疑，皆為臣危之。數月以來，絕無他異，始悟往日之非。然妖邪巫覡，臣去之後，必造怪誕之說，更議興復。請敕嚴禁，庶人心正而風俗淳矣。」奉旨：「各直省淫祠濫祀，惑眾誣民，有關風化，著勒碑永禁。」數百年惡俗，一朝而革，湯公此一舉，直不愧狄公矣。公起家進士，端方愷悌，律已甚嚴，故受知於上，擢撫我吳。入為卿長，百姓陰被其德。但過於仁慈，訪獲衙盡，不甚創懲，旋即釋歸，歸而詐害良善，其橫愈甚，殆廉靜有餘，而明斷不足者歟？
〔註87〕按：此條刻本無，據稿本補。
　　　　另，此條與卷十九「顏師古《匡謬正俗》」一條相近。可參。
〔註88〕見《陔餘叢考》卷三十《火砲火槍》。
〔註89〕見《湛園札記》卷三。

《元史·阿穆呼傳》：『對太祖曰：攻城以砲石為重，力重而能及遠故也。千萬戶薛塔剌海來歸，太祖命為砲手。從征回回、河西等國，俱以砲石立功。』夏世家有砲手一百人，號撥喜陡，立旋風砲於橐駝鞍，縱石如拳，則此時亦無火砲也。《阿爾哈雅傳》：『西域人伊斯瑪獻新礮法，因以其人來為礮攻。樊破之時，又命隋世昌立砲簾於城外。又張榮從軍下漢江，至沙洋，以火砲焚樊城中，民舍幾盡，遂破之。此皆礮之用火攻者也。』考《金史·特嘉哈希傳》，則火砲火槍之制，金、元之際已有之。」〔註90〕

《雲麓漫鈔》卷十。云：「《列子》多非舊文，前賢固言之矣。」〔註91〕

唐施肩吾《寺宿為五通所撓》詩〔註92〕：「五通本是佛家奴，身著青衣一足無。」見《全唐詩》引《海錄碎事》。〔註93〕

《太上胎精記》云：「腦神覺元字道都。」此言腦為知覺之元也。〔註94〕

《後漢書·公孫述傳》：「述妄引讖記，以為孔子作《春秋》，為赤制而斷十二公，明漢至平帝十二代，曆數盡也。」章懷《注》引《尚書考靈耀》曰：「孔子為赤制，故作《春秋》。赤者，漢行也。孔子作《春秋》，斷十二公，象漢十二帝。」〔註95〕

唐盧象有《鄉試後自鞏還田家》詩，鄉試二字始此。

文徵仲有女適王子美者，嘗詠《王昭君》詩云：「當時只解誅畫工，誰誅婁敬黃泉道。」用意奇警。見余懷《東山談苑》。此吾家閨秀也，選明詩者多遺之。〔註96〕

趙耘菘《陔餘叢考》卷四十一云：「《鄭所南集》：文丞相家人皆落元人手，獨妹氏更不改嫁，謂我兄如此，我寧忍耶？惟流落燕山，欲歸廬陵，不可得。」是信國亦有賢妹也。

韋端己有《官莊》詩，自注云〔註97〕：「江南富民悉以犯酒沒家產，因以此詩諷之。浙帥遂改酒法，不入財產。」其詩云：「誰氏園林一簇煙，路人遙指盡長歎。桑田稻澤今無主，新犯香醪沒入官。」唐末榷酤之政，厲民如此。

〔註90〕眉批：「入槍礮條。」
〔註91〕眉批：「入《列子》為依託條。」
〔註92〕見《全唐詩》卷四百九十五。原見《海錄碎事》卷十三下《鬼神門·佛家奴》。
〔註93〕眉批：「入五通條。」
〔註94〕眉批：「□知□條」，兩字殘，疑為「入」、「識」。
〔註95〕眉批：「入孔子為漢制作條。」
〔註96〕眉批：「入文氏□錄。」
〔註97〕見韋莊《浣花集》卷四。

後漢安世高譯《阿難問事佛吉凶經》云：「善惡之事，由人心作。禍福由人，如影追形，響之應聲。戒行之德，應之自然。諸天所護，願不意違，感動十方，與天參德。」此《感應篇》之所本。

韓冬郎《贈易卜崔江處士》詩〔註98〕：自注云：「袁州。」「白首窮經通祕義，青山養老度危時」云云。〔註99〕

韋應物有《示全真元常》詩〔註100〕，「全真」二字俟考。

皮日休《雜體詩序》曰：「晉溫嶠始有回文詩。」〔註101〕

薛瑩《荊揚巴南異物志》，《〈文選·吳都賦〉注》。〔註102〕

郭璞注《子虛》、《上林賦》，見《〈文選〉注》。

司馬彪注《子虛》、《上林賦》，見《〈文選〉注》。

〔註98〕見唐·韓偓《翰林集》卷四。
〔註99〕按：此條下稿本有詩數首，似與《純常子枝語》無關，故不入正文。但有校勘價值，錄如下：
　　《哀許袁》
　　荃德猶能察，蘭薰信必鋤。燕巢人自樂，魚爛國將墟。梁劍揵爰盎，吳鏤賜伍胥。風沙滿燕薊，歸櫬定何如。
　　按：《文道希先生遺詩》題作《哀許侍郎袁太常》。
　　《重有感》
　　按：《文道希先生遺詩》題作《庚子七月至九月感作》
　　誰言國弱更佳兵，其奈狂王憤已盈。鐵騎晨衝丹鳳闕，金輿宵狩白羊城。何人竟障橫流溢，今日真憐大廈傾。無分麻鞋迎道左，收京猶望李西平。
　　按：「竟障」、「溢」，《文道希先生遺詩》作「能居」、「決」。
　　北狩烽煙越幾時，西行旗鼓更堪悲。朝廷衰職尊藍面，河朔軍符授赤眉。目極汾河惟鴈到，心驚滄海有龍移。孤臣淚灑荒江畔，忍痛新裁變雅詩。
　　按：「極」、「河」、「到」，《文道希先生遺詩》作「斷」、「流」、「過」。
　　淯潼形勝本天然，王氣消沉九百年。但使東南漕底柱，漫愁烽火徹甘泉。羽觴露浥瑤池譙，仙掌晴開玉井蓮。回首烏龍江上月，秋風清淚泣銅仙。
　　燕秦莽莽舊山河，一例浮雲蔽日多。未必平原頭可獻，更無延廣劍橫磨。臨高欲上通天表，戰野誰揮返照戈。誤國衣冠宋鵲多。前後沉揚誰得料，霜顏攬鏡未蹉跎。
　　按：《文道希先生遺詩》與此差異較大，曰：
　　燕秦莽莽舊山河，到此誰揮落日戈。未必平原頭可匭，更無延廣劍橫磨。漫天風雪堯年冷，誤國衣冠宋鵲多。前後沉揚寧得料，霜晨攬鏡未蹉跎。〔陳陶詩：「禁掖衣冠加宋鵲。」〕
〔註100〕見唐·韋應物《韋刺史詩集》卷三。
〔註101〕此一節全同宋·蔡正孫《詩林廣記》後集卷三。
〔註102〕眉批：「以下入《晉藝文志》。」

　　《文選》卷二十九張景陽《雜詩》,《注》:「《顧子》曰:『登高使人意遐,臨深使人志清。』」《顧子》即《顧夷義訓》。

　　《文選》卷五十九。《齊安陸昭王碑》,《注》:「孟子曰:『江漢以濯之,秋陽以暴之。』綦毋邃曰:『周之秋於夏為盛陽也。』」〔註103〕

　　陶侃《捉脈賦》。《圖書集成·藝術典》六百七十九引《地理正宗》:「陶侃字仕衡,作《捉脈賦》。」

　　《文選》卷六十任彥升《齊竟陵文宣王行狀》,《注》引阮籍《奏記》曰:「將耕東皋之田,輸黍稷之祝。」此亦可證阮籍秦記之誤。　又引孫放《數詩》曰:「一往縱神懷,矯跡步玄闌。」

　　《圖書集成·藝術典》醫部名醫列傳引《醫學入門》云:「殷浩精通經脈,著方書。」

―――――――――――

〔註103〕眉批:「綦毋邃《孟子注》。」

卷三十四〔註1〕

《黑龍江外紀》云：「漢軍果氏以為係出滿洲瓜爾佳，與瓜爾佳氏世不結親。」余按：瓜爾佳今又譯作關關果，亦一聲之轉。然與《金史》之夾谷，則實不相近。《外紀》又云：「漢軍其先多出山左、齊齊哈爾、墨爾根，黑龍江三城有之。其豪族崔、王兩姓，崔尤盛，號崔半城，而東崔不與。王氏相傳完顏裔。又有果姓，以為係出滿洲。」余按：漢軍佟姓亦云與滿洲同族，蓋雜居既久，互為婚姻，有不復能盡識別者矣。

西南苗獞各種，大抵狉獉之舊俗，實有上古之遺風焉。以美洲紅苗、臺灣野番證之，則此殆即支那之原產也。今略列諸家所記，可以知其種別焉。陸次雲《峒谿纖志》云〔註2〕：「苗人，盤瓠之種也，有白苗、花苗、青苗、紅苗、黑苗。苗部所衣，各別以色，散處山谷，聚而成寨，睚皆殺人。」「九股苗在隆興、凱里二家〔註3〕。」〔註4〕「宋家、蔡家，春秋宋、蔡二國之後，流而為蠻。」〔註5〕按：此等殆坿會之說，未必可信。「夭苗多姬姓，周後也。尚行周禮，祭祖推其家長，唱土語為贊祝。」〔註6〕「紫薑苗裝束同漢人。」〔註7〕「賣爺苗在白納。」〔註8〕「克孟、牯牛，二種也。處於金築，擇懸

〔註1〕按：稿本乙封題「純常子枝語　第三十四冊」。
〔註2〕見清·陸次雲《峒谿纖志》卷上《苗人》。
〔註3〕「家」，稿本、《峒谿纖志》作「界」。
〔註4〕見《峒谿纖志》卷上《九股》。
〔註5〕見《峒谿纖志》卷上《宋家蔡家》。
〔註6〕見《峒谿纖志》卷上《夭家》。
〔註7〕見《峒谿纖志》卷上《紫薑苗》。
〔註8〕見《峒谿纖志》卷上《賣爺苗》。

崖鑿竅而居。」〔註9〕「里人亦名犵苗，身衣木葉。」〔註10〕「犵兜衣青，左衽，身不離刀。」〔註11〕「狇老與西苗同俗。」〔註12〕又有犺獷苗。〔註13〕「樊人號十二營長。玀鬼、犵犵言語不通，樊人為之翻譯。」〔註14〕「犵狫有花犵、狫紅、犵狫，赤腳善奔，布圍下體謂之桶裩。有打刀犵狫、剪頭犵狫、豬屎犵狫。」〔註15〕直眼犵狫。〔註16〕「黎州蠻，白馬氐之裔，分十一種。」〔註17〕「玀玀本名盧鹿，有黑白二種。黑為大族，深目長身，面黑齒白，故名玀鬼。」〔註18〕「金齒，古哀牢國，其苗人皆九隆之後。」〔註19〕「木邦，一名孟邦。其人多幻術。」〔註20〕「老撾徧體花繡，俗同木邦。」〔註21〕「猺一名峯客，其種有八，是謂八蠻。」〔註22〕「獞人居五嶺之內，冬綴鵝毛木葉為衣。」〔註23〕「獠人亦名山子，處於嶺表海外。」〔註24〕「蜑人又曰龍戶，又曰崑崙奴。祭蛇神。」〔註25〕「馬人居林邑，伏波戍卒之遺也。深目猰〔註26〕喙。」〔註27〕按：此則非中原之種也。當緣馬留二字而譌。「狼人多在南丹三州。」〔註28〕「狑〔註29〕人生嶇嶁中，形如猿猱，語咿嚶不可辨。」〔註30〕「斑衣山子一曰莫猺。」〔註31〕「狑人生廣西奧谷中，狀

〔註 9〕見《峒溪纖志》卷上《克孟牯牛》。
〔註 10〕見《峒溪纖志》卷上《里人》。
〔註 11〕見《峒溪纖志》卷上《犵兜》。
〔註 12〕見《峒溪纖志》卷上《狇老》。
〔註 13〕見《峒溪纖志》卷上《犺獷》。
〔註 14〕見《峒溪纖志》卷上《樊人》。
〔註 15〕見《峒溪纖志》卷上《犵狫》。
〔註 16〕見《峒溪纖志》卷上《豎眼犵狫》。
〔註 17〕見《峒溪纖志》卷上《黎州蠻》。
〔註 18〕見《峒溪纖志》卷上《玀玀》。
〔註 19〕見《峒溪纖志》卷上《金齒》。
〔註 20〕見《峒溪纖志》卷上《木邦》。
〔註 21〕見《峒溪纖志》卷上《老撾》。
〔註 22〕見《峒溪纖志》卷上《猺人》。
〔註 23〕見《峒溪纖志》卷上《獞人》。
〔註 24〕見《峒溪纖志》卷上《獠人》。
〔註 25〕見《峒溪纖志》卷上《蜑人》。
〔註 26〕「猰」，《峒溪纖志》作「鮫」。
〔註 27〕見《峒溪纖志》卷上《馬人》。
〔註 28〕見《峒溪纖志》卷上《狼人》。
〔註 29〕「狑」，《峒溪纖志》作「狇」。
〔註 30〕見《峒溪纖志》卷上《狑人》。
〔註 31〕見《峒溪纖志》卷上《斑衣山子》。

如猩狒。」〔註32〕黎人。〔註33〕遐黎食父母。〔註34〕黃讚《曾滇行紀程》云：「貴西苗九種，大約垂髻垢面，語言與黔人不同。」陸祚蕃《粵西偶記》云〔註35〕：「賓州諸處，土夷有猺、獞、狑、狼四種。狑人最巧，可買為僮僕。狼婦獨美，嘗繡衣騎牛入市貿易。猺有板猺、箭猺，不下十數種，更有一種號山子，喜獵，不賦不役，食盡則徙。」吳震方《嶺南雜記》云：「潮之西北有畬戶者，男女椎髻跣足，依山而處，以射獵為主。舊常設官以治之，曰畬官。」「蜑戶有三種：魚蜑取魚，蠔蜑取蠔，木蜑伐山取木。」「獠，蠻之別種。隋唐為患嶺南。然是時不言有猺，宋以後又不言有獠，意一種而隨代異名也。」「獞與猺異類，而桀驁性同。花衣短裯，鳥言獸行。產自湖南溪峒。先入廣西延，至廣東，與猺為讎。」「粵有猺種，出於〔註36〕五溪之蠻。」〔註37〕《番禺雜編》云：「黎人在海南山洞中。熟黎亦供州縣之役。」陳鼎《滇黔紀遊》云〔註38〕：「黔省苗蠻甚多，有花苗、東苗、西苗、牯羊苗、青苗、白苗、谷蘭苗、紫姜苗、平伐苗、九股黑苗、夭苗、紅苗、生苗、羅漢苗、陽洞苗、黑白玀玀、八番苗、打牙仡狫、羪頭仡狫、木狫、狆家苗、土人苗、狆玀苗、蠻人苗、楊保苗、狗耳龍家苗、馬燈龍家苗、僰人、狪人、宋家、蔡家，共三十餘種。宋、蔡、馬燈籠家，乃戰國時楚伐宋、蔡、龍三國，俘其民，放之南徼，流而為苗，知中原禮義，衣服、祭祀、婚嫁一稟於周。狆家最惡而險，通漢語，知漢書。」《世界地理》云：「中國有拜物教，崇拜一切自然物，如苗民之族即信此教。」〔註39〕

《世界地理》謂居中國人約有七種。〔註40〕一、蒙古族。東部為堪拉族，北部喀爾喀亦在其中。西部為隘利由族，又喀爾姆克族住於松加利亞、庫倫、西北蒙古。

二、通古斯族。住於滿州、庫倫。

〔註32〕見《峒溪纖志》卷上《狑人》。

〔註33〕見《峒溪纖志》卷上《黎人》。

〔註34〕《遐黎》：「遐黎生婆嶺以北，椰瓢蔽體。父母過五十則烹而食之，云葬於腹中，謂之得所。」

〔註35〕見清‧陸祚蕃《粵西偶記》。

〔註36〕「出於」，《嶺南雜記》作「古長沙黔中」。

〔註37〕以上均見清‧吳震方《嶺南雜記》卷上。

〔註38〕見清‧陳鼎《滇黔紀遊》，清康熙說鈴本，《四庫全書存目叢書》史部第255冊（第21頁）。

〔註39〕按：此節又見卷四十。
眉批：「三拾四冊。」則自此以下為第三十四冊。

〔註40〕眉批：「第三拾四冊。」

三、土耳其族。住於庫倫中部、天山塔里木河流域、喀什喀爾、揚子江之上流。

四、西藏族。住於森保亞河即勃拉瑪波特拉河上流之在西藏者。之盆地、甘肅、青海、柴達木、西藏西部、西藏中部、湖水地方，及中國本部與西藏接境之地。自青海起，連亙雲南。

五、漢族。住中國本部之北部及中部、廣東、福建、庫倫、甘肅、松加利亞。其中，以居於中國本部、北部及中部者為真漢族，在廣東、福建者為哈加族，在甘肅、松加利亞、克爾加者為登耕族。按：哈加當作客家。今江西、福建等府縣猶編客籍是也。或曰客加乃犵家之轉音，蓋犵狫種也。其語音皆與廣東嘉應州語相近。

六、住於高地之民族。此種之關係，未甚分明。即居於四川省之南部及西部，雲南省之北部及西部，依拉瓦諦河之上流，瓊州島之一部，貴州之高地，西藏之東南部者是也。苗族為其代表。漢人放逐苗民於此，遂創建邦土云。

七、住於喀什喀爾、庫倫、塔里木河盆地下部及青海者。

按：此所言亦大粗略，不足盡中國種族之學。明倫察物〔註41〕，通其意者，將有待焉。

乾隆四十二年八月十九日上諭，云：「我朝肇興古肅慎地，東夷之說，因地得名，如孟子稱舜東夷之人，文王西夷之人，此無可諱，亦不必諱。」按：因地得名之說，足破萬古拘墟之見。今時交涉諸國，乃力爭不用夷字，以為醜詆之詞，其識轉隘矣。〔註42〕

民種之學，西人多好稽考。而中國古書亦往往及之，特不能詳盡耳。余謂《堯典》所言「析因夷隩」，實言民種之始，非謂農事也。至《周禮·大司徒》「以土會之灋，辨五地之物生。山林民毛而方，川澤民黑而津，丘陵民專而長，墳衍民晳而瘠，原隰民豐肉而痺」，雖未言其所出之原，而其因所居而異者，實已明言其故。是以《爾雅·釋地》云：「距齊州以南戴日為丹穴，郭《注》：「齊，中也。」北戴斗極為空桐，東至日所出為太平，西至日所入為大蒙。太平之人仁，丹穴之人智，大蒙之人信，空桐之人武。」蓋以日星定中國之四極，而略區別其人之性情。雖以仁武智信配東西南北而同謂之極，即同謂之中，邢《疏》云：「極者，中宮天極星。其一明者，泰一之常居。以其居天之中，故謂之極。極者，中也。」與九夷八狄七戎六蠻晦於禮義謂之四海者，固截然異稱也。據孫炎注云：「海之言晦，晦闇於禮義也。」然則夷狄與中國異稱者，在禮義之有無。故四極分仁武智信而不言禮義者，以禮義乃中國所共有，不以四方異俗也。禮義有無，遂分夷夏，而種族

〔註41〕「明倫察物」，稿本作「明物察倫」。
〔註42〕眉批：「第三十四冊。」

亦由同而之異矣。張茂先《博物志》云：「東方少陽，日月所出，山谷清，其人佼好。西方少陰，日月所入，其土窈冥，其人高鼻深目多毛。南方太陽，土下水淺，其人大口多傲。北方太陰，土平廣深，其人廣面縮頸。中央四折，風雨交，山谷峻，其人端正。」此略言其形體之異。《尸子》曰：「四夷之民，有貫匈者，有深目者，有長肱者。黃帝之德常致之。」郭璞《海外南經注》引之。《山海經》所載《海外南經》有結匈國、羽民國、讙頭國、厭火國、三苗國、羬國、貫匈國、交脛國、歧舌國、鑿齒三首國、周饒國、一曰焦僥國。長臂國；《海外西經》有三身國、一臂國、奇肱國、丈夫國、巫咸國、女子國、軒轅國、白民國、肅慎國、長股國；《海外北經》有無啓國、一目國、柔利國、深目國、無腸國、聶耳國、博父國、拘纓國、跂踵國；一曰大踵。《海外東經》有大人國、君子國、青丘國、黑齒國、玄股國、毛民國、勞民國；《海內南經》有伯慮國、離耳國、雕題國、北朐國〔註43〕、梟陽國、氐人國、匈奴、一曰獫狁。開題之國、列人之國；《海內西經》有東胡、夸人、貊國；《海內北經》有犬封國、曰犬戎國、鬼國、林氏國、蓋國、南倭、北倭、朝鮮、姑射國；《海內東經》有國在流沙中者，埻端璽㬇國；在流沙外者，大夏、豎沙、居繇、月支之國；《大荒東經》有大人之國、《海外東經》有之。小人國、有蒍國、君子之國、《海外東經》有之。白民國、《海外西經》亦有之。青丘國、《海外東經》有之。夏州國、蓋余國、困民國、女和月母之國；《大荒南經》有三身國、《海外西經》有之。盈民國、羬民國、當即羬國、《海外南經》有之。蜮民國、有小人名曰焦僥之國、《海外南經》有之。有鼬姓之國、驩頭之國、《海外南經》有之。羲和之國；《大荒西經》有淑士國、白氏國、長脛國、西周國、案：此以姬周列之《大荒》，不可解。先民國、有沃國、女子國、《海外西經》有之。丈夫國、《海外西經》有之。寒荒國、壽麻國、蓋山國、互人國；《大荒北經》有胡不與之國、肅慎氏之國、始州國、毛民國、《海外東經》有之。儋耳國、深目民之國、《海外北經》有之。中輪國、賴丘國、犬戎國；《海內西經》有之。《海內經》有朝鮮、《海內北經》有之。天毒、壑市、泛葉、朝雲、司彘、禺中、鹽長、巴國，又有贛巨人，注以為即梟陽也，《海內南經》有之。有玄丘之民、大幽之國、釘靈之國。其可考於今者，十之三四。即不可考者，亦未可言古之必無。然其命各國之名，則大端就形體而言，而以地名者絕鮮。此即分種族之學。《淮南子・墜形訓》云：「凡海外三十六國，自西北至西南力，有修股民、天民、肅慎民、白民、沃民、女子民、丈夫民、奇股股

〔註43〕「伯慮國、離耳國、雕題國、北朐國」，稿本無。

民、一臂民、三身民；自西南至東南方，結匈民、羽民、讙頭國民、裸國民、三苗民、交股民、不死民、穿匈民、反舌民、豕喙民、鑿齒民、三頭民、修臂民；自東南至東北方，有大人國、君子國、黑齒民、玄股民、毛民、勞民；自東北方至西北方，有跂踵民、句嬰民、深目民、無腸民、柔利民、一目民、無繼民。」大抵依據《山海經》，非別有所出。《萬國史記》卷五云：「亞非理駕人常傳其東南各部語，率怪誕無稽。或曰東南海濱有人，男女皆無鼻，或曰具三四眼，或曰眼在匈，無首以上。古書又稱某王頭如犬，某地有長人長數丈，更有矮人一種，曰比鶴美士，長可一尺，住尼羅河源云。」知當時中西傳聞約略相似矣。今以西書言中國種族者，多未明其源委。爰掊拾經史，粗具崖略，使來者可因以理董焉。

《史記・五帝本紀》曰：「三苗在江淮荊州，數為亂。於是舜歸而言於帝，請流共工於幽陵，以變北狄。《索隱》：『變謂變其形及衣服，同於夷狄也。』《正義》：『言四凶流四裔，各於四夷放共工等，為中國之風俗也。』按：《正義》說是。放驩兜於崇山，以變南蠻。遷三苗於三危，以變西戎。殛鯀於羽山，以變東夷。」

張華《博物志》卷二曰：「三苗國。昔唐堯以天下讓於虞，三苗之民非之，帝殺有苗之民，叛浮入南海，為三苗國。」

《書・舜典》：「竄三苗於三危。」《偽孔氏傳》云：「三苗，國名。縉雲氏之後，為諸侯，號饕餮，三危西裔。」

又「分北三苗」，《正義》引鄭玄：「以為流四凶者，降其位耳，猶為國君，故以三苗為西裔諸侯，猶為惡，乃復分北流之，謂分北西裔之三苗也。」

《呂刑》：「苗民弗用靈，制以刑，惟作五虐之刑曰法。殺戮無辜，爰始淫為劓、刵、椓、黥。」《偽孔傳》云：「三苗之主頑凶，若民敢行虐刑，以殺戮無辜，故曰五虐。」

《禹貢》：「三危既宅，三苗丕敘。」《史記》「丕敘」作「大序」。《索隱》云：「鄭玄引河圖及地說云：三危山在鳥鼠西南，與岐山相連。」《尚書正義》云：「三危山，未知所在。《地理志》，杜林以為燉煌郡，即古瓜州也。昭九年《左傳》云：『先王居檮杌於四裔，故允姓之奸居於瓜州。』杜預云：『允姓之祖與三苗俱放於三危。瓜州，今燉煌也。』」

《淮南子・脩務訓》：「舜南征三苗，道死蒼梧。」

《皋陶謨》曰：「何遷乎有苗？」

《史記‧吳起列傳》〔註44〕：「吳起曰：『昔三苗氏，左洞庭，右彭蠡，德義不脩，禹滅之。』」

《輿地廣記》：「潭州，古三苗國之地。」

《禮‧緇衣》：「《甫刑》曰：『苗民匪用命，制以刑，惟作五虐之刑曰法。』是以民有惡德，而遂絕其世。」鄭《注》：「高辛世之末，諸侯有三苗者作亂，其治民不用政令，專制之以嚴刑，乃作五虐。蚩尤之刑，以是為法。於是民起，倍畔三苗。由此見滅，無後世。」《正義》：「案：鄭注《呂刑》云：『苗民謂九黎之君也。九黎之君於少昊氏衰而棄善道，上效蚩尤重刑，必變九黎。言苗民者，有苗九黎之後，顓頊代少昊誅九黎，分流其子孫，為居於西裔者。三苗至高辛之衰，又復九黎之君惡，堯興又誅之，堯末又在朝，舜時又竄之，後王深惡此族三生兇惡。「三生」二字用釋典，未妥。故著其氏而謂之民。民者，冥也，言未見仁道。』」按：民無貶義，特著其上下同亂耳。又云：「鄭以九黎為苗氏先祖，上學蚩尤之惡，非蚩尤子孫。」孔注《尚書》，以為九黎即蚩尤，三苗則非九黎子孫，與鄭異。

《穆天子傳》卷四：「天子至重𪁗氏黑水之阿。」又，「柏夭曰：『重𪁗氏之先，三苗氏之□處』」。郭《注》云：「三苗，舜所竄於三危山者。」

近人《苗疆聞見錄》云：「麻哈州，元犵狫長官司地。獨山州，元獨山蠻夷長官司地。」

《五大洲各國風俗考》曰：「亞細亞為人類淵藪，民種不可以僂指數。高加索種居亞細亞西方，蒙古韃靼種居亞細亞東方，巫來種居印度群島，依諦號比亞種分居東南洋各島。高加索種最佳，蒙韃種亦多智謀之士。該爾毛克民種為蒙韃分支，習牧業，居亞細亞中土之平地，心思靈敏，而骨格相稱。巫來種膚色稍暗，髮粗而黑，目細而彎。種之大而多者，首推蒙古，高加索次之，巫來又次之，依諦號比亞最少，此一種今稱為巴布亞種。」按：此西人約略之詞。且既云不可勝數，何所舉僅五種耶？類族辨物，先王相傳之學，余固當修明之，以存吾洲之訓典也。

《〈水經‧大遼水〉注》〔註45〕：「高平川水出西北平川，東南過倭城，北蓋倭地，人徙之。」據此，則倭人由東方以通中國，其來已久。高誘注《呂氏春秋》，有「倭語」二字，不足異也。

〔註44〕見《史記》卷六十五。
〔註45〕見《水經注》卷十四。

　　《萬國史記》卷二云：「中國在亞細亞之東，疆域廣大，殆居亞細亞三分之一，分為三部：按：此日本人約略分之之詞。曰本部，曰中國韃靼，曰西藏。其本部最稱舊國，自有史記四千餘年。」

　　《說文·夂部》：「夏，中國之人也。」

　　《大戴禮·五帝德篇》：「流共工於幽州，以變北狄。放驩兜於崇山，以變南蠻。殺三苗於三危，以變西戎。殛鯀於羽山，以變東夷。」《史記·五帝本紀》「殺」作「遷」，「殺」乃「竄」之借字。

　　王筠《菉友臆說》云：「此較《左傳》『投諸四夷，以禦魑魅』，更見聖人作用。共工、驩兜、鯀在中國為凶人，在四裔猶可化獉狉之民，因所長而用之也。《禹貢》『三危既宅，三苗丕敘』，此即以變西戎之實。」余謂《離騷》言『鯀婞直以亡身，終然乎羽之野』，蓋言行化變夷之事矣。

　　汪大淵《島夷志略》云：「龍牙門，昔酋長掘地而得玉冠，今亦遞相傳授。男女兼中國人居之，多椎髻，穿短布衫，繫青布捎。」

　　徐繼畬《瀛環志略》卷二引泰西人《萬國地理書》云：「南洋諸島沿海土人皆巫來由番族，黑面長髮，頭纏布赤，足腰圍花紋布，穿裙，插短刀，多駕船捕魚，或為海盜，皆奉回回教。內地有黑面土番，居山穴樹林，如中國苗猓之類。中國流寓甚眾。廣州嘉應州之人為工，潮州之人為農，泉、漳之人為商。閩、粵游手，往往不復首邱，或娶番婦生子女，遂化為異族。」

　　《瀛環志略》又云〔註46〕：「《天下郡國利病書》謂真臘民色甚黑，號為崑崙，唐時所謂崑崙奴也。今考南洋諸島番，面色大半皆黑，不獨真臘，且黑有甚於真臘者。」

　　汪大淵《島夷志略》：「天竺居大食之東，隸秦王之主，俗尚古風。男女身長七尺，小目長項，手帕繫額，編髮垂耳，穿百結衣，以藤皮織鞋，以棉紗結襪。」

　　又云：「麻訶斯離去大食國八千餘里，男女編髮，眼如銅鈴，穿長衫。」

　　《太平御覽》三百七十三。引《廣志》曰：「黃頭夷髮，黃如苕箒。」

　　鄒代鈞《西征紀程》卷二云：「錫蘭島民種類凡四：曰新格利斯種，周、秦之際，遷自北印度干吉思河畔，至今為最繁衍，短軀幹，膽小而詐，弱不任事；曰坦彌爾種，遷自南印度，居島北；曰摩哈默種，阿剌伯回教也人，性伉爽，善商賈；曰法答種，土人也，貧苦無知識，居樹林中，與獸無異。」

〔註46〕見《瀛寰志略》卷二。

滿洲語稱老翁曰薩克達嗎甫，故薩克達氏自稱晉祖逖之後。又瓜爾佳氏自稱漢前將軍關羽之後，則以關、瓜為對音字。凡滿洲人姓馬佳、王佳、李佳等，字皆借用作家。雖奉旨不許妄增，然莫能禁也。又他塔喇，漢姓曰唐；棟鄂氏自言宋瀛國公之後。亦見《西齋偶得》。

《白虎通·禮樂篇》曰：「何以名為夷蠻？曰：聖人本不治外國，非為制名也，因其國名而言之耳。」按：名從主人，《春秋》之大義。《白虎通》此說最為得之。其下文又錄「一說曰：名其短而為之制名也。夷者，僔夷無禮，蠻蟲難化。戎者，強惡。狄者，辟易無別」云云，此皆後人因聲音以附會，乃後起義。凡類此者，今皆不取。此猶夏、殷、周皆以地名，而《白虎通·號篇》亦有「夏，大；殷，中；周，密」之訓，小學家習氣如此也。

《禮記·王制》：「東方曰夷，被髮文身，有不火食者矣。南方曰蠻，雕題交趾，有不火食者矣。鄭《注》：「雕題謂刻其肌，以丹青涅之。交趾，足相鄉。然浴則同川，臥則僢，不火食，地氣暖，不為病。」西方曰戎，被髮衣皮，有不粒食者矣。北方曰狄，衣羽毛，穴居，有不粒食者矣。鄭《注》：「不粒食，地氣寒，少五穀。」中國夷、蠻、戎、狄，皆有安居。五方之民，言語不通，嗜欲不同，達其志，通其欲。東方曰寄，南方曰象，西方曰狄鞮，北方曰譯。」《正義》曰〔註47〕：「東方曰夷者，《風俗通》云：『東方人好生，萬物觝觸地而出。夷者，觝也。』其類有九，依《東夷傳》。九種：一玄菟，二樂浪，三高驪，四滿飾，按：即靺鞨之異文。五鳧臾，按：即扶餘之異文。六索家，七東屠，八倭人，九天鄙。」案：《韓非子·說林上》云：「周公旦已勝殷，將攻商蓋。辛公甲曰：『大難攻，小易服，不如服眾小以刦大。』乃攻九夷，而商蓋服。」江艮庭曰：「商蓋，商奄也，是九夷。曾為周公所征。朝鮮又被箕子之教，故孔子欲居之矣。」「南方曰蠻者，《風俗通》云：『君臣同川而浴，極為簡慢。蠻者，慢也。』其類有八，李巡《注爾雅》云：『一天竺，二咳首，三僬僥，四跂當作跂。踵，五穿胷，六儋耳，七狗軹，八旁春。』阮文達《校勘記》云：「皇侃《論語疏》作『旁脊』。」西方曰戎者，《風俗通》云：『斬伐殺生，不得其中。戎者，凶也。』其類有六，李巡《注爾雅》云：『一僥夷，二戎央，《校勘記》云：「毛本『央』作『夷』，皇《疏》作『依貊』。」三老白，四耆羌，五鼻息，六天剛。』北方曰狄者，《風俗通》云：『父子嫂叔，同穴無別。狄者，辟也。』其行邪辟，其類有五，李巡《注爾雅》云：『一月支，二穢貊，三匈奴，四單于，五白屋。』」

〔註47〕見《禮記正義》卷十二。

按：《後漢書》：「九夷：畎夷、於夷、方夷、黃夷、白夷、赤夷、玄夷、風夷、陽夷。」此所稱玄菟、樂浪云云，當引李巡《爾雅注》，段茂堂補之是也。穢貊乃東夷，單于乃匈奴王稱，強以足五狄之數，不足盡據。《說文·羊部》：「羌，西戎牧羊人也。從人從羊，羊亦聲。南方蠻閩從蟲，北方狄從犬，東方貉從豸，西方羌從羊：此六種也。西南僰人、僬僥，從人，蓋在坤地，頗有順理之性。唯東夷從大。大，人也。夷俗仁，仁者壽，有君子不死之國。孔子曰：『道不行，欲之九夷，乘桴浮於海。』有以也。」此以夷為美稱。至《蟲部》又以閩為蛇種，《犬部》以狄為犬種，《豸部》「貉」字又云北方豸種，此與「羌」字下以貉為東方者互異。皆隨字附會。不如「羌」字釋為「牧羊人」而不言羊種，較得本義。《〈禮記·明堂位〉正義》曰〔註48〕：「《鄭志》趙商問曰：『職方掌四夷、八蠻、七閩、九貉、五戎、六狄之數，《注》云：周之所服國數。《明堂》云：朝位服事之國服，夷九蠻八戎六狄五。禮文事異，不達其數。』故鄭答云：『《職方》：四夷謂四方夷狄也。九貉即九夷，此與《說文》言貉在東方說合。在東方。八蠻在南方，閩其別也。戎狄之數，或六或五。《爾雅》雖有與同，皆數爾，無別國之名，不甚明，故不定也。』如鄭此言，夷狄之名既無別國顯其名，數或五或六，不可知也。」竊意鄭不獨不定戎狄之五六，即九夷八蠻，鄭亦不欲妄指國名以實之。如李巡、應劭之言，皆鄭所不取也。

李石《續博物志》卷二曰：「《寧國論》云：『蜀中本無獠，犍為、德陽山谷洞中，攘攘而出，轉轉漸大，自為夫婦而益多。夫土乾則生蚤，地溼則生蚊，積穀則生蠹，腐肉則生蛆。蛆化為蠅，蠅自生蛆，蛆又生蠅，豈有窮乎？』」按：種族每因地氣而變此，以土乾生蚤、地溼生蚊為喻，未為不合。

宋周去非《嶺外代答》云：「欽民有五種。一曰土人，自昔駱越種類也。居於村落，容貌鄙野，以脣舌雜為音聲，殊不可曉，謂之蔞語。二曰北人。語言平易，而雜以南音。本西北流民，自五代之亂，占籍于欽者也。三曰俚人，史稱俚獠者是也。此種自蠻峒出居，專事妖怪，若禽獸。然語音尤不可曉。四曰射耕人，本福建人，射地而耕也。子孫盡閩音。五曰蜑人。以舟為室浮，海而生。語似福建，雜以廣東、西之音。」卷三。又曰：「方言古人有之，乃若廣西之蔞語，稱官主為溝主，母為未囊，外祖母為低僕，使曰齋捽，喫飯為報崖。若此之類，當待譯而後通。至城郭居民，語乃平易。自福建、湖湘皆不及

也。」卷四。按：據此則自桂林至欽州，皆有蔓語，當為其地最古之土人，特不知越南語與蔓語異同若何耳。

《《水經·溫水》注》云：「《林邑記》曰：『渡比景至朱吾，朱吾以南有文狼人，野居無室，宅依樹止宿，食生魚肉，採香為業，與人交市，若上皇之民矣。』」余按：今南洋多巫來由種。巫來由蓋即文狼之音轉，今譯者亦或作文萊。

《萬震南州志》：「大月氏在天竺北可七千里，國王稱天子。國中騎乘，常數十萬匹。城郭宮殿與大秦國同。人民赤白色。」見《《大宛列傳》注》。按：此以顏色分民，實開西學之先。月氏民赤白色，則西歐人種之所始也。

《史記·匈奴列傳》〔註49〕：「匈奴其先祖，夏后氏之苗裔也，曰淳維。」《索隱》：「張晏曰：『淳維以殷時奔北邊。』又樂彥《括地譜》云：『夏桀無道，湯放之鳴條，三年而死。其子獯粥妻桀之眾妾，避居北野，隨畜移徙，中國謂之匈奴。』其言夏后苗裔，或當然也。」唐虞以上有山戎、獫狁、葷粥居於北蠻，隨畜牧而轉移。其俗有名不諱，而無姓字。《集解》：「《漢書》曰：『單于姓攣鞮氏。』」案：《禹貢》：「要服外，五百里荒服，三百里蠻，二百里流。」《史記集解》引馬融曰：「流行無城郭常居。」蓋蠻即北蠻，流即隨畜牧轉移，後世所謂行國也。

《史記·五帝本紀》：「東長鳥夷。」《索隱》云：「『長』字下少一『夷』字。」今案《大戴禮》，亦云「長夷」，則長是夷號。《正義》注鳥或作島《括地志》云：百濟國西南海中有大島十五所，皆置邑，有人居，屬百濟。又倭國西南大海中島居凡百餘小國，在京南萬三千五百里。案：武后改倭國為日本國。」余案：任昉《述異記》云：「日本國有金桃，其實重一斤。」是日本之名不始於武后。

蔡澄《雞窗叢話》云：「《後漢書·外國傳》引《王制》曰：『東方曰夷。夷者，抵也。或曰夷大也，柔順也。言仁而好生，萬物抵地而出，故天性柔順，易以道御，至有君子不死之國焉。』《山海經》曰：『君子國衣冠帶劍』，故唐玄〔註50〕宗稱日本為禮義君子國。《論語》：『子欲居九夷。或曰陋，子曰：君子居之。』蓋孔子以彼有君子居之，非自謂君子也。不死國，非竟不死也。日本《吾妻鏡》載其國王，漢、晉以前壽皆百數十歲，又有大臣曰內紀武，年三百七歲。按：九夷即古之倭奴，余謂此不盡然。至唐改為日本。新羅、百濟等

〔註49〕見《史記》卷一百十《匈奴列傳第五十》。
〔註50〕「玄」，原作「元」。

國，亦九夷之後。《東夷列傳》：『九夷：畎夷、於夷、方夷、黃夷、白夷、赤夷、玄夷、風夷、陽夷。』」余謂方夷當即《周禮》所謂「其民毛而方也」。黃、白、赤、玄者，就各國人之顏色言之也，猶西洋之分黑白傀子也。

《書·舜典》：「蠻夷猾夏。」孔〔註51〕氏《傳》曰：「夏，華夏。」是姒氏以前，中國已有夏稱。《正義》引定十年《左傳》云：「裔不謀夏，夷不亂華，是中國為華夏也。」然中國何以名華夏之故，則各書皆附會字義以釋之，而未明言其所以然。竊意古人質樸，必不取光華夏大之訓，自表異於人。疑必取於地名，以分種族，而後世遂沿為美稱矣。《汨作·序》云：「帝釐下土，方設居方，別生分類。」孔〔註52〕氏《傳》曰：「生，姓也。別其姓族，分其類，使相從。」此古人言種族之學。既別其姓，又釐其居，舜之大功蓋在於此，乃不傳於後，惜哉！〔註53〕

《史記·衛青傳》〔註54〕：「殺折蘭王。」《正義》：「顏師古云：『折蘭，匈奴中姓也。今鮮卑有其蘭姓者，即其種。』」余按：鮮卑、匈奴，種族略異，顏監之言，似未足據。

《史記·封禪書》：「齊桓公曰：『寡人北伐山戎。』」《索隱》：「服虔曰：『蓋今鮮卑。』」是《元祕史》之失必兒，本朝之錫伯滿洲，此語記《博習明西齋偶得》〔註55〕言之。皆鮮卑之音轉也。今俄羅斯西伯利部西伯利，蓋即失必兒，譯音無定字耳。

《〈水經·河水篇〉注》云〔註56〕：「洮水逕吐谷渾中。吐谷渾者，始是東燕慕容之枝庶，因氏其字，以為首類之種號也，故謂之野虜。」

《欽定滿洲源流考》卷十八云：「《通考》：『新羅族第一骨、第二骨以自別。王族為第一骨，妻亦其族，不娶第二骨。』」此承《新唐書》之誤。據史，新羅王金姓，自以金姓為第一骨，而唐時冊命國妃、太妃，皆申姓、朴姓之屬，載於《冊府元龜》及《唐書》，歷歷可攷，無一金姓，則所云『妻不娶第

〔註51〕「孔」，稿本作「某」。

〔註52〕「孔」，稿本作「某」。

〔註53〕文末稿本有小字注文：「《隋書·經籍志》。」

〔註54〕見《史記》卷一百一十一。

〔註55〕《博明西齋偶得》，《朔方備乘》卷四十三考訂諸書三、卷六十辨正諸書五、《元史譯文證補》一《太祖本紀譯證上》、二十六《地理志西北地附錄釋地下》、二十七《西域古地考三》、《蒙古游牧記》卷一、卷六、卷七（兩見）、卷十一均引用。此處衍一「習」字。

〔註56〕見《水經注》卷二。

二骨』者，傳訛之辭。今蒙古以黑白骨分貴賤，有察罕雅蘇臺、哈喇雅蘇臺之稱。新羅以骨為重，亦即其意耳。」余案：緬甸國俗亦以骨分貴賤。又黃遵憲《日本國志》卷三十七引「《姓氏錄》曰：『源朝臣信弟妹凡八人。宏仁五年，各賜姓，以信為尸主。』又《姓氏錄》序名為氏骨。骨之為言主也。氏骨者，言氏族之所以為主。」余謂骨無主義，或亦同新羅之俗，以骨為別歟？

《國語・鄭語》曰：「荊子熊嚴生子四人，叔熊逃難於濮。」韋氏《解》曰：「濮，蠻邑。蓮氏，楚大夫。先熊霜之世，叔熊逃難奔濮而從蠻俗。」又曰：「祝融後八姓：己、董、彭、禿、妘、曹。或在王室，或在夷狄，莫之數也。」韋《注》云：「在王室，蘇子、溫子也。在夷狄，莒、偪陽也。」

《晉語》：「狐氏出自唐叔。」《注》云：「狐氏與晉俱唐叔之後，別在犬戎者。」

《書・費誓》：「淮夷徐戎。」孔〔註57〕氏《傳》曰：「此戎夷，帝王所羈縻統緒，故錯居九州之內，秦始皇逐出之。」《正義》曰：「漢時內地無戎夷者，秦始皇逐出。」按：晉江統《徙戎論》曰：「周室失統，戎狄乘間，得入中國。或招誘安撫，以為己用。自是四夷交侵，與中國錯居。及秦始皇併天下，兵威旁達，攘胡走越。當是時，中國無復四夷也。」說與偽孔《傳》同。江統以馬援徙羌為夷狄入中國之始，《通典》以趙充國為始，兩說互證。

《隋圖經集記》曰：「義川蓋春秋時白翟也。其俗語云丹州白窒，即白翟語訛耳。」《太平御覽・州郡部》〔註58〕。

《苗疆聞見錄》云：「臺拱廳西北九股河，一曰小江，自丹江流入，下注清水江。沿江以居者，曰九股苗，曰橫披苗，通稱黑苗，最為獷悍。迤西而北而東，山峯屹立。廳南烏堯坡，高數萬仞，山峻溪深，寸步百險。西南平衍，煙火萬家。南冬、南省、南兌、南堯、腮隴、桃瀨等苗寨，形如棋布，皆黑苗種類。清江廳屬清江苗，亦曰青苗。都勻府境羊猩苗，大都瀨河以居。其依山為險者，則犵狫夷也。麻哈州紫薑苗，夾樂平溪而居。獨山州境短裳苗，亦曰狆家苗。八寨廳蠻夷環伺，曰八砦苗，曰千家苗，曰九門苗，種類不一。丹江廳有大丹江苗、小丹江苗。又有高坡苗、其婦女以木板尺許綰髮，亦謂之頂板苗。雞講苗，錯處於東北高坡雞講之間。都江廳為水家苗地。古州廳多蠻夷，曰梅得苗，曰斧頭苗，曰八萬古州苗。永從縣唐溪洞福祿州在黎平

〔註57〕「孔」，稿本作「某」。
〔註58〕見《太平御覽》卷一百六十四《州郡部下・丹州》。

府東南六十里，多洞苗，曰六洞，曰四腳，牛尤獷悍。六洞一名六寨。又有外八洞苗。」

《隋書·地理志》云：「漢中傍南山有獠戶富室者，頗參夏人為婚。衣服、居處、言語殆與華不別。漢陽、臨洮、宕昌、武都、同昌、河池、順政、義城、平武、汶山皆連接氐羌人，尤勁悍。」

又云：「又有獽蜒蠻賨，其居處、風俗、衣服、飲食頗同於獠，而亦與蜀人相類。」

《《水經·江水篇》注》：「僰道縣本僰人居之。《地理風俗記》曰：『夷中最仁，有人道，故字從人。』」按：此應仲遠釋「僰」字之說。

《水經》：「青衣水出青衣縣。」酈《注》云：「縣故青衣羌國也。《竹書紀年》：『梁惠成王十年，瑕陽人自秦道岷山青衣水來歸。』」又《若水注》云：「汶山曰夷，南中曰昆彌，蜀曰邛，漢嘉曰莋，皆夷種也。」

《隋書·地理志》〔註59〕：「南郡、夷陵、竟陵、沔陽、沅陵、靖江、襄陽、春陵、漢東、安陸、永安、義陽、九江、江夏諸郡多雜蠻左。楊守敬《考證》云〔註60〕：「按地形志，齊有安蠻左郡，宋有希水左縣、蘄水左縣，齊有建寧左郡，宋有建寧左縣，齊有北隨安左郡。」其與夏人雜居者，則與諸華不別。其僻處山谷者，則言語不通，嗜好居處全異，頗與巴渝同俗，諸蠻本其所出，承盤瓠之後，故服章多以班布為飾。其相呼以蠻，則為深忌。晉氏南遷之後，南郡、襄陽皆為重鎮，四方湊會，故益多衣冠之緒，稍尚禮義經籍焉。九江襟帶所在，江陵、竟陵、安陸各置名州，為藩鎮重寄，人物乃與諸郡不同。」《水經·沅水》注》〔註61〕：「武陵有五溪：雄溪、樠溪、無溪、酉溪、辰溪。夾溪悉是蠻左所居，故謂此蠻五溪蠻也。」

《隋書·地理志》云：「長沙郡又雜有夷蜑，名曰莫傜，自云其先祖有功，常免傜役，故以為名。其男子但著白布褌衫，更無巾袴。其女子青布衫，班布裙，通無鞋屩。婚嫁用鐵鈷鏻為聘財。武陵、巴陵、零陵、桂陽、澧陽、衡山、熙平皆同焉。其喪葬之節，頗同於諸左云。」

陸游《老學庵筆記》卷四。云：「辰沅靖州蠻有犵狑，有犵獠，有犵𤞑，有犵獲，有山傜，俗亦土著，外愚內黠，皆焚山而耕，所種粟豆而已。其負物則

〔註59〕見《隋書》卷三十一。
〔註60〕見清·楊守敬《隋書地理志考證》卷九。
〔註61〕見《水經注》卷三十七。

少者輕，老者重，率皆束於背。婦人負者尤多。男未娶者，以金雞羽插髻。女未嫁者，以海螺為數珠掛頸上。諸蠻惟犵狑頗強，習戰鬥，他時或能為邊患。」

毛奇齡《蠻司合志序》云：「古無土司之名。虞征三苗，殷伐鬼方，漢武檄駹冉邛僰，統謂之蠻。其地踞湖、貴、川、雲、兩廣六省，自巴夔上下，迤及海嶠數萬里，溪峒箐篁之中，曰犵，曰狑，曰獠，曰猺，曰獞，凡數十種。歷代迄今，各有大姓為領袖。如北魏冉氏、田氏、向氏，南宋舒氏、蘇氏、彭氏、楊氏，皆雄長。其地呼嗉群族，特未嘗建州司隸銓選耳。有明踵元舊事，悉加建設，其法倣之。蜀漢昭烈授羅伽李恢為郡功曹主簿，晉帝用興古爨深作本郡太守，宋太祖舉傜人秦冉雄，使之自治辰州，而推廣其意。」

《瀛環志略》卷二。曰：「澳大利亞土番，黑面披髮，裸體，食草根山果，結巢於樹。予之酒，一飲即醉，臥泥中，如豕負塗。男役女若畜，怒輒殺之。」

《佛說胞胎經》云：「顏色固然隨其宿行。宿作黑行，色現為黑，形體如漆。宿作不白不黑，行色現不白不黑，體像一貌。宿行素無光潤，色現素無光潤，普身一等。宿行白色，面貌正白，普體亦然。宿行黃色，面貌黃色，普體亦然。阿難是世間人，有是六色，隨本所種，自然獲之。」是佛典亦以顏色分人種也。經有五而言六者，蓋有無光潤之人，即有有光潤之人，疑即紫色銅色兩種矣。此經西晉所譯，或有敚文。

《萬國史記・總說》云：「西人或曰人類大別五種：曰黃色，曰白色，曰黑色，曰紫色，曰銅色。原其始祖，各自不同。」李提摩太《八星之一總論》云：「全地球之人可分六大族。一曰黃色人族，則中國西藏、突厥、各書或作土耳其。蒙古、滿洲黑龍江以北地、高麗、日本、安南、暹羅、緬甸諸國人也。明代又有突厥人，航海至歐洲之東南，其子孫蕃衍，至今尚存。一曰白色人族，又名雅理安族。按：雅理安一作亞利安，全稱之則曰印度亞利安族。因上古時崑崙山有雅理安一種人，其苗裔南至印度者，膚色白於印度土人，故兼以白人名。按：《山海經》有白民國，殆此類。既而西行，至歐、美二洲，紛紛占籍，其髮則有黑色、黃色、紅色之分。一曰黑色人族。其居皆在赤道下，天時炎熱，蓋皆非洲族類也。東以太平洋為界，西以中美洲為界。一曰半黃半白色人族。如古時印度西北之巴比倫內有亞述里雅。及敘利亞內有猶太及腓尼基。及埃及國。內有非洲北岸之人。今此種族類約六京五兆。一曰淡黑色人族，又名穆來由族。因此種人大半生於新嘉坡附近之穆來，由地得名，迤東至太平洋一帶，皆此族人占籍焉。一曰雜色人族之二。溯四百年前，歐人初至美洲，

見一種土人肌膚略帶紅色，究所從來，相傳不一，或曰黃人之流亞也，亞當作寓。從亞洲轉徙至此，其著名之國曰墨西哥、曰祕魯。以上分六族，而歷代以來，婚媾可通彼此，互為夫婦，有難以斤斤分明者。總而論之，今之著名族類，一黃一白耳。」

《萬國史記》卷四云：「緬甸、暹羅、安南三國，大抵身短色黑，面扁體高，絕少狡好。似頑實點，似惰實勇。髮多而黑，拔去鬚髯，望之若婦人。崇奉佛教。」

又卷三云：「印度民種類不一。相傳上古有二族：一曰日朝，一曰月朝，並出於天神。一說西曆紀元前二千一百八十年，高加索族入西境，居印度河旁二千年，始拜婆羅門教，造梵字，著肥大司此土書。一千六百十四年，高加索族與土人戰。一千三百年，二族媾和通婚。一千年始與猶太通，七百七十年始立四司尼加朝，傳十世，三百六十年。六百年，佛教大興。五百四十年，釋迦卒。」

近譯《古史略》有十二族分疆圖。十二族者，亞各伯十二子之名號也，曰納費大里族、瑪納薔東族、亞色爾族、撒布龍族、意撒加爾族、瑪納薔西族、額髮勒蔭族、本雅民族、魯本族、茹達族、按：即猶太之異譯。丹族、西默完族。

日本北村三郎《印度史》云：「上古亞利亞按：即亞利安。人種，今日歐洲人種即其子孫。印度土人皆為亞利亞人所驅逐，入於山地，今日現存。」

《萬國史記》云：「韃靼諸部，古稱匈奴，群居亞細亞北方，不詳其祖。」

錢辛楣《養新錄》卷九云〔註62〕：「陶九成《輟耕錄》載漢人八種：曰契丹、曰高麗、曰女直、曰竹因歹、曰術里闊歹、曰竹溫、曰作亦歹、曰渤海。按：遼、金、元三史，唯見契丹、女直、高麗、渤海四國，餘未詳。考《元史·鎮海傳》：『從攻塔塔兒、欽察、唐兀、只溫、契丹、女直、河西諸國。』只溫蓋即竹溫之轉歟？」

《周官·大司樂》：「教國子，舞《雲門》、《大卷》。」鄭《注》云：「黃帝曰《雲門》、《大卷》。黃帝能成名萬物，以明民共財，言其德如雲之所出，民得以有族類。」

《禮記·三年問》：「凡生天地之間者，有血氣之屬必有知，有知之屬莫不知愛其類。」《國語》：「司空季子曰：『昔少典娶於有蟜氏，生黃帝、炎帝。

〔註62〕見《十駕齋養新錄》卷九《漢人八種》。

黃帝以姬水成，炎帝以姜水成，成而異德，故黃帝為姬，炎帝為姜。異姓則異德，異德則異類，異類雖近，男女相及以生民也。』《樂記》：「方以類聚。」鄭《注》：「方謂行蟲也。」

《逸周書‧王會解》〔註63〕有稷慎、即肅慎。穢人、孔曰：「穢，韓穢，東夷別種。」朱右曾云：「今朝鮮江原道，古穢人地。」良夷、孔曰：「良夷，樂浪之夷。」發人、盧見曾曰：「發，北發也。」俞人、孔曰：「俞，東北夷。」青邱、孔曰：「海東地名。」周頭、孔曰：「周頭亦海東夷。」黑齒、見《山海經》、《呂氏春秋》。白民、孔曰：「亦東南夷。」東越、即閩越。歐人、王曰：「《山海經》云：『歐居海中。』」姑妹、孔曰：「姑妹國後屬越。」共人、孔曰：「共人，吳越之蠻。」自深、孔曰：「自深亦南蠻。」義渠、央林、一作英林。北唐、孔曰：「戎之在西北者。」渠叟、王曰：「《西域圖記》曰：『鉢汗國在蔥嶺西五百餘里，古之渠叟國。』」樓煩、孔曰：「樓煩，北狄。」卜盧、孔曰：「卜盧，盧人，西北戎也。今盧水。」區陽、孔曰：「亦戎之名。」規規、孔曰：「規規亦戎。」西申、氐羌、注：氐羌、地羌不同，故謂之氐羌，今謂之氐矣。巴人、方煬、孔曰：「方煬，戎別名。」蜀人、方人、孔曰：「方人，方戎別名。」卜人、孔曰：「西南之蠻。」夷、王曰：「夷，《山海經》云在東胡東。」康民、孔曰：「康亦西戎別名。」州靡、朱云：「《史記‧西南夷傳》：『靡莫之屬。』《正義》云：『在姚州北。』」都郭、奇幹、高夷、獨鹿、孤竹、不令支、盧曰：「『不』字發聲，齊語有令支。」不屠何、《管子》：「桓公敗胡貉，破屠何。」《注》云：「屠何，東胡之先。」按：屠何即徒河。東胡、山戎、般吾、孔曰：「般吾，北狄。」屠州、孔曰：「狄之別也。」禺氏、大夏、犬戎、數楚、孔曰：「數楚亦北戎。」匈奴、權扶、孔曰：「權扶，南蠻。」白洲、孔曰：「東南蠻，與白民接，水中可居曰洲。」禽人、孔曰：「亦東南蠻。」路人、孔曰：「東南蠻。」揚蠻、孔曰：「揚州之蠻。」倉吾。即蒼梧。

又曰：「伊尹為四方令曰：臣請正東符婁、仇州、伊慮、漚深、九夷、十蠻、越漚、鬋髮文身，請令以魚皮之鞞、烏鰂之醬、鮫䱹利劍為獻；正南甌鄧、桂國、損子、產里、百濮、九菌，請令以珠璣、瑇瑁、象齒、文犀、翠羽、菌鶴、短狗為獻；正西崑崙、狗國、鬼親、枳巳、闟耳、貫胸、雕題、離身、漆齒，請令以丹青、白旄、紕罽、江歷、龍角、神龜為獻；正北空同、大夏、莎車、姑他、旦略、豹胡、代翟、匈奴、樓煩、月氏、䟴犁、其龍、東胡，請令以橐駝、白玉、野馬、騊駼、駃騠、良弓為獻。」

〔註63〕見《逸周書‧王會解第五十九》。

　　倪蛻《滇南事略》卷一云：「四方獻令。甌，今福建建寧。鄧，今河南鄧州。桂，今廣西省城。損子未詳。產里即車里，亦名徹里，夷音，無正字耳。九菌，山名，《山海經》曰：『南海之內有菌山。』」余謂菌、蕈之類，滇土所宜產。車，雙聲，例得通轉。然則商之聲教，已過滇池，故以微、盧、彭、濮之人得會師於坶野矣。

　　閻古古《白耷山人集》云：「李龍眠作《蕃貢圖》十幅，各以其本國人物、土產、衣冠分別刻畫之，珍飾貝裝，與胡服不類，大約皆真臘、佛齊、暹羅諸種落。蓋有宋方域，北少南多，龍眠躬逢其盛，故摹繪畢肖。」余按：龍眠畫十國，內有兩女國，又有三瞳國，言此國人皆三瞳，蓋不足據。

　　董逌《廣川畫跋》卷二上《王會圖敘錄》云：「祕閣王會圖，蓋唐貞觀所受貢於四海者也。顏籀請比周之王會作圖，以敘傳後世。又為《王會篇》上之。今其書具存，可以察也。其藏在王府，其副留職方，以時參考，盡得四夷服章、物采、名號、姓名、官爵、謚命，此其所傳也。以圖察者，堅昆其人長大，赤髮白面綠睛。而唐後得其國人，形質不長，面赤色，耳貫金銀小環。王及國人露首卷髮，衣服同突厥，貂鼠為帽，又以金裝帽領卷其末。與今圖所見異。又《王會篇》點戛斯本回紇所號，本名居勿，初屬薛延陀。在隋謂結骨，在唐謂堅昆。余按：此實一聲之轉，譯者異文耳。賈耽以其說為證。然堅昆自秦、漢有之，《史記》所謂高昆，《漢書》所謂隔昆，其國一也。今阿啜謂本國不知有堅昆名，相承以點戛斯為國，自此以上八十年矣。嘗經朝貢，後為回鶻所破，阻隔不通中國。然則乾元二年回鶻奏破堅昆，此其可以驗也。是則點戛斯自是本號，非回鶻所命也。至於木馬則異制，兩鐵則異俗，與圖皆不同。蓋百餘年間，容有改制殊禮，故衣服冠冕不必盡同。至面赤白亦異見，髮朱黑則殊傳。而鐵不石遂絕，疑有誤字。自應圖誤，可以論也。」余按：點戛斯，今譯西書者多作高加索。蓋貞觀至會昌，此百餘年間，高加索人以敗而西徙，而突厥遂居其故地矣。

　　《希臘志略》卷一云：「歐羅巴洲史書，耶穌降生前，紀載者率為希臘、意大利二族事。其實，歐洲是二族外他，巨族不乏。若加利族、德族即是也。」又云：「希族雖貴於歐洲加、德等族，亦與彼等同宗，當未有史記之先，裏海東、蔥嶺西有一原族，實為希族、意族及歐洲他族暨北印度人生生之本原。」又云：「希人自稱希利尼族，歐洲、亞洲舉呼為希臘希利尼人，謂他國人為巴巴類。以其語言不同，徒聽其巴巴煩絮而已。」

《漢書·地理志》〔註64〕：「遼東郡沓氏縣。」師古曰：「凡言氏者，皆謂因之而立名。」《說文》云：「語多沓沓也。遼東有沓氏縣。」按：以語多沓沓而名之沓氏，亦猶希利尼人謂他國為巴巴矣。俄羅斯人稱中國，音近契丹，或先通契丹之故，猶今日歐羅巴人以中國人為蒙古種也。或曰蓋真丹之音轉，亦未可知。

《元祕史》云：「欣都思種、巴黑。塔惕。種兩間有阿魯等種。」卷十三。又云：「成吉思皇帝父親留下未完的百姓，有巴黑。塔惕。種的，王合里伯曾命綽兒馬罕征進去。再有康里乞卜。察等十一種城池百姓，曾命速別額臺征進去。」又云：「綽馬兒罕征巴黑。塔惕。種，其種歸附了。速別額臺的後援巴禿大王等降其康里、乞卜。察等三種。破其幹魯思種城，悉殺虜其人。惟阿速惕等城百姓虜得虜了，歸附得歸附了。巴禿自乞卜。察差使臣奏：『賴長生天的氣力，皇帝叔叔的福蔭，將十一種國土百姓都收捕了。』」卷四十。

元劉祁《北使記》云：「回紇國其人種類甚眾。有沒速蠻回紇者，性殘忍，肉必手殺而嘬，雖齋亦酒脯自若。有遺里諸回紇者，頗柔懦，不喜殺，遇齋則不肉食。有印都回紇者，色黑而性願。其餘不可殫記。」按：印都即印度，與回紇種異。此以其居回紇國中，故以印都回紇稱之耳。遺里諸蓋即大石林牙之遺。遺里即耶律之轉音歟？《記》又云：「其國婦人，間有鬚者。其書契約束，並回紇字。言語不與中國通。其僧皆髮，寺無繪塑。惟和沙州寺像如中國，誦漢字佛書。」

福慶《誌異新編》云：「音底，西域一國也，在葉爾羌西南馬行六十餘日。其地富饒，多寶貨。時與葉爾羌交通貿易，攜內地瓷、茶、大黃而去。其人深目高鼻多鬚，而非回子種類。飲食無所避忌，言語亦不與回子通，衣帽則與回子無異，而右衽。其國敬牛，家一頭，築精舍以處之。男婦朝夕禮拜，祈禱默祐。金鑲牛角、蹄，披以文繡，飼以膏粱。滌器必以牛糞拭之，以為潔，而後貯食。所居屋宇田園，所耕米麥瓜豆，皆與回地相似。但入回地，見殺牛則痛詈之，以為非人類也。」余按：音底即印度之轉音。此所記即劉祁《北使記》之印度回紇也。婆羅門教，牛犬之禁最嚴，故以殺牛為非人類。《酉陽雜俎》卷十三云〔註65〕：「北虜之先索國有泥師都，二妻生四子，一子化為鴻，遂委三子，謂曰：『爾可從古旀。』古旀，牛也。三子因隨牛。

〔註64〕見《漢書》卷二十八下。
〔註65〕見《酉陽雜俎》前集卷十六《毛篇》，卷數與此處所言不同。

牛所糞，悉成肉酪。」鄒弢《風俗〔註66〕考》云：「印度內地古有敬牛之俗，以為牛繫天神寵愛，特降人間。每族必公選神牛一頭，建廟祀之。神牛糞溺，寶若神丹。良辰令節，各人染牛糞於額，謹拜牛廟。家中祭祀，亦必供設牛廟，以表其誠。」余按：婆羅門言天神化牛，實非人類。考見前卷。柯古所記，略得其似。福慶、鄒弢徒詫異俗，未能深知其本來也。《酉陽雜俎》〔註67〕：「堅昆部落非狼種。按：《元祕史》：蒙古自稱為狼與鹿種。其先所生之窟在曲漫山北，自謂上代有神與牸牛交於此窟。其人髮黃目綠，赤髭髯。」按：此則堅昆亦自言為牛種。

《惠州府志》云：「蜑不知所自來，惟麥、何、濮、蘇、吳五姓。」毛大可《蠻司合志》卷十五云：「蜑戶在雷廉間，盜珠為生，酋長不一，有蘇連陞、周才雄為二酋，其先皆安南夷。款石城塞，願為臣僕，因得充蜑戶。又有他酋曾國賓，以三十艘入海。萬曆改元，犯北海。」則蜑實不止五姓。《志》又云：「韓愈詩：『龍戶馬人』，龍戶即蜑人，一名崑崙奴。」余案：崑崙奴專屬巫來由種，與蜑戶稍異。毛云：「其族分三種：能入水取魚者曰魚蜑，取蠔者曰蠔蜑，入山取材者曰木蜑。」今蜑皆水居，其木蜑一種未聞。

《漢書·敘傳》云：「西南外夷種別域殊。」

李鍾珏《新嘉坡風土記》云：「自暹羅直南，伸如舌，長如股，中有山，如脊斗，入於海，皆巫來由種人居之，西人統名之，曰下暹羅。其國有十：曰斜仔，曰大坤，曰宋卡，曰大年，曰吉連丹，曰丁噶奴，曰彭亨，曰柔佛，在山之東，曰吉德，曰沙剌我，在山之西。地至柔佛，盡處谽谺一水，隔二三里而得一島，即英人所謂新嘉坡也。舊名息力，又稱呵叻。考之古冊，斜仔以下皆頓遜地，其後析為列國，而柔佛處極南，叻地屬焉。」又云：「巫來由人通謂之土人，有書作穆拉油者。按：粵人急呼則曰馬來。閩、廣人讀無為莫之去聲，故巫亦讀穆。自印度一帶來者謂之吉靈人，又有自波斯來者謂之齊智人。土人有黑有白，吉靈、齊智俱膚黝如墨。其以布蔽下體，不衫不袴，三種人大略相同。」

《酉陽雜俎》卷五云〔註68〕：「馬伏波有餘兵十家不返，居壽泠縣，自相婚姻，有二百戶。以其流寓，號馬流。衣食與華同。山川移易，銅柱入海，以

〔註66〕「俗」，稿本無。鄒弢《風俗考》見清·陳忠倚《清經世文三編》卷七十五《洋務七·外洋通論一》。
〔註67〕見《酉陽雜俎》前集卷四《境異》。
〔註68〕見《酉陽雜俎》前集卷四《境異》。

此民為識耳。亦曰馬留。」余案：馬流、馬留皆與巫廣州音巫讀謨。來由音同。來由之切音為留，亦即《通典》之文廣音文同門。郎。是此種人早見載籍矣。按：《酉陽雜俎》說本晉俞益期《交州箋》。

日本北村三郎《暹羅史》云：「暹羅人口六百萬，真暹羅人二百萬，其他支那人百萬，羅施原作ラオス。人二百萬，馬來人百萬。」

王澐《瓠園集‧楚遊篇》：「《統志》云：『黑龍江在開原北二千五百里。』按驛程，京師至開原衛一千九百餘里。自開原以外，道里莫考。舊志殆約略計之。」馬端肅《東彝記略》云：「永樂時。以大寧之地自古北口至開原立朵顏、泰寧、福餘三衛，處酋之附近者。又以開原東北至松花江海西一帶金之野人、女真，分為二百七十餘衛所，皆賜印置官。間亦以野人之向正者為都指揮、都督統之。而松花江東北一月之程，所謂黑龍江之地，又立奴兒干都司。」按：朵顏三衛，蒙古皆元之遺部，海西女真則金之別部，在開原一帶，塞外所謂南關、北關是也。野人女真最遠，黑龍江殆亦野人之地耶？余謂蒙古、女真之別，即漢魏匈奴、鮮卑之別也。野人女真，則《遼史》所謂生女真耳。曹廷杰《密探俄界筆記》云：「雙城子為古肅慎國地，亦為女真部地。唐為北沃沮，明為建州衛。野人衛交界之處，國初屬瓦爾喀部。」

宋邵伯溫《聞見前錄》卷十三云：「吐蕃在唐最盛，至本朝始衰。今河、奉、邈州、青、唐、洮、岷，以至階、利、文、政、縣州、威、茂、黎、移州夷人，皆其遺種也。獨唃囉一族最盛，雖西夏亦畏之，朝廷封西平王，用為藩翰。陝西州縣時置驛，謂之唃家位。」

《御覽》三百五十六。引《廣志》曰：「獠在牂柯、興古、鬱林、交阯、蒼梧，皆以朱漆皮為兜鍪。」按：《北堂書鈔》一百二十二引《廣志》云：「犬戎以朱漆皮為兜鍪。」豈獠即犬戎耶？

陳真諦譯《如實論》云：「譬如有人立義：『一切樹有神識。何以故？樹能眠故，譬如尸利沙樹。』有人難言：『樹神識不成就，何以故？因不徧故。一尸利沙樹眠，餘樹不眠，是眠不徧一切樹，是故眠不能立一切樹有神識。』」按：西人近考植物皆有睡性，是植物皆有神識也。日本人考公孫樹即銀杏由精蟲而生，則其有神識宜矣。牛亨之問，張茂先記之〔註69〕，

〔註69〕崔豹《古今注》卜：

　　牛亨問曰：「草木生類乎？」答曰：「生類也。」又曰：「有識乎？」答曰：「無識也。」又曰：「無識寧得為生類也？」答曰：「物有生而有識者，有生而無

宜哉！〔註70〕

　　陳釋真諦譯《佛說立世阿毗曇論第一》云：「有諸外道，作如是說，是大地界恒去不息，此事不然。若實爾者，如人擲物，應落後。又諸外道，作如是說，是大地界恒墜向下，此事不然。若實爾者，如向上擲，應不至地。又諸外道，作如是說，日月星辰恒住不移，大地自轉，疑是天廻，此事不然。若如是者，射不至坍。又諸外道，作如是說，大地恒浮，隨風來去，此事不然。若實爾者，地恒並動。」按：此以物落及擲物、射箭證地之動靜，雖當時未詳吸力之故，而奈端得悟於落果，已開其端。至云「大地自轉，疑是天回」，則三百年來遂成定論矣。〔註71〕

　　《數量品第七》云：「佛告富婁那比丘：是世界地形相，團圓如銅燭盤，如陶家輪。是世界，地亦復如是，猶如燭盤邊緣隆起。其鐵圍山亦復如是，譬如燭盤中央聳起，其世界中有須彌山王，亦復如是。」按：此佛說地圓之理。以此推之，則須彌山固即指崑侖也。〔註72〕

　　唐釋湛然《法華玄義·釋簽第十六》云：「天文者，如孔子有《三備卜經》，上知天文，中知人事，下知地理。」按：《隋經〔註73〕書·經籍志》五行類有《易三備》三卷，又《易三備》一卷，當即《三備卜經》；又有顏氏撰《周易孔子通覆決》三卷。

　　蕭吉《五行大義》卷四引《孔子元辰經》，《隋志》有《孝經元辰》、《元辰歷》等書，不言孔子撰。《曲禮》：「醫不三世。」《正義》：「三世者，一曰黃帝針炙，二曰神農本草，三曰素女脈訣，又云夫子脈訣。」〔註74〕

　　《大智度論》第四十八云〔註75〕：「日月歲節者，日名從旦至旦，初分、中分、後分，夜亦三分。按：佛家六時禪誦，即此六分。一日一夜有三十時：中國以漏百二十刻為記，以四約之，則為三十時。春、秋分時，十五時屬晝，十五時屬夜，餘時增減。五月至，晝十八時，夜十二時；十一月至，夜十八時，晝十二時。

　　　　識者，有不生而有識者，有不生而無識者。夫生而有識者，蟲類也；生而無識者，草木也；不生而無識者，水土也；不生而有識者，鬼神也。」
　　　　按：《博物志》無此語，作「張茂先記之」，誤。
〔註70〕眉批：「第三拾四冊」，則此下為稿本第三十四冊。
〔註71〕眉批：「第三拾四冊。」
〔註72〕眉批：「同前。」
〔註73〕「經」字疑衍。
〔註74〕眉批：「一條在廿八冊第十二頁。」
〔註75〕見《大智度論》卷四十八《四念處品第十九》。

一月或三十日，或三十日半，或二十九日，或二十七日半。有四種月：一者，日月；二者，世間月；三者，月月；四者，星宿月。日月者，三十日半；世間月者，三十日；月月者，二十九日加六十二分之三十；星宿月者，二十七日，加六十七分之二十日〔註76〕。閏月者，從日月、世間月二事中出，是名十三月。或十二月，或十三月，名一歲。」據此，則印度曆亦置閏，與中國同。今歐洲所用太陽曆，即龍樹所謂日月也。

《說文》「戊」字云：「象六甲五龍相拘絞也。」注家於五龍多不得其解。余以為甲象人頭，乙象人頸，丙象人肩，丁象人心，則戊正當象人五藏耳。然苦不得證據。及閱《止觀輔行傳弘決》第六之二。云：「如下第八卷引《博物志》，謂勾芒等昇天，曰五雲化為五龍。按：卷八引《博物志》：「東方木，其獸青龍。南方火鳥朱雀，西方金獸白虎，北方水獸玄武，中央土獸黃龍。」心為朱雀，腎為玄武，肝為青龍，肺為白虎，脾為勾陳。」是五龍正與五藏同義。〔註77〕

水中有極微細生物，釋典屢言之。後魏般若流支譯《破色心論》一名《唯識論》。云：「微細亦應見者，此句明何義？若彼青等是一物者，於彼水等諸青物中，有青色等麤細諸蟲。以何義故？但見麤蟲，不見細蟲，是故偈言『微細亦應見。』」故今時西人以顯微鏡測之，而見一滴水中生物鉅萬，乃天親智照，如實而知，固知性相諸宗足窮造化之真理已。〔註78〕

唐一行《大毘盧遮那成佛經疏》卷四云：「諸執者執有九種，即是日月火水木金土七曜及與羅睺、計都合為九執。羅睺是交會蝕神，計都正翻為旗，旗星謂彗星也。」按：九執曆之名，即用此義。〔註79〕

〔註76〕「日」，《大智度論》作「一」。
〔註77〕眉批：「廿八冊第二十頁。」
〔註78〕眉批：「卅四冊第二十三頁。」
〔註79〕眉批：「廿四冊第五十二頁。」

－945－

卷三十五〔註1〕

　　加藤弘之《物競論》引海爾威爾曰：「凡一人及一群之宗旨，皆在一己之生存及一己之進步。而他之利害得失，有所不顧。彼皇皇焉曰有所求者，亦求所以利於一己之生存及一己之進步而已。故人類之競爭，莫不由此而生。即今日之文明，亦莫不由此而出也。」余謂必知此意，而中國古昔之政教可得而言也。《中庸》曰：「萬物竝育而不相害，道竝行而不相悖」，是於物競之理已進一籌矣。

　　中國之教，謂之名教。《莊子》曰〔註2〕：「名者，實之賓也。」《說文》：「名，從夕口。夕者，夜也。夜不能見人，故以口自名。」是見則以目驗，不見則以耳驗，皆實接於官骸。而形質周備者，而後設教以理之。六經言天，學主蓋天，非不知有南極諸星也。目之所不見則不說也。《春秋》記「日有食之」，非不知日為月所揜也。目之所不見則不記也。數之極細者，至忽微而止矣。過此以往，則目所不能察，亦遂不制其名矣。六律祇用七音，非不知七音上下各有半音，然而不用八音者，七音具足，而半律不具足，耳之所不易察則棄之。文字僅用三十六音，非不知字母可至五十，然而不用五十者，以三十六音皆圓滿，而字母多兼不圓滿，耳之所不易晰則棄之。此皆至平至實之理。在當時可以行用，在後世無可訾議者也。佛法之論人也，通三世及數十世言之，而中國古聖之教，不獨不言三世，即其當世而言，其知識未開及知識已去，即不復責以禮法。《曲禮》所謂「悼與耄有罪不刑」，是其證也。或疑中國之教如此，得無隘而不周乎？曰：此乃所謂文明之極也。此教與政中國之所

〔註1〕按：稿本題「純常子枝語第三十五冊」。稿本乙封題「純常子枝語　第三十五冊」。
〔註2〕見《莊子·內篇·逍遙遊第一》。

以能合於一也。若推之於耳目之外，濬之於心思之源，教之理能言之，政之法能治之乎？教之理或有異同，各是其所是，非其所非，立法者將何所是而何所非乎？萬國之教皆言鬼神，而萬國之政無有為鬼神立法律者，豈非以耳目所不能察，心思所不能到乎？世界之始，必有獉狉。世界之末，亦必有混沌。猶人之幼與老也。其間昭然明備者，數千年數萬年而止耳，久亦十數萬年而止耳。其獉狉之時，莫得而知；混沌之將來，亦莫得而察。故當其中間之時，萬物昌熾，人民巧慧，是乃此世界最文明之景象也。立法敷教者體此意，凡事皆用其中，無過不及，即最文明之政教也。中國之稱為中者，殆在此乎？願與天下之言政教者共明之。

中國言五行，不言四大者，亦以目驗得之。風不可觀而觀之於木，故言木不言風。地不可得而得之於土，故言土不言地。外國以中國之教多實驗而少理想，不知理想之境不可施於政治，惟實驗乃無弊也。

中國之政教，但就當時言之。若前古之所有而今之所無，或後世之所通而今則未達，其事可因時遷變而未可相非也。孔子知地之非方而不質言地圓者，於時未得實驗也。《周髀》知日之兆月而不質言薄蝕者，於時未能遍知也。「神以知來，知以藏往。」聖人異人者，神明當有不同，而不可立為常法也，故言中必繼之以庸也。

孔子曰：「民可使由之，不可使知之。」此政教之異，非愚民之說也。「可使由之」，蓋法令無不能從。「不可使知」，則知識各有所限。此民之所自取，聖人特因之而已。求民之樂於山則曰中，求民之易於知則曰庸，故子思子曰「極高明而道中庸」。

《老子》曰：「視之不見名曰夷，聽之不聞名曰希，搏之不得名曰微。此三者不可致詰。」夫不見不聞，則政教之所不及，而六經之所不言也，故曰「不可致詰」也。《莊子》曰〔註3〕：「六合之外，聖人存而不論。六合之內，聖人論而不議。」夫六合之外，非耳目所能察；六合之內，所謂賅而存焉，亦無以議其得失也。此政教之大閑。然而道家言其不詰不論之故，而儒家不言者，此即「可使由」、「不可使知」之理也。《中庸》語大語小，即是此限。如天地莫能破載之語，豈能以之垂世立教乎？「不聞」、「不見」，豈獨其細者乎？其大者亦有之矣。如南北之順橢，必有其形；地軸之旋轉，必有其聲。而人目不能見，耳不能聞，蓋無器以受之也。此即在不言之列也。

〔註3〕見《莊子·內篇·齊物論第二》。

　　喪服不為高祖、玄孫制服，議者多矣。或曰：「如遇之，當何如？」余曰：「此事關於宗教，而禮制次焉。先王所不制服，當不服也。陳東塾之言云：『古者三十而娶，玄孫生則高祖百二十矣。即二十而娶，有玄孫者，年亦在八十以外，豈能責八十餘歲之老人與數齡童子相為服哉？』此說甚得禮意。古親屬之服，未有不報者。雖斬衰、齊衰之服，不用施報之文，而實有互備之義。若高祖、玄孫，則老與稚必居其一，斷不能行喪禮，故不複製有名無實之服。《曲禮》曰：『悼與耄雖有罪，不加刑。』刑之所不加，即禮之所不及也。此政教之所同也。」「然則禮經曷不正言高祖、玄孫無服乎？」曰：「此不可也。名之曰祖孫，豈得無服？中國之教重名，故不制服。則可謂之無服，則非也。」

　　佛教之外，無論何教，皆天教也。惟中國之教，各國不目之曰天教，而目之曰祖宗教，此甚得其實。五刑之屬三千，罪莫大於不孝。刑之所在，即教之所在也。蓋人本乎祖，為民所共知共見。人各孝悌，則犯上作亂，其弊遂鮮，而親親長長，天下以平。故以是為政，政可由也。以是為教，教可知也。然則六經何以言天乎？曰：天者，言語知識之限也。孰主張是？孰綱維是？知其有主張之、綱維之者，而不知為誰也，則曰天而已矣。萬國之言天也，由天而下致之物。中國之言天也，由物而上推之天。曰上帝，曰太乙，猶言虛言玄而已矣。「不可使知」，此之謂也。故中國非天教也。《孝經》曰：「孝德之本也。」《中庸》：「立天下之大本。」鄭《注》：「大本，《孝經》也。」

　　「疑獄泛與眾共之，眾疑赦之。」〔註4〕疑獄者，蓋鬼神之事。鬼神不能質言也，故歸之於疑而決之於眾。其昭彰於耳目者則治之，其尚界於疑似者則釋而勿治，此律意之精微，而至治之世，所以神人兩不相傷也。

　　聖人之善言上帝也，曰「為政以德，譬如北辰」。蓋太一常居，杳冥難測，而北辰居所，儀器可窺也。聖人之善言天也，曰「四時行焉，百物生焉」。蓋謂天能造物，則事鮮明徵，謂物順時生則理歸實驗也。故知《論語》所記，無一字之可議也。

　　星回於天，古人知之矣。然而治曆不用歲實而用閏月者，躔度不易窺而朔望易可見也，故以月名月也。

　　「隕石於宋五」〔註5〕，不言星而言石；「六鶂退飛，過宋都」，不言風而

〔註4〕見《禮記‧王制第五》。
〔註5〕《春秋‧僖公》：「十有六年春王正月戊申朔，隕石於宋五。是月，六鶂退飛，過宋都。」

言退；皆據所實見也。《穀梁》有「耳治」、「目治」之說〔註6〕。凡六經多此意也。

《易・復》：「其見天地之心乎？」《正義》曰：「天地非有主宰，何得有心？以人事之心託天地以示法耳。」此唐以前言天之義。鄭康成曰：「天者，群言之極。」此之謂也。〔註7〕

《安定言行錄・箸述第五》有《武學規矩》一卷。朱子《名臣言行錄》曰：「仁宗朝，胡瑗嘗上書，請興武學。其略曰：『頃歲吳育已建議興武學，但官非其人，不久而廢。今國子監直講內梅堯臣曾注《孫子》，大明深義。孫復而下，皆明經旨。臣任邊陲，丹州推官頗知武事。若使堯臣等兼蒞武學，每日只講《論語》，使知忠孝仁義之道；講《孫吳》，使知制勝禦敵之術。於武臣子孫中，選有智略者二三百人教習之，則三十年之間，必有成效。臣已選成《武學規矩》一卷進呈。』時議難之。」案：此即練將學堂之意。不言陳法技藝者，蓋武學中已有之。然而必先知忠孝仁義之道，則安定之識，深知為將之本原也。

金國語亦有出於中國者。《金史・耶律塗山傳》：「遙里相溫。」施國祁《金源箚記》云〔註8〕：「相溫當即遼官，當袞敞穩詳穩之轉音。亦見《茅齋自敘》。《考異》云：『即相公是也。』」余案：相溫即相公之轉音。又黃文獻《曲出祿碑》云：「太陽之弟敞溫，其季子也。」敞溫疑亦敞穩相溫之異文。

俞理初《癸巳類稿》十〔註9〕：「《開元占經》引《黃帝占》：『天樞、天一，坐也。』《周禮疏》引鄭注《爾雅》云『天皇太帝耀魄寶』，又曰『昊天上帝』，又曰『太一帝君』，以其尊大，故有數名。」是太一即昊天上帝，說與余同。〔註10〕

《白虎通》引《元命包》云：「土無位而道在，故太一不與化。」余案：太一在未分陰陽之前，故言其「不與化」。猶婆羅門言巴馬靜而無為，不及衛

〔註6〕《穀梁傳・僖公十六年》：「先隕而後石何也？隕而後石也。於宋，四竟之內曰宋。後數，散辭也，耳治也。是月也，決不日而月也。六鶂退飛過宋都，先數，聚辭也，目治也。」

〔註7〕眉批：「鄭說俟再檢。」
按：《周禮・春官宗伯第三》：「凡以神仕者，掌三辰之灋，以猶鬼神示之居，辨其名物。」鄭玄《注》：「天者，群神之精。」

〔註8〕見清・施國祁《金史詳校》卷八上。

〔註9〕見《癸巳類稿》卷十《太一天一太一乘斗論》。

〔註10〕眉批：「入太一條。」

士努溼婆之勢力矣。〔註11〕

　　管禮耕《易象為周禮說》《操觚齋遺書》三。云：「禮必本於太一，分而為天地，轉而為陰陽，變而為四時。太一即太極也。易自太極生兩儀、四象、八卦，禮自太一為天地、陰陽、四時，同與？異與？故知易者，禮象也。」余案：《易》言「帝出乎震」，是與禮以太一為上帝者異。然太極生兩儀，與三位一體之說，微復相同。惟一言其理，一重其祀，要毋庸相混也。

　　宋吳仁傑《兩漢刊誤補遺》五。云：凡《天官書》所謂歲陰，《淮南書》所謂太陰、育龍、天一，皆太歲之異名。而天一又謂之陰德，此則《天文志》所謂斗口三星若見若不見者，與禮起太一之說不相符也。〔註12〕

　　《蘭州□□寺感應碑》有西夏文字，與唐古忒字異。又孫淵如《寰宇訪碑錄》甘肅肅州有泰定三年八月文殊寺碑，碑陰畏吾書。

〔註11〕　《癸巳類稿》卷十《太一天一太一乘斗論》：「《白虎通》引《元命包》云：『土無位而道在，故太一不與化』，此就居其位言之。」

〔註12〕　《兩漢刊誤補遺》卷五：

太歲一

《天文志》：「歲星曰東方。」晉灼曰：「太歲在四仲，則歲星行三宿；在四孟四季，則歲星行二宿。」仁傑按：《淮南書》論太陰在四仲四鉤，與晉說同，則太陰即太歲矣。《天官書》：「攝提之歲，歲陰左行在寅」，則歲陰亦太歲也。《淮南書》又謂太陰，或曰青龍，或曰天一，則青龍、天一亦太歲也。凡《天官書》所謂歲陰，《淮南書》所謂太陰、青龍、天一，皆太歲之異名。而天一又謂之陰德，其名之不一如此。

太歲二

《天文志》：「直斗口三星若見若不見曰陰德，或曰天一。」仁傑按：《淮南書》：「太陰元始，建於甲寅」；又曰：「天一元始，正月建寅」；則《淮南書》所謂太陰、天一，其說蓋本於《志》所載陰德、天一之星也。然淮南不名天一為太歲，又自以咸池名之，其行度與天一正爾相違。天一左行十二次，每歲一移，終而復始，寅年在析木，卯年在大火咸池；右行十二次，凡一歲間，三歷四仲之月，寅月在酉，卯月在子，丑月在午，子月在卯。此其所以異也。洪丞相《隸釋》云：「咸池經星不可離次，周流四仲，當是其神爾。」仁傑於天一亦云。

太歲三

《淮南書》：「鵲巢向天一。」《博物志》：「鵲背太歲。」《埤雅》：「鵲巢向天一，而背歲則天一，又似與歲不同。」仁傑按：《淮南書》云天一可向而不可背，故謂鵲巢知所向。《博物志》作於後，則「鵲知太歲」，義出於此矣。以向為背，傳寫失之。而《埤雅》乃以天一與歲為三，殆兼採《淮南》、《博物志》之說，而未之決擇邪？王充書載「移徙法云：『抵太歲凶，負太歲亦凶』」，則向與背皆不可矣。大抵陰陽家者流，使人拘而多忌，而其說又自不一，此類是也。

按：王充之說見《論衡·難歲篇》。

《寶晉英光集》十六《羅漢贊》云：「在處為道場，五濁化淨土。」《如來真贊》云：「頻瞻玉座，再奠金田。」又《臨化偈》云：「眾香國中來，眾香國中去。人慾識去來，去來事如許。天下老和尚，錯入輪迴路。」是元章固皈依釋氏，非清真教中人也。《清真釋疑補輯》云：「元豐年，元章嘗至長安清教寺，書道法參天地五大字，勒之碑石。」又云：「其裔散居江浙鄒滕境界，世守清真教規者居多。」皆不足為元章入回教之證。〔註13〕

〔註13〕眉批：「入卷卅米元章條」，即卷三十「《清真指南》等書皆以米南宮為回教中人」一條。

按：方豪《中西交通史》第十七章《隋唐宋時代西域人之華化》第七節《宋代華化之西域人》（第332～333頁）：

（一）米芾　南宋初期鄧名世《古今姓氏書辯證》卷二四曰：「（米）西域米國胡人，入中國者，因以為姓。」則米姓為胡人無疑。唐代米姓之著者，音樂家有米嘉榮、米和父子，伶人有米都知，醫家有米遂，仕宦有米暨、米志誠，皆胡人也。胡三省注《資治通鑒·唐紀六四》述米暨事曰：「米姓出於西域，康居枝庶，分為米國，復入中國，子孫遂以為姓。」米又「九姓胡」之一，至宋，則米芾、米友仁父子，皆以畫名，世所稱「大米」、「小米」也。南宋陳振孫《書錄解題》卷八載米憲《米氏譜》一卷曰：「奉直大夫米憲錄，蓋國初勳臣米信之後。信五世（孫）為芾元章，又三世（孫）為憲。」

米芾字元章，如振孫所云，則芾為信後，《宋史》卷二六〇有信傳，謂家世在朔州附近，南宋方信孺《米公畫像記》（《米海嶽年譜》引），記米芾原譜曰：「世居太原，後徙襄陽」，大致相合。《宋史》本傳又稱芾「好潔成癖，至不與人同巾器」，明范明泰《米襄陽志林》卷四《潔癖篇》亦記其潔癖逸事。桑原騭藏並疑其為回教徒。《元西域人華化考》卷一「緒論四」曰：「回教人著述有以米芾為回回人者，以尚無確據，姑置之。」桑原則據其姓氏，確認為西域胡人之裔。而最有力之佐證，則為南宋王應麟《姓氏急就篇》卷上已明言芾父子為胡人曰：「（米氏）胡姓……宋米信、米璞、米贇、米芾、子友仁。」又曰：「芾以米氏為楚冑。」此歸化已久之外人所常有之態度，芾亦不例外。但若當時無人以米為胡人後裔，則芾亦不必急急自辯。而王應麟之所以記芾之言者，蓋即因當時米姓有否認其祖自外來者，而說明其所以特著米為胡姓之原因也。

另，藍士徵《米襄陽氏族辨》（《書學》1944年第2期，第55～59頁）亦有考辨，《藍士徵文存》未加收錄，不易見，錄如下：

米襄陽書畫雙絕，為有宋三百年間第一流宗匠。雖與東坡並稱「蘇米」，與子友仁並稱「二米」，而襄陽所就，實遠過之。南宋葛立方評其書云：

本朝書，米元章、蔡君謨為冠，餘子莫及。（《韻語陽秋》卷一四）

《宋史》贊其書畫云：

特妙於翰墨，沉著飛翥，得王獻之筆意。畫山水人物，自名一家。尤工臨移，至亂真不可辯。（《宋史》卷四四四《米芾傳》）

明董其昌稱其畫云：

詩至少陵，書至魯公，畫至二米，古今之變，天下之能事畢矣。

以此偉大藝術家，千載不一遇，而竟並世有兩，且係喬梓，媲美義獻，洵為異事！但其系出何族？何以有此天才？實一最有趣味之事，世罕有道之者。茲就管窺所及，試為辨之。

一、米非漢姓。曩嘗怪《元和姓纂》無米姓，及遍檢唐以前之記錄，始發見吾國在唐代以前，實無姓米者。中唐以還，米姓人偶見於載籍，而姓字稀僻，有似「榜花」，歸化未久，實乃僑姓，故不為譜學家所注意，而無為著錄者。至米氏之見於姓譜，自南宋始。鄧名世《古今姓氏書辯證》卷二四「米姓條」云：

西域米國胡人，入中國者，因以為姓。

是米氏肇見於姓譜，即書明為胡姓。爾後學者，率無異詞。鄭樵《通志開林按：「志」原訛作「王」。·氏族略二·夷狄之國》「米姓條」云：

西域米國胡人也，唐有供奉歌者米嘉榮，五代米至誠，望出隴西高平。

王開林按：「王」原訛作「志」。應麟《姓氏急就篇》卷上，「米姓條」云：

胡姓……宋米信，米璞，米贇，米芾，子友仁。

元胡三省《通鑒注》云：

米姓出於西域，康居枝庶，分為米國，後入中國，子孫遂以為姓。」（《唐紀》六四會昌六年二月「以夏州節度使米暨為東北道招討党項使」注）

可證米氏非漢姓。自米國人歸化於唐，以國名為姓，其後嗣姓蕃於中土。蓋韓魏以來，四裔歸化者，例以國名或部落名為姓，如竺、支、康、安、何、烏丸、僕固之類，不勝枚舉。唐代歸化者眾，此風尤盛。故劉昫謂：「蕃人多以部落稱姓，因以為氏」（《舊唐書·哥舒翰傳》）也。米國本昭武九姓之一，地在撒馬爾汗之東，自稱曰：「彌林賀國（Maymurgh），唐曰米國」（《大唐西域記》卷一），自北朝末即通中國，《魏書·康居傳》肇舉其國名，爾後《隋書》、《北史》、《兩唐書》，皆為立傳。中唐以來，其人留居中國漸多，米姓始見於紀錄。逮歸化既久，螟蛉似我，悉變於華，已不可復分矣。

二、米非楚胄。如上所云，米氏既非漢姓，則元章之先，系出金方，自不待言。惟元章冒稱楚胄，則不可不辨。蔡肇《米公墓誌銘》云：

米楚胄自出鬻分，仍世男爵史載芬。（見明范明泰《米襄陽志林》卷一《世系篇》）

王應麟《姓氏急就篇》，既明謂米為胡姓，又述芾自託之詞云：

芾以米氏為楚胄。

可見蔡肇以米為楚胄者，乃據芾自託之詞也。歷來塞外人歸化者，恒喜冒稱漢姓名人之後，如鮮卑竇氏，自附為竇武之裔；石敬瑭自託為石碏石奮之胤之例甚多。米氏楚胄，亦此類也。何以證之？按：南宋米憲《米氏譜》卷一（見陳氏《書錄解題》八）：

奉直大夫米憲錄。蓋國初勳臣米信之後，信五世（孫）為芾元章，又三世為憲。

元章既為米信之後，信本胡人，元章焉得又為楚胄耶？惟《宋史》信本傳，稱信「本奚族」，實大謬。考唐及五代，奚族無姓米者。而昭武諸國人，於唐末隨沙陀突厥，來居朔代者甚眾。按：信本名海進，原居代州（《宋史》二六○信傳），李克用部將米海萬姓同名近，共出一地，恐係一族。然則，芾何以附會為楚胄乎？考芾之原譜：

世居太原，後徙襄陽。（翁方綱《米海嶽年譜》引南宋方信孺《米公畫像記》）
恐係米氏徙襄陽之後，以襄陽為楚地，楚國姓之「芊」，開林按：「芊」原訛作「芊」。
又與「米」同音，故冒芊開林按：「芊」原訛作「芊」。姓，而稱楚胄也。至《宋史》
芾本傳，因芾定居潤州，遂定為「吳人」，尤不足據。

三、宋前諸米之特色。自唐以來，歸化之米國人，多能以其藝術才勇表見於
時。音樂家，則元和中有供奉歌者米嘉榮及其子和。《全唐詩》載劉禹錫《與
歌者米嘉榮》詩：

唱得涼州意外聲，舊人唯數米嘉榮！近來時世輕先輩，好染髭鬚事後生。——
——又一本云：一別嘉榮三十載（禹錫以公元八〇五年謫外，八二八年還京），
忽聞舊曲尚依然。如今世俗輕先輩，好染髭鬚事少年。

唐盧言《雜說》（《太平廣記》一〇四卷）云：

歌曲之妙，其來久矣！元和中，國樂（音樂國手）有米嘉榮……一二十年來，
絕不聞善唱。

盧氏《雜說》又載禹錫贈嘉榮詩：

三朝供奉米嘉榮，能變新聲作舊聲。於今後輩輕先輩，好開林按：「好」原訛作
「事」。染髭鬚事後生。

可見嘉榮為音樂國手，擅盛名者，殆三十餘年。其子和，一名和郎（《古今姓
氏書辯證》二四），又名萊加。《樂府雜錄》云：

咸通中（八六〇～八七三）即有米和，即嘉榮子，申旋尤妙。

又太和初，善弄婆羅門人，有米禾稼、米萬槌。《通考》皆歸之於龜茲部，殆
皆米國人歸化者也。五代時有米都知（都知為樂工首領之稱，其名不傳）。錢
易《南部新書》癸稱其「善騷雅，有道之士，故西樞王公樸嘗愛其警策云：『小
村旗店酒，微雨野塘花。』梁補闕亦贈以詩，云：『供奉三朝四十年，聖時流
落髮衰殘。貪將樂府歌明代，不把清吟換好官。』」蓋亦風雅士，而隱於優伶
者也。醫學家則有米遂，著《明堂論》一卷，為針灸醫法之名著（見《新唐書》
五九《藝文志》，子類明堂經脈類）。術士則有米賓。宣宗時，同昌公主有疾，
召賓為法（蘇鶚《杜陽雜編》）。鑒賞家則有米亮，工於覽玉（溫庭筠《乾饌子》）。
宗教家則近年西安出土《唐故米國大首領米公墓誌銘》，米公名薩寶，薩寶即
祆教之主教，蓋米國人之來唐傳教者也。武將則武宗時有米暨，時夏州節度使
（見《通鑑》）。唐末有米海萬，為李克用部將（《新開林按：「新」原訛作「永」。唐
書·沙陀傳》）。五代時有米至誠，善騎射，事吳王楊行密，為泰寧軍節度使（路
振《九國志》）。縱觀唐五代以來，米氏一族，或以藝術稱，或以技能顯，或以
材武奮，繩繩相繼，代有聞人。數百年靈氣，鍾於元章，值徽宗提倡藝術，遂
傾其天才於書畫，卓然名家，陵轢千古，蓋所承者厚也。

四、米襄陽之性格。欲別米襄陽之為漢為胡，亦可於其性格中覘之。《宋史》
本傳云：

芾為文奇險，不蹈襲前人軌轍。……精於鑒裁，遇古器物書畫，則極力求取，
必得乃已。王安石嘗摘其詩句書扇上，蘇軾亦喜譽之。冠服效唐人，風神蕭
散，音開林按：「音」原訛作「立」。吐清暢，所至人聚觀之。而好潔成癖，至不與
人同巾器。所為譎異，時有可傳笑者。無為州治有巨石，狀奇醜，芾見大喜
曰：「此足以當吾拜。」具衣冠拜之，呼之為兄。又不能與世俯仰，故從仕數
困。

　　《詩·文王》，《正義》引《六藝論》云：「河圖洛書皆天地神言語，所以教告王者也。」此與摩西登山傳授天誡說頗相類。《孟子·萬章》曰：「天與之者，諄諄焉命之乎？」《洪範》曰：「天乃錫禹洪範九疇。」蓋天人相接，上古容或有之。羲和絕地天通，見於《呂刑》，非郢書燕說也。然而不可為訓。故孔子刪書，斷自堯以來也。羲和者，堯之臣。絕地天通，蓋即奉堯之命，自此始重人事矣。孔子祖述堯、舜，此政教之大閑也。

　　孫季昭《履齋示兒編》「六經主於王」一條云〔註 14〕：「易始乎皇而成乎王，書作乎帝而繼乎王，詩始乎諸侯而終乎王，禮樂制作乎王，而春秋一乎尊王也。」余謂《春秋》之義，王者孰謂？謂文王也。此孔子憲章文、武之大義也。文王既沒，文即在茲，《論語》固明言之矣。

　　就史所記，可窺出數種消息。（一）「芾為文奇險，不踏襲前人軌轍」者，乃胡人學漢文，繕性未熟，故體異中土也。（二）「精於鑒裁，遇古器物書畫，則極力求取，必得乃已」者，唐人志乘恒謂胡人善識寶，芾猶擅其術也。（三）「冠服效唐人」者，紀其族歸化之始也。（四）「風神蕭散，音開〔林按：「音」原訛作「立」。〕吐清暢」者，猶有胡貌胡音，故「所至人聚觀之」也。（五）「所為譎異，時有可傳笑者」，蓋行異諸夏，猶有胡人根性，故華人以其為可笑也。（六）「具衣冠拜之（石），呼之為兄」者，蓋哂宋人之萎靡，睥睨時流，無足當其拜也。今安徽無為縣治，猶有元章拜石亭。（七）王安石摘其詩句書扇上，蘇東坡亦喜譽之者，亦猶李白之善晁監，陳黯之捧李彥昇也。至其「好潔成癖，至不與人同巾器」者，不但有西域好潔之遺傳，且尤有信奉回教之嫌疑。陳垣〔林按：「垣」原訛作「桓」。〕《元西域人華化考》謂：

回教人箸述，有以米芾為回回人者，以尚無確證，姑置之。（《國學季刊》一卷四號五七八頁）

按：《清真釋疑補輯》明列芾為回教徒，事之信否，雖無法斷定，但公元八世紀前半葉，祆教流行昭武諸國（慧超往五天竺傳），及九世紀頃，薩拉森朝勢力東漸，昭武諸國人遂改宗回教。唐末及五代，米國回教徒來華者眾，芾之祖米信恐亦其中之一人？而芾之「好潔成癖」，明范明泰《米襄陽志林》卷四《潔癖篇》、郭化《蘇米譚史廣》載其喜潔之佳話逸事並極多。回教以清淨為第一，則芾之好潔無匹，恐亦有宗教成分在內也。

五、結語。綜上所述，可得四事。（一）中國原無米姓，自唐代米國歸化，中土始有姓米者。（二）米氏冒稱楚冑，殊不可信。（三）米氏歸化者，多富於藝術及材武。元章之天才，蓋有所承。（四）米元章猶有異域人之根性，故事事殊異。夫元章之族系既明，則其以西土之根性，飫中邦之文化，染翰操縵，擷華夏的精英，帶杇金方之勁氣，機杼獨出，自成一家，豈徒然哉！豈徒然哉！故辨其姓氏，校其所就，不但為藝苑佳話，□亦我民族含英匯頤之偉大象徵也。

〔註 14〕見孫奕《履齋示兒編》卷一。

《列國政教考略》云：南掌居民為蒙古遺種，分為三類，每類中又分多族。其言語自成一種文教，較勝於緬甸。古南掌人敬信鬼神，今則大半俱奉釋教。

麻甲民為巫來一種，疑即散居爪哇之土番，轉徙至此。其人為回教所化，亦有文字。

新加坡山中，多土民結巢於深林中，不入城市，能以樹枝密念咒語書寫符籙，以指禽獸，無不獲者。余案：山深箐密之地，民多解咒。湖南辰州之符效過天下，亦其類也。

蘇門答臘島民分兩種：一曰蘇門答蘭，一曰巫來。巫來之言語通行於海濱。答蘭久沾巫來之惡俗，陷溺已深，不知涵泳教化，工藝不精，才學亦劣。恩待門島為尼刻羅種人所居，捕人而食，外人不敢近。

婆羅洲民分四種：中華、巫來、西里伯、婆琪肆。最古土民謂之第亞格士，最為繁衍，與巫來為一家，約分百類，言語亦有百種。內有數種，裸處山谷間，獵獸以食。第亞格士種人只許娶一妻，俗崇回教，惟無寺廟，無教士，故教化有未及云。

蘇祿群島之民皆巫來種。

呂宋山居之民曰納盍里叨士，譯小尼刻羅。其名為尼刻羅所命。黑髮鬈毛，樹皮為服，以蕘葉蓋屋。奉釋教，亦尊回教。又一種曰安帶士，膚色如暗銅。其西班牙民亦分二種：曰對迦爾士，善耕田；曰被才揚士，多浮海業漁。言語彼此相通，俱好逸工藝事。

西里百土民居島之內地者曰阿爾富里，種類為最古，身材適中，膚色較巫來尤佳。與他島之阿爾富里有異。性馴而警，酷信鬼神，其俗然也。巴里南西亞人所奉之神曰對蒲。民種中推婆琪肆為文雅。巫來，群島中之巨擘也，由婆羅洲移居至此，其人有決斷而知禮。

洪景盧《夷堅志》己集下：「泉州人王元懋，少時祇役僧寺，其師教以南番諸國書，盡能曉習。嘗隨海舶詣占城，國王嘉其兼通番漢書，延為館客。」是宋時南洋語言文字，閩、粵僧頗有通解者，且可教授也。

《清波別志》云：「層檀，南海旁國也。經勿巡、古林、三佛、齊國，乃至廣州，國主名亞美羅亞眉蘭，傳國五百年十世矣。春冬暖，貴人以好越布纏頭，服土產花綿白疊布，不服綾羅絹帛。人之語音，如大食國云。」按：此亦回教之國也。

　　葉九來《金石錄補續跋》四。《漢巴郡太守樊君碑》：「巴郡妖巫張脩，亦療病取米五斗。又張陵作符書惑眾，傳子魯，魯傳子脩，脩與魯掩殺漢中守，皆謂之米賊。惟張角未嘗犯蜀，故以碑之。」所指必脩、魯也。〔註15〕

　　《朱子語類》：一百廿六。「問：『今道家之傳，莫是張角術？』曰：『是張陵。見《三國志》。他今用印，乃陽平治都功印。張魯起兵之所，又有祭酒，有都講祭酒。魯以女妻馬超，使為之。其設醮用五斗米，所謂米賊是也。』」

　　《〈水經‧漸江水〉注》云〔註16〕：「孫權使賀齊討黟、歙山賊，賊工禁五兵，齊以白棓擊之，氣禁不行。」蓋禁兵器之邪術，自古有之。此後世白蓮、白雲教之倡始也。

　　《世說‧德行門》：「劉道真嘗為徒。劉《注》：『《晉百官名》曰：『劉寶，字道真，高平人。徒罪役作者。』』扶風王駿以五百疋布贖之。」是晉時罰作，有收贖之例。又「劉公幹以失敬獲罪」〔註17〕，《注》引《文士傳》曰：「楨坐平視甄夫人，配輸作部使磨石。」是魏晉士大夫猶有徒役之罰。與今東西洋罰作苦工之例相似。禰衡謫為鼓吏，蓋亦此類。故孔文舉言「禰衡罪同胥靡，不能發明王之夢」〔註18〕也。

　　《列國政教考略》云：「古希臘人用數占卜，謂核算數目，可知未來事。其術分為數家，派流各異。而其大概，謂數皆有根，如一千之根為一，五千之根為五是也。斷法則以根之多寡判事之吉凶，數多者吉，數少者凶。所卜者，較力、賽走、躍馬諸事為多。希臘記數，皆以字母。字母凡二十有五，惟記法各有不同。亞加米捫嫩之數以九為根，艾各多耳之數以一為根，羅各路斯之數以七為根。以此而斷勝負，則九根者當勝於七根，而七根者又勝於一根。道光時，西人新得《辟邪正論》一書，書中所載，乃駁希臘占卜之非。其書失傳已近千年，今乃獲之於希臘阿脫斯山之脩士院中。希人希伯路得斯所著。其人生於中國東漢時，家居羅馬底百耳河口阿斯的亞城，為道捐生。此書大指以駁異端辟邪說為本，力駁占卜、星相等術，謂術士皆偽託先知，以惑世誣民。上所論占卜術，即見此書。又謂希臘占卜之術，亦論十二宮，謂人生於何宮，必有一定之性情形狀遭遇。如生於日躔第一宮之月，則其人必發赤、頭長、眉低、額尖、目睛灰色、口大、鼻長，其性聰明，多心計，溫柔機密，

〔註15〕眉批：「張陵條。」
〔註16〕見《水經注》卷四十。
〔註17〕見《世說新語‧言語第二》。
〔註18〕見《世說新語‧言語第二》。

與人易生爭競，其爭以智不以力，藐視一切，與交遊有益，恒歿於異地。其他宮亦各有說。」余按：此占命術與印度正同，不知孰為先後。謂希臘與中國術數皆出於婆羅門，較為近之。而《政教考略》必謂中國術數之說大約得之巴比倫，則附會而失實者也。

《世說·品藻門》：「宋褘曾為王大將軍妾，後屬謝鎮西。」劉孝標《注》云：「未詳宋褘。」《事類賦》十一引《世說》云：「天下能笛者，石崇婢綠珠之妹曰宋偉。」按：宋偉當即宋褘傳寫之譌，然不應劉所未見，而吳見之。疑《事類賦》誤引也。

唐人贈日本人詩甚多，然鮮有用其故實者。惟顏萱《送圓載上人》詩云〔註19〕：「禪林幾結金桃重，自注云：「日本金桃，一實重一斤。」梵室重修鐵瓦輕。」自注云：「以鐵為瓦，輕於陶者。」此當增入日本志者也。陸魯望亦有《聞圓載上人挾儒書泊釋典歸日本國更作一絕以送》詩云〔註20〕：「九流三藏一時傾，萬軸光凌渤海聲。從此遺編東去後，卻應荒外有諸生。」

方干有《送人遊日本國》詩：「蒼茫大荒外，風教即難知。連夜揚帆去，經年到岸遲。波濤吞左界，星斗定東維。或有歸風便，當為相見期。」是唐時人士亦頗有東行者，惜無著述流傳後世耳。

《陰符經》雖非黃帝書，然褚登善書之，歐陽信本《藝文類聚》引之，其不出於李筌，審矣。〔註21〕惟其書為兵家之書，不必強入之道家，尤不必附

〔註19〕見《全唐詩》卷六百三十一。
〔註20〕見《全唐詩》卷六百二十九，詩題「送」下有「之」字。
　　　　另外，卷六百十四皮日休《送圓載上人歸日本國》：
　　　　講殿談餘著賜衣，椰帆卻返舊禪扉。見多紙上經文動，如意缾中佛爪飛。颶母影邊持戒宿，波神宮裏受齋歸。家山到日將何入，〔一作日。〕白象新秋十二圍。
　　　　卷六百二十六陸龜蒙《和襲美重送圓載上人歸日本國》：
　　　　老思東極舊巖扉，卻待秋風泛舶歸。曉梵陽烏當石磬，夜禪陰火照田衣。見翻經論多盈篋，親植杉松大幾圍。遙想到時思魏闕，只應遙拜望斜暉。
〔註21〕余嘉錫《四庫提要辯證》卷十九《陰符經解》（節略）：
　　　　近人文廷式《純常子枝語》卷三十五云：「《陰符經》雖非黃帝書，然褚登善書之，歐陽信本《藝文類聚》引之，其不出於李筌，審矣。」夫文氏所謂登善書之，不過據《停雲館法帖》為言，《提要》已自不信，此不足以設難。惟《藝文類聚》所引，實見於其卷八十八引《陰符經》曰：「火生於木，禍發必克。」夫歐陽信本既嘗手寫是經以付善奴，又引用之於其奉詔所撰之書，其信重之如此，是必六朝以前相傳之古本矣。然其非黃帝之書，雖童子猶能知之，褚、歐亦因其舊本所題書之耳。

會於釋家。〔註22〕近人作《陰符發隱》，乃以佛學釋之。余愛陸魯望《讀〈陰符經〉》詩，云〔註23〕：「但學戰勝術，相高甲兵屯。龍蛇競起陸，鬬血浮中原。成湯與周武，反覆更為尊。下及秦漢傳，黷弄兵亦繁。奸強自林據，仁弱無枝蹲。狂喉恣吞噬，逆翼爭飛翻。家家伺天發，不肯匡淫昏。生民墜塗炭，比屋為冤魂。祇為讀此書，大樸難久存。」可謂能知陰符之用者，其所感又甚深耳。皮日休和魯望詩云〔註24〕：「三百八十言，出自伊祁氏。上以生神仙，次云立仁義。」逕以為神仙家言，固誤，而以為出自伊祁，是以陰符為堯時作，尤不可解。又《北夢瑣言》〔註25〕：「王建時，軍校黃承真就糧廣漢，遇一叟，謂黃曰：『此國於五行少金氣，有剋金之號，曰金煬。自元年蜀宮大火，至甲申、乙酉，則殺人無計。我授爾祕術，詣朝堂獻之，行吾術鎮禳，庶可免。』黃齎祕文，謁蜀主，三上不達，嘔血死。後果驗。其祕文題云《黃帝陰符》，與今《陰符》不同。」據此，則《陰符》有二本。

佛家南北頓漸之殊，臨濟、曹洞、潙仰、雲門、法眼五宗之異，可無鬬諍也。洞山《參同契》云：「人根有利鈍，道無南北祖。」此可息能、秀之徒之喙矣。雲巖《寶鏡三昧》云：「今有頓漸，緣立宗趣。宗趣分矣，即是規矩。」此可知五宗之別由於規矩，而不在於天真也，可以息各家之攻擊矣。此雖洞

〔註22〕沈曾植《海日樓札叢》卷三《陰符經》：
《攻媿集・諸書陰符經跋》：「平生見諸書三本，惟草書本冠以黃帝字，兩楷本無之。」今停雲所刻楷本，亦止題《陰符經》。《唐志》錄《陰符》六卷，皆不題黃帝，而《道藏》諸本皆題黃帝，蓋道士加之。而所謂諸本者，或恐是李唐以前原本耳。考《隋志》兵家類，有《太公陰符鈐錄》一卷，又有《周書陰符》九卷。《唐志》無《太公陰符》，而有《周書陰符》。頗疑今《陰符》即《周書》殘卷。此書與歸道家，無疑歸兵家也。〔《東軒溫故錄》〕
〔註23〕見《全唐詩》卷六百十八《讀〈陰符經〉寄鹿門子》。
〔註24〕見卷六百九《奉和魯望讀〈陰符經〉見寄》。
〔註25〕《太平廣記》卷八十《方士五・鄭山古》：
偽蜀王先主時，有軍校黃承真就糧於廣漢綿竹縣，遇一叟曰鄭山古，謂黃曰：「此國於五行中少金氣，有剋金之號，曰金煬鬼。此年蜀宮大火，至甲申、乙酉，則殺人無數，我授汝祕術，詣朝堂陳之。倘行吾教以禳鎮，庶幾減於殺伐。救活之功，道家所重，延生試於我而取之。然三陳此術，如不允行，則止亦不免。蓋洩於陰機也，子能從我乎？」黃亦好奇，乃曰：「苟稟至言，死生以之。」乃齎祕文詣蜀。三上不達，乃嘔血而死。其大火與乙酉亡國殺戮之事果驗。孫光憲與承真相識，竊得窺其祕緯，題云黃帝陰符，與今陰符不同，凡五六千言。黃云受於鄭叟，一畫一點，皆以五行屬配，通暢叠叠。實奇書也。然漢代數賢（賢原作言，據明抄本改）生於綿竹。妙於識記之學，所云鄭叟，豈黃扶之流乎？〔出《北夢瑣言》。〕

上一家之言，而禪學家當以為公理者也。日本《洞上聯燈錄》：「東明慧日禪師之言曰：『諸佛出世，祖師西來，三縅未啟已前，早是犯了多少風化。何況列三玄，分五位，自餘行棒行喝，張弓架箭，打地擎拳。』」余按：大慧杲禪師見曹洞宗臂香傳授，以表不妄付囑。心非之曰：禪有傳授，豈佛祖自證自悟之法。遂去之。見《法海觀瀾》卷三。〔註26〕此又禪宗之所宜共知之者也。《成實論》云：「佛法可自證知，不可以己所證傳與他人，如財物等。」

　　道原《傳燈錄》云〔註27〕：「達磨大師以心傳心，不滯名數，直為上上根智，俾忘筌忘智，故與臺教同而不同。智者大師窮理盡性，備足之門，故與禪宗異而非異。」讀禪波羅蜜者，能知不異之故，則宗與教亦可無鬪諍矣。

　　郝蘭皋《梓潼神廟考》《曬書堂外集》下。云：「謹案：神張氏諱亞子，亞古與惡通，即惡子也。晉常璩言梓潼有善板祠，一曰惡子，民歲上雷杵十枚，歲盡不復見，云雷取去。《華陽國志》。祠所從來遠矣。相傳神生於晉武帝朝，居劍之七曲山，山在梓潼縣北十五里。或曰神越巂間人也。潘之恒《七曲山記》。仕晉，戰歿，人為立廟。《通考》。《祭法》所謂『以死勤事則祀之』者歟？神有封號，始於後秦，隆於唐、宋。姚萇遊梓潼嶺，見神人，謂曰：『早還秦，秦無主，將在君。』萇請其姓氏，曰：『張惡子也。』及稱帝，即其地立張相公廟。《後秦錄》。唐孫樵有《祭梓潼神文》，蓺火返風，甚著靈〔註28〕異。〔註29〕自玄宗

〔註26〕 明・瞿汝稷《指月錄》卷三十一《六祖下第十六世・臨安府徑山宗杲大慧普覺禪師語要上》：
　　　　師周旋三公會下甚久，盡得曹洞宗旨。見其授受之際，必臂香以表不妄付，念曰：「禪有傳授，豈佛祖自證自悟之法。」棄之。
　　　　明・徐象梅《兩浙名賢錄》外錄卷七《空空・宗杲》：
　　　　杲參三人甚久，盡得曹洞宗旨。一日見其臂香傳授，以表不妄付囑，心非之曰：「禪有傳授，豈佛祖自證自悟之法。」遂捨去。
〔註27〕 見宋・釋道原《景德傳燈錄》卷二十七《禪門達者雖不出世有名於時者十人・天台山修禪寺智者禪師智顗》。
〔註28〕 「靈」，稿本、刻本作「雪」，文義不通，據《曬書堂集》改。
〔註29〕 《曬書堂集》此處原有小字注文「孫樵集」。
　　　　另，唐・孫樵《孫樵集》第十卷《祭梓潼神君文》：
　　　　大中十八年七月九日，鄉貢進士孫樵再拜獻辭張君靈座之前。樵實頑民，不知鬼神。凡過祠廟，不笑即唾。今於張君，信有靈云。會昌五年，衣躋此山，涷雨如泣，滑不可陟，滿眼漆黑，索途不得，跛馬慍僕，前撲後踣。樵因有言，非燭莫前。須臾有光，來馬足間。北望空山，火起廟墻，焰焰逾丈，飛芒射天。暝色斜透，峻途如畫。樵謂廟奴苦寒，蓺薪取溫。曉及山顛，鑠澁廟門。餘燼莫覩，孰知其然。大中四年，冒暑還秦。午及山足，猛雨如雹。樵復有言，神誠能神，反雨為晴，裹火乃靈。斯言繞關，迴風大發。始自馬

西狩，追命左丞；僖宗封濟順王。宋咸平中，封英顯王。《通考》。其崇以帝君之尊，冠以文昌之號，則倡自道家，而始於元代。《明史‧禮志》。考《天官書》『斗魁戴匡六星曰文昌宮』，《索隱》引《春秋元命包》『貴相理文緒』，道家蓋依此為說也。或言神名惡子，鄙而不雅，宜讀為亞次之亞，亦非也。春秋時衛侯惡，衛石惡，漢周亞夫印文為惡夫。《語林》。後唐莊宗名亞子，亦當為惡子。古人不以名惡為嫌也。」余謂讀為亞次之亞，故後人以《詩‧六月》之張仲附會之。若《俞蔭甫集》以為當由梓潼祭文參，按：即文齊。因而致訛〔註30〕，則

前，怒號滿山，劈雲飄雨，使四山去。茲山巍巍，輕塵如飛。訖四十里，雨不霑衣。顧樵當時，嘉神不欺。與神心期，神其自知。今過祠宇，其敢默去。觴酒豆脯，捧拜庭下，神其歆此。

〔註30〕 趙翼《陔餘叢考》卷三十五《文昌神》：

今世文昌祠所祀梓潼帝君，王弇州《宛委餘編》謂即陷河神張惡子，而引其所著《化書》謂本黃帝子，名揮，始造弦張羅網，因以張為氏。周時為山陰張氏子，以醫術事周公，卒，託生於張無忌妻黃氏為遺腹子，《詩》所稱「張仲孝友」者也。以直諫為幽王所鴆，魂遊雪山，治蜀有功。五丁拔山，蛇壓死，蛇即其所化也。尋為漢帝子，曰趙王如意，為呂后所殺。魂散無歸，孝宣世至邛池。其令曰呂牟，即呂后之後身也。母戚夫人亦生於戚，嫁張翁，老無子，相與瀝血石臼中，祝曰：「我無子，倘得一動物，亦遺體也。」自是感生為蛇。呂令有馬，乃呂產後身，蛇輒食之。呂令怒，係張夫婦將殺之，蛇遂揚海水作雨，灌城邑皆陷，今所謂陷河也。以所殺多，謫為邛池龍，受熱沙小蟲之苦。遇文殊，皈誠脫罪，復生於趙國張禹家，名勳，為清河令。卒，又生為張孝仲，時順帝之永和間也。西晉末，復生於越雋張氏，年七十三入石穴，悟道而化。改形於咸陽，見姚萇。後萇入蜀，至梓潼嶺，神謂之曰：「君還秦，秦無主，其在君乎？」請其氏，曰：「張惡子也。」後萇即其地立張相公廟。唐僖宗幸蜀，神又出迎，帝解佩賜之，還日賜遺無算。王中令鐸有詩云：「夜雨龍拋三尺匣，春雲鳳入九重城」云云。

按：陷河事亦見《王氏見聞》及《窮神秘苑》、《太平廣記》諸書，所載略同。《北夢瑣言》亦謂：梓潼張亞子，乃五丁拔蛇之所也。或又云：雋州張生所養蛇，託生為偽蜀王建太子元膺，有蛇眼，竟以作逆誅。誅之夕，梓潼廟祝亞為亞子所責，言：「我在川，今始歸，何以致廟宇荒穢若此？」據此，則所謂張惡子者，乃流轉於人與蛇間一變幻不經之物耳，不知與『文昌』二字何與？

又《續通考》云：劍州梓潼神張亞子，仕晉戰歿，人為立廟。唐玄宗西狩，追封左丞。僖宗入蜀，封順濟王。咸平中，王均為亂，官軍進討。忽有人登梯指賊大呼曰：「梓潼神遣我來，九月二十日城陷，爾等悉當夷滅！」及期果克城。招安使雷有終以聞，改封英顯王號。此見於祀典者，然亦與「文昌」二字無涉也。《明史‧禮志》：弘治中，尚書周洪謨等議祀典云：「梓潼帝君者，記云神姓張名惡子，居蜀七曲山，仕晉戰歿，人為立廟，唐、宋屢封至英顯王。道家謂帝命梓潼掌文昌府事及人間祿籍，故元加號為帝君，而天下學校亦有祠祀者。景泰中，因京師舊廟圮而新之，歲以二月三日生辰遣祭。夫梓

潼顯靈於蜀，廟食其地為宜，文昌六星與之無涉，宜敕罷。」又《續通考》：嘉靖中，倪文毅請正祀典疏，亦本周洪謨之說，謂：「梓潼神，景泰五年始敕賜文昌宮，今宜祀於蜀，不宜立廟京師。至文昌星與梓潼無干，乃合而為一，誠出附會，所有前項祀典，伏乞罷免。」則亦謂梓潼之與文昌了不相涉也。然世以梓潼為文昌，則由來已久。按葉石林《崖下放言》記蜀有二舉人，行至劍門張惡子廟，夜宿，各夢諸神預作《來歲狀元賦》，甚靈異。高文虎《蓼花洲閒錄》亦載此事。然則張惡子之顯靈於科目，蓋自宋始，亦自宋之蜀地始。《朱子語類》所謂梓潼與灌口二郎兩個神，幾乎割據了兩川也。世人因其於科目事有靈異，無時遂以文昌帝君封之，前明又以文昌額其宮，而張惡子之為文昌帝君遂至今矣。明都印《三餘贅筆》則謂：梓潼乃四川地，四川上直參宿，參有忠良孝謹之象，其山水深厚，為神明所宅。或又謂斗魁為文昌六府，主賞功進爵，故科名之士多事之。此二說雖較長，然皆從文昌二字立說，而於張惡子所以稱文昌，則毫無干涉也。〔《蜀志·秦宓傳》：「蜀有汶阜之山，江出其腹。帝以會昌神以建福。」《河圖括地象》曰：「岷山之地，上為井絡，帝以會昌神以建福。」都印之說蓋本此。〕

又，俞樾《春在堂詩編》丁巳編《文昌生日歌》：

春王二月月三日，世傳是日文昌生。上自京師下郡邑，一例崇祀陳犧牲。老夫今朝亦蚤起，雞魚豕肉盤中盛。內外諸孫咸會集，衣冠羅拜當軒楹。或言文昌乃星象，不聞入夢符長庚。云何隨俗作生日，是以非禮誣神明。我謂文昌星有六，昭回于天同列宿。上擬三臺乃其倫，〔《周禮》，先鄭說：「司中三能也。司命，文昌宮星。」〕下儕七祀則已黷。〔《祭法》七祀有司命。熊氏云：「非天之司命。」〕至於後世祀文昌，僉謂其神出於蜀。附會河圖括地象，帝以會昌神建福。梓潼灌口各爭雄，割據兩川分鼎足。又謂其神實姓張，天上張星豈同族。張仲孝友猶可言，若張惡子無乃辱。文昌化書真可焚，並謂降生入蛇腹。以此事神神弗歆，我有一言告流俗。東漢梓潼有文君，班范兩書都無聞。我讀《隸釋》始得之，《周公禮殿記》所云。當時高朕修禮殿，不欲湮沒前人勳。云自梓潼文君來，已為茲土興斯文。文君名參益州守，實與文翁同不朽。《華陽國志》亦有之，其姓則然名則否。志云文齊字子奇，西漢末已登朝右。梓潼人拜益州官，王莽公孫詔不受。有子曰忻守北海，一門兩世拖青綬。又有文恭字仲寶，斯人或亦文君後。乃知文氏在梓潼，門第不與單寒同。已見傳家有簪紱，豈其廟祭無鼎鍾。始奉烝嘗惟子姓，後遂播滿川西東。檀弓物始昧所自，籍談數典忘其宗。當年私建文君祠，此時大啟文昌宮。傳訛不比石賢士，秩祀宜偕應上公。雖已文章煥奎壁，豈忘弧矢縣桑蓬。降生難考庚寅始，紀年諒不甲午終。〔《禮殿記》有云：「至於甲午。」〕猶幸遺聞出故老，長留初度傳無窮。神禹生日六月六，至今歌舞塗山童。老君生日九月九，至今奔走黃冠翁。固宜援引作生日，未容泯沒隨飄風。烏乎！古人已死無定名，古事已往無定評。鄲都君為陰長生，二郎神疑趙仲明。〔均詳見《茶香室叢鈔》。〕訛傳千古事所有，奇論一出人皆驚。我歌此詩為神壽，沒而為靈生為英。傅說列星古有例，何妨仍唱升天行。起視奎光長萬丈，依然照我東西榮。

俞樾《春在堂雜文》四編卷一《浙江學署文昌宮碑》：

文昌，星也，天神也。今祀文昌，則以人鬼國家神道設教原不必求其人以實之。然其神出於蜀，又出於蜀之梓潼，則自宋以來有此說。世以張惡子附會

之。夫張惡子何與於文昌哉？余按《隸釋》，益州太守高眹《修周公禮殿記》
云：「始自文翁，應期鑿度，開建畔宮。至於甲午，故府梓潼文君增造吏寺二
百餘間。」洪氏跋云：「故府梓潼文君，建武中益州太守文參也。」按：畔宮
即泮宮。文翁開建而梓潼文君增造，是亦文翁以後一賢太守矣。考《華陽國
志‧序志篇》：「忠義鎮遠將軍義侯文齊，字子奇。」注云：「梓潼人。平帝用
為益州太守，不服王莽、公孫述，光武嘉之。」即是人也。名雖不同，然古
書齊字作𪎭，則與參形似而誤，不足疑也。又有北海太守文忱，注云：「齊子。」
是父子濟美矣。又有丞相參軍文恭，字仲寶，注云：「梓潼人。」雖不知於子
奇為何人，然可見梓潼文氏固大族矣。疑今世所謂梓潼文昌帝君者，實即梓
潼文君，而所謂文昌宮者，實即梓潼文君之家廟也。其始惟文氏子姓奉之，
後則溥及川中，今則徧於海內，列入祀典，同之天神。文君生平振興文教，
比美文翁，又以忠義為光武所襃美，蓋聰明正直而壹者乎？以文昌事之雖非
其實，然視張惡子天淵矣。奉張惡子為文昌，何如奉梓潼文君為文昌乎？其
姓則文也，與文昌之號符。其家梓潼也，與梓潼帝君之號符。然則文昌之論，
可以定矣。是說也，余讀《隸釋》始得之。以語學使者瞿子玖學士，學士欣
然曰：「吾署旁有文昌宮，君盍以此說文其碑乎？」乃牘述其說，而繫以銘。
銘曰：漢有文君，興於梓潼。爰有家廟，於川西東。始惟蜀郡，今徧寰中。
春秋崇祀，曰文昌宮。傳之自昔，昧其所從。我發此義，傳之無窮。
俞樾《賓萌集》賓萌集補篇六《文昌改稱梓潼文君議》：
文昌，天星也。而今世所奉文昌，稱為梓潼帝君。又相傳二月三日為其生日。
夫天星則何生日之有？且亦豈可繫之梓潼一邑哉？然則今世所奉文昌，殆非
天星也。愚謂東漢之初，自有梓潼文君，見於高眹《禮殿記》。洪氏《隸釋》
據《華陽國志》證其人為文參。而余所見《華陽國志》則作文齊，字之奇。
齊，篆作與參相似，必有一誤。論古人名守相比附，或者其名取參兩之參，
而其字取奇偶之奇歟？文君為梓潼人，官益州太守，王莽、公孫述並徵用之，
皆拒不受。是其人固賢者也。其子名忱，為北海守。父子相繼，同典大郡。
又有文恭，字仲寶，必其子姓也。是梓潼文氏亦大族矣。梓潼文君之祠，必
始於益州。蓋文君既歿，而益州之民立祠祀之，如石相祠於公祠之例耳。相
沿既久，而梓潼文君之祠滿於蜀中，流俗訛傳，因文君之稱，附會為文昌之
神，至今遂徧天下矣。功令文帝與關帝同列中祀。文帝生西漢之末，武帝生
東漢之末，一以文德，一以武功，皆漢臣之賢者。生有明德，歿為明神，俎
豆千秋，亦固其所。關帝生日，相傳為五月十三日，既為人鬼，而非天神，
宜有生日。則文帝之於二月三日降生，雖載籍無徵，而流傳有自，牲牢秩祀，
所謂禮亦宜之者也。明嘉靖間議禮，諸臣欲廢文昌，由不知其為梓潼文君耳。
余曾作《文昌生日歌》，始發此論。浙江學使署中有文昌祠，瞿子玖學士視浙
學時，乞余文為記，余亦詳述斯意，刻石祠中。竊謂祀文昌者，宜改稱梓潼
文君，庶天人不紊，而名實相符，或於聖清稽古右文之化，不無小補乎！
俞樾《茶香室叢鈔》茶香室二鈔卷十九《梓潼文君》：
《隸釋‧益州太守高眹〈脩周公禮殿記〉》云：「始自文翁，應期鑿度，開建
畔宮。」又云：「至於甲午，故府梓潼文君增造吏寺二百餘間。」洪氏跋云：
「故府梓潼文君，建武中益州太守文參也。」按：甲午為建武十年。後世祀
梓潼帝君為文昌，疑即以此傳訛。

又自為一說，於古無徵也。〔註31〕

　　道光十五年十月，御史易鏡清奏三場試策請改用律例，禮部議：「國家取
士，責以報稱者甚多，不獨在理刑一端。若於進身之始責以名法之學，即真
心講貫，亦必荒其本業」云云。〔註32〕以國律之重，而專指為理刑，且視為
名法之學，其所謂本業者殆專就八股文試帖詩而言。當時禮臣措詞如此，可
謂荒陋之甚矣。唐時設律學博士，其法固可行也。

　　楊榮緒《讀律提綱》〔註33〕云：「律於士之犯法者，其罪比小民特重。」

─────────

　　　又按：《華陽國志·序志篇》：「忠義鎮遠將軍義侯文齊，字子奇。」注云：「梓
　　潼人。平帝用為益州太守，遂不服王莽、公孫述。光武嘉之。」是其人秉正
　　不阿，故有忠義之目。又云：「北海太守文忱。」注云：「齊子。」是父子濟
　　美者也。又有丞相參軍文恭，字仲寶，注云：「梓潼人。」雖不知於子奇為何
　　人，然可知梓潼文氏自是世家也。惟洪氏云文參，余所見《華陽國志》則作
　　文齊，或傳刻之訛。酆都陰君乃陰長生，後世訛為冥王。梓潼文君乃文子奇，
　　後世訛為文昌，事正一律。酆都事已見《叢鈔》十六。
〔註31〕眉批：「入文昌條。」
〔註32〕王先謙《東華續錄》道光三十二：
　　　（道光十五年十月）甲申御史易鏡清奏三場試策請改用律例一道，下禮部議。
　　尋議：「國家設科取士，責以報稱者甚多，不獨在理刑一端。若於進身之始先
　　責以名法之學，無論剿說雷同，無裨實用。即真心講貫者，亦必荒其本業，旁
　　及專家，以法律為詩書，更恐揣摩求合之士承迎風旨，因緣為奸，士習之不端，
　　關防之不密，多由於此，不可不防其流弊，該御史所奏應毋庸議。」從之。
〔註33〕清·潘衍桐《兩浙輶軒續錄》卷四十八吳鍾奇《楊侯歌挽黼香太守師〔榮緒〕》：
　　　東坡去後八百載，何人清夢到玉堂。嶺南使君春夢醒，〔公初入翰林時，嘗夢
　　至一處，顏曰夢到玉堂。後偶閱蘇詩，有「祇因未報君恩重，清夢時時到玉
　　堂」之句，乃東坡《和章子厚出守湖相》詩也。已而果守湖州，始以前夢為
　　異。履任後，嘗舉以告人，孰知其成讖也。〕使我聞信霑衣裳。憶昔楊侯初
　　下車，郡邑餘黎猶帶創。湖州苦戰天下聞，四郊遺壘塵莽莽。城中官舍沒蒿
　　萊，官吏蕭瑟賃民房。寸絲粒粟須民力，披圖按籍多流亡。蠲租緩稅有程限，
　　十室九空庶無傷。楊侯撫字洵有方，十年之閒功施彰。不見楊侯驅民力，蠶
　　桑但見吾民日日責縑絁。不見楊侯為民祈豐穰，但見吾民歲歲儲蓋藏。飢寒
　　不至雞狗靜，獄訟不興飲食康。農工商賈有恆業，詩書禮樂盈膠庠。汝南月
　　旦昭題品，暇則讀律提其綱。〔先生箸有《讀律提綱》，學海堂叢刻本。〕清
　　風儉德化僚佐，黃口孺子言之詳。疆臣報最署第一，薦之天子稱循良。篤實
　　廉明堪率率，〔「篤實廉明堪膺表率」，此公同治九年大計考語也。是年以卓異
　　薦。〕懸書象魏何煌煌。昔聞楊侯觀天子，父老攀轅羅酒漿。今聞楊侯棄館
　　舍，士女巷哭如爺孃。吳山楚水道里長，陽鳥日日南天翔。安得隨汝返故鄉，
　　臨風執紼送一篚。來護丹旐出重洋，海若有靈波不揚，不然歸櫬八月由瀟湘。
　　洞庭波兮木葉黃，雲中之君不可望。秋風蘭艾誰芬芳，古人事師重心喪。平
　　生志願無由償，悲歌慟哭情難忘。吳興山水懸清光，千年遺愛留甘棠。

又云：「律主於仁，亦輔乎禮，且多本於六經之義。」余謂如禮律所以端學術，名律所以重人倫，凡此皆士林所宜肄業者也。乃禮部不視為國法，而專目之為理刑，非不揣本而齊末歟？

王逸《正部論》：「或問：『張騫可謂名使者與？』曰：『周流數萬里，其中胡貊皆知其習俗。使還，始得大蒜、菖蒲、苜蓿等。』」《御覽》七百七十九。〔註34〕

宋俞成《螢雪叢說》曰：「據胡牀，畜番犬，舞拓拔，原注：「拓拔氏，胡人，誤呼為拓拔。」動蠻樂，皆士大夫之所不當為而為之。無乃循習日久而恬不知怪乎？有能奮拔於流俗之中，而毅然以中國禮義為己任，亦風化之所由倡也。」余謂俞氏之說未免拘墟。然南宋風氣如此，正與東晉相似。干令升所謂「胡已三制之」者〔註35〕，亦可於此驗之也。

《水經・河水》：「屈東過九原縣南。」《注》云：「《竹書紀年》云：『魏襄王十七年，邯鄲命吏大夫奴遷於九原，又命將軍、大夫、適子、戍吏皆貊服矣。』」全謝山曰：「貊服即胡服。」按：此則魏襄亦胡服，不獨趙武靈也。〔註36〕

《雲麓漫鈔》十二。云：「『跋扈』、『即溜』，悉魏時回切語；『即溜』切『就』字，『跋扈』切『固』字。《周禮》『負固不服則侵之。』」按：跋固非雙聲字，景安殆不諳反語。又十四。云：「如『章』字有章、掌、障、灼四聲。以側聲灼字紐平聲，則灼良為章；以平聲紐側聲，則章兩為掌。以此推之，豈不簡易而切當哉？自唐人清濁之分，乃有三十六字母以歸之，益繁碎而難曉。」此景安不通韻學之證。然可知中國文字重形過於重聲也。

阿喇伯學校古昔無傳，今求其遺跡，杳不可得。古阿喇伯民語言捷給。黑亞子部之奧加奪每賽社之期，必出重價，延人為解說所說之書，當時人極為貴重，至今尚有繕寫庋藏者，亦有載之於哥冷書內，以為奇事。寫哥冷以哥冷語言，當時子弟多專心誦習，通達之後，再加改竄增添。其後廢哥冷文字，別用哥發字，黑起拉四百年間始有今日阿喇伯通行之字。今則語言龐雜，文法亦殊，阿喇伯人雖精習哥冷書，亦無能盡解者矣。〔註37〕

本朝之例，滿、漢可以結姻。而仕宦之家以禮俗不齊，故行之者尟，然亦間有行之者。如完顏氏、惲氏固彰彰在人耳目者也。其屯居與駐防旗，婚

〔註34〕眉批：「入外國物產條。」
〔註35〕見卷二十七「《五行志》」一條。
〔註36〕與卷三十三「《水經・河水篇》注》曰」一條所言相近。
〔註37〕眉批：「入語言卷。」

娶者今尤較多於昔，不可勝載。惟旗女不准嫁民人，道光間始定例。按：道光十六年三月「丙申諭刑部：『現〔註38〕行律例，並無旗民結姻作何辦理專條，《戶部則例》載有民人之女准與旗人聯姻，一體給與恩賞銀兩。旗人之女，不准與民人為妻，亦並無違者作何治罪明文。此案陳陳氏將次女許給高緯保為妻，業經聘定，著准其完配，嗣後應如何明定條例，著戶部妥議具奏。尋議，請嗣後八旗內務府三旗旗人內，如將未經挑選之女許字民人者，主婚之人照違制律治罪。若將已挑選及例不入選之女許字民人者，主婚之人照違令例治罪。民人聘娶旗人之女者，亦一例科斷。至已嫁暨已受聘之女，俱遵此次恩旨，准其配合，仍將旗女開除戶冊，以示區別。』從之。」〔註39〕然嗣後漢軍旗女嫁與民人者，仍所在多有，禁例固未盡行也。同治間，山西巡撫沈桂芬奏請旗人分屯，兼准與民人婚嫁，從之。〔註40〕

《東華錄》乾隆十五年六月甲戌，「命驅逐多倫諾爾攜眷流民，禁蒙古與民人為婚」。〔註41〕

《通鑒》〔註42〕：「齊紀建武三年，魏主雅重門族，以范陽盧敏、清河崔宗伯、滎陽鄭羲、太原王瓊四姓衣冠所推，咸納其女以充後宮。」《遼史》〔註43〕：「太宗會同三年，詔契丹人授漢官者，聽與漢人婚姻。」《元史》：「大德七年，以行省官久任，多與各部人聯姻，乃詔互遷其久任者。」〔註44〕是當時固通姻無禁也。

俞理初《地丁原始》篇〔註45〕記「順治初年，一千六十三萬餘口」，至「順治十八年，二千一百六萬八千六百九丁」。是十餘年間，孳生已過一倍。至「康熙二十一年，一千九百四十三萬二千七百五十三丁」，乃轉減於順治十八年，則三藩用兵，死亡者多也。至「康熙六十年，二千七百三十五萬五千四百六十二丁」、「雍正二年，二千四百八十五萬四千九百十八丁」，此四年中不增而

〔註38〕「現」，《東華續錄》作「見」。
〔註39〕見《東華續錄》道光三十三。
〔註40〕眉批：「俟檢。」
〔註41〕見《東華續錄》乾隆三十一。
〔註42〕見《資治通鑒》卷第一百四十《齊紀六》。
〔註43〕見《遼史》卷四《太宗本紀下》：「丙辰，詔契丹人授漢官者從漢儀，聽與漢人婚姻。」。
〔註44〕《遼史》、《金史》兩條同《陔餘叢考》卷十八《元制蒙古色目人隨便居住》，非直引《遼史》、《金史》。
〔註45〕見《癸巳類稿》卷十二《地丁原始》。

減，則不可解。自雍正五年，丁糧派於各地糧內，其後編審，宜稍得實。「乾隆八年，一萬三百五萬口」，至「二十九年，二萬五百五十九萬一千一十七丁」，是二十年間，孳生又得一倍。三十七年，遂「停五年編審」，而令「督撫歲終奏報民數」。至「五十七年，凡三萬七百四十六萬七千二百餘名口」。「嘉慶十七年，戶部冊三萬六千一百六十九萬一千二百三十一名口」，而安徽一省「三千四百十六萬八千五十九丁口」。《石渠餘紀》云：京師滿蒙漢丁檔掌於八旗俸餉處外藩札薩克丁檔掌於理藩院者尚不在此數。今考《東華錄》：「道光二年，民數三萬七千二百四十五萬七千五百三十九名口」〔註46〕；「道光二十九年，除甘肅、江蘇、浙江、福建未報外，各省通共大小男婦四萬一千二百九十八萬六千六百四十九名口」〔註47〕；「道光三十年，會計天下民數，除江蘇、福建等處未經冊報外，奉天等省通共大小男婦四萬一千四百四十九萬三千八百九十九名口」〔註48〕。然則合未報之省計之，當及五萬萬矣。「咸豐三年，除江蘇、湖北、湖南未經冊報外，直隸等省按：此以直隸為首，則奉天亦不在內。大小男婦共二萬九千七百六十二萬六千五百五十六名口」〔註49〕，兵事方殷，稽核或未實焉。迄今又將五十年，生齒之繁，尤過於昔。以吾萍鄉一縣計之，民數已一百九十餘萬。鄰近瀏陽、萬載等縣，每縣民數皆在二百萬上下。約其大數，江西通省人數必過七千萬，較之道光三十年，尚當加倍。推之二十二行省，丁口殆不下十萬萬矣，而西人乃以四萬萬約之。中國學者亦自稱為四萬萬人之國，豈不誣哉？

　　王慶雲《石渠餘紀》三。云〔註50〕：「順治十八年，編審直省人丁二千一百六萬有奇。至康熙五十年，編審二千四百六十二萬有奇。嘗疑聖祖深仁，五十年間，滋生不過十分之二。蓋各省加增之丁，未盡數造報也。見論旨。先是巡幸所至，詢民疾苦，或言戶有五、六丁，止納一丁；或言戶有九丁、十丁，止納二、三丁。於是五十一年，定丁額，諭曰：『海宇承平日久，戶口日增，地畝並未加廣，應將現今丁數勿增勿減，永為定額。自後所生人丁，不徵收錢糧。編審時，止將實數察明造報。』廷議：五十年以後，謂之盛世滋生人丁，永不加賦，惟五年一編審如故。雍正初，定丁隨地起之法，直省丁賦，以

〔註46〕見《東華續錄》道光六。
〔註47〕見《東華續錄》道光五十九。
〔註48〕見《東華續錄》咸豐六。
〔註49〕見《東華續錄》咸豐三十。
〔註50〕見清·王慶雲《石渠餘紀》卷三《紀丁額》。

次攤入地糧。康熙末年，廣東、四川丁隨地起。雍正元年以後，通行各省。於是夫徭口賦，一切取之田畝，而編審之法愈寬。乾隆五年，戶部請停編審，以保甲丁額造報。於是十四年總計直省人丁一萬七千七百四十九萬有奇，此據《通考》。按《乾隆會典》：十八年，直省人丁三千八百八十四萬餘戶，萬有三百五萬口。不應十八年之丁反少於十四年七千餘萬。距定額方三十餘年，所增七八倍。蓋無編審之擾，自無隱匿之獎。又是時更定保甲之法，奉行者唯謹戶口之數，大致得其實矣。乾隆五十八年，純廟閱聖祖實錄，至康熙四十九年民數二千三百三十萬，因察上年民數三萬七百四十六萬，計增十五倍有奇。乃諭曰：『國家承平日久，版籍日增，一人耕而供十數人之食。蓋藏不能充裕，有牧民之責者，務當剴切化導，俾皆服勤稼穡，惜物力而盡地利』」云。

乾隆十五年五月諭：「我朝國書創分十二字頭，用之無所不備，而音韻尤得天地之元聲。惟漢人初學清字者，每借漢字音注，不能悉協，更從俗音牽合，久而益差。嘗讀漢字《金史》，用漢字音注國語者，本音幾不可曉，譌復傳譌。以此知官為校定之不可已也。夫一天也，國書謂之阿補喀，蒙古謂之騰格哩，西番則謂之納穆卡。至國書之騰格哩，則漢語所謂弦子耳。又一日也，國語謂之舜，漢文謂之日，蒙古謂之納蘭，西番謂之尼嗎。又如國語呼爾者，其音為西，而西方則稱幹呼基。通漢不通清者，語之以幹呼基，且不知為何物矣。蓋凡物之命名，本屬後起。《爾雅·釋名》，方言土訓，皆假象耳。以漢字注清文，實假象中之假象。而執此以較是非，寓褒貶，特私心妄見耳。爰命大學士傅恒率儒臣，重定十二字頭音訓，開章六字，則用直音，如阿、額、伊、鄂、烏、諤；餘用二字合音，如嘛、顙、俹、矊、鮺、灊。其餘十一字頭，首六字用二字合音，如炯、爦、枺、㷤、鵒、㷼；以下俱用三字合音，如䳱、鱝、俹、䮗、鮺、灊。以分輕重緩急，而國書之元聲，略可得梗槩焉。」〔註51〕乾隆四十二年八月諭云〔註52〕：「《金世祖紀》稱唐時靺鞨有渤海王，傳十餘世，有文字禮樂，是金之先即有字矣。而本朝國書，則自太祖

〔註51〕按：此諭係節引，原見王先謙《東華續錄》乾隆三十一。又見清·方濬師《蕉軒隨錄》卷一《國書十二字頭》，後有方氏按語，稱：
謹按：《西域同文志》二十四卷、《增定清文鑒》三十二卷、《補編》四卷、《總綱》八卷、《補總綱》一卷、《滿洲蒙古漢字三合切音清文鑒》三十三卷，皆經欽定，條分縷析，貫串精詳。余官京朝時，曾與滿洲友人精習繙譯者時加討論，惜心計粗鈍，究未能一一體會也。
〔註52〕見《東華續錄》乾隆八十六。

時，命額爾德尼、巴克什等遵制通行。或金初之字，其後因式微散佚，遂爾失傳。至我朝復為剙造，未可知也。」謹按：天聰九年夏四月諭文館諸臣曰：「朕觀漢文史書殊多飾詞」〔註53〕云云，是太宗已通漢文。崇德二年十月乙未朔，初頒滿洲蒙古漢字歷，蓋是時滿洲、蒙古皆習漢文矣。〔註54〕

《雲麓漫鈔》：三。「自《楞嚴經》房氏筆受，有咒一卷，後每經必有咒，乃是尊宿譯經畢，留數句不譯之文，使不知義理者見之加敬，寓此意耳。按：此說非是。本朝有譯經院，凡得西域書，令曉蕃語、通文義人充譯語官，譯從華言訖，僧鑒義等刪定譯經潤文，使與之潤色，每遇聖節，進新經藏中，有宋朝新經是也，王荊公諸人皆嘗為之。」

《堯典》：四嶽之舉舜也，曰「以孝烝烝，又不格奸」，則知選舉之法，以孝為始，固唐堯之道也。其次則莫若舉人以言。俞理初《癸巳存稿》卷二。〔註55〕「《舜典》云：『敷奏以言』，謂群后自能奏之。《益稷》云『敷納以言』，則海隅蒼生，須帝納之，其言始能至也。此唐虞之法也。《大戴禮・少間篇》《孔子三朝記》也。曰：『昔禹取人以言。』〔註56〕《孟子》云：『禹聞善言則拜。』自漢至今，皆取人以言。不以言舉人者，自古惟周。周人尚文，其選舉獨不以文。《論語》云：『君子不以言舉人，不以人廢言』，是王章也。」

日本加藤弘之《物競論》：「等級之法，印度、埃及尤甚。然埃及之等級消滅已久，印度則至今猶存。相傳印度之等級出於開闢之始。其實不然。蓋出於人種之互相混合。印度當太古世為達拉喜黑種所居，其後為亞利安白種所奪，於是白種為貴族，黑種為賤族。及後世，則白種中更因所業而分等級。故印度稱等級曰法原那。法原那者，即膚色之義，則印度之等級出於膚色之異同無疑也。印度之四級：一曰婆羅門；二曰亞能，僧徒是也；二曰薩德略，案：即剎利。國王、武士、貴族是也；三曰祕薩，案：即毘舍那。農工商是也；四曰西達拉，案：即□□□。〔註57〕奴隸是也。其前三級屬白種，第四級即黑種也。等級懸隔日甚，不啻天壤之別。甚至婚嫁不通。雖有豪傑，不能由下級升

〔註53〕見《東華錄》天聰十，係四月己巳。

〔註54〕眉批：「入文字。」

〔註55〕見《癸巳存稿》卷一《言舉》。

〔註56〕按：「昔禹取人以言」見《大戴禮記》卷十一《少間第七十六》。「《孔子三朝記》也」一句原為正文，但文義不通，疑為衍文，或恐為小字注文。今作小字注文處理。

〔註57〕此五字係右側插補，眉批：「小字寫。」

上級。固三千年來，釋迦摩尼及其他傑士所竭盡心力以求革此陋俗，而未竟其功者也。」〔註58〕

《東國史略》：「高麗忠烈王二十五年，闊里吉思欲革本國奴婢之法。王上表請止，其略曰：『我始祖垂訓後嗣云：賤類其種有別，若許從良，必通仕路，謀亂國家。由是小邦之法，於其入世戶籍，不干賤類，然後乃得筮仕。凡為賤類，父若母一賤則賤。雖本主放許為良，其所生子孫卻還為賤。』」是元欲革高麗弊俗，而其本國守之不變，遂至於今日矣。

西人分中國人為五種，漢人之外，曰通古斯、曰蒙古、曰土默特、曰南蠻。通古斯者，昔之鮮卑、烏桓、唐宋之契丹及今東三省之人是也。余案：通古蓋即東胡之轉音。斯、特之類，皆謂人也。土默特即古之西羌，今之藏衛及青海地。南蠻即苗傜之屬，西人以為真中國之土人也。此等分別，近時所譯各書頗視為定論，且錄入涉獵書，以教童蒙。其實即沿中國古書東夷、北狄、西戎、南蠻之說，稍加附會耳。於中國人種之學實無所發明也。陶篸林云：「通古斯，回語云大豕也。」俟考。

《滿洲地志》云：「滿渾種族居黑龍江之下流及松花江沿岸，支那人所謂使犬鄂魯春。按：即鄂倫春。此族雖以漁獵為業，而生活比通古斯大進步。」按：滿渾當即穆瑚爾之轉音。

乾隆四十四年八月諭〔註59〕：「近來凡有諭旨兼蒙古文者，必經朕親加改正，方可頒發。而以理藩院所擬原稿示蒙古王公，多不能解。緣繙譯人員未能諳習蒙古語，就虛文實字敷衍成篇，遂致不相吻合。又如從前，德通所繙清文，阿岱閱之，往往不能盡曉。夫阿岱素精國語，所以不曉德通之清文者，乃由德通拘泥漢字文義，牽綴為文，於國語神理全未體會。是歧清語與清文而二之，無怪其相背也。則蒙古王公等之不解理藩院之蒙古文，其義亦然。總由國朝定鼎百有餘年，八旗滿洲、蒙古子弟自其祖父生長京城，不但蒙古語不能兼通，即滿洲語亦日漸遺忘，又憚於學習，朕屢經訓飭，而率教者無幾，固由習俗所移，亦其人之不肯念本向上耳。」迄今又百餘年，而京師之通滿洲文者已不數見。若通蒙古文者，則幾成絕響矣。此又勢所必至者也。〔註60〕

〔註58〕按：此條刻本無，據稿本補。
　　　　眉批：「入第十六冊。」
〔註59〕見《東華續錄》乾隆九十，係八月甲寅日。
〔註60〕眉批：「入文字門。」

康熙四十九年四月諭旨〔註61〕：「江蘇巡撫湯斌好輯書刊刻，其書朕俱見之。當其任巡撫時，未嘗能行一事，止奏毀五聖祠，乃彼風采耳。此外竟不能踐其書中之言也。」按：疏中述吳俗之弊，五通之妖妄固在所必禁者也。〔註62〕

康熙五十年夏五月丁未諭大學士等〔註63〕：「朕自幼讀書，見大臣多不能保其初終，故立志待大臣如手足，不論滿、漢、蒙古，非大奸大惡、法不可容者，皆務保全之。五十年來，如大學士蔣赫德、衛周祚、李霨、杜立德、馮溥、黃機、吳正治、王熙、李之芳、宋德宜、梁清標、李天馥、張英、熊賜履、吳琠、陳廷敬，皆以年老告辭，林下怡養，保全名節，朕亦未嘗少忘，常使人存問，始終如此。凡在朝諸臣，朕待之甚厚，伊等亦矢忠盡力，歷數十年之久，與朕同鬚髮皤然矣。朕念宿學老臣辭世者辭世，告退者告退，每每傷心痛哭。今又有大學士張玉書之事，朕悲悼不已，故援筆作挽詩一首，令爾等知之。」於戲！聖人之存心如此，百世之下，讀者猶當欽慕宜天眷，聖清歷久彌昌矣。

康熙十七年十二月，兵部尚書王熙丁父憂，翰林院掌院學士陳廷敬丁母憂，吏部奏聞。上諭大學士等〔註64〕：「滿大臣有喪，特遣大臣往賜茶酒。滿、漢大臣俱係一體，漢大臣有喪，亦應遣大臣往賜。著大學士明珠、翰林院掌院學士喇沙禮等攜茶酒往賜。」聖祖待大臣不分滿漢如此。元劉祁《歸潛志》卷十二論金之所以亡，云〔註65〕：「南渡之後，偏私族類，疏外漢人，其機密謨謀，雖漢相不得預。人主以至公治天下，其分別如此，望群下盡力，難哉！」若聖祖之待滿漢大臣，可謂至公矣。享國長遠，不亦宜乎！順治十三年九月，上面諭諸漢臣曰：「明末，南人北人各為黨與，致傾國祚。朕倘有偏念，自當護庇滿洲。今愛養爾等，過於滿洲，是朕以一體相視。」世祖之諭如此，聖祖蓋敬承家法也。

康熙四年十月，御史顧如華奏：「伏讀上諭，廣搜前明天啟以後事蹟，以備纂修《明史》。查《明史》舊有刊本，尚非欽定之書」云云。案：此《明史》在傅維麟、王鴻緒諸家之前，未知何人所撰，俟考。《魏叔子文集‧南北史合

〔註61〕見王先謙《東華錄》康熙八十五，係四月丙午日。

〔註62〕眉批：「入毀五通廟條」，即卷三十三「康熙二十四年十月，江蘇巡撫湯斌奏」一條。

〔註63〕見王先謙《東華錄》康熙八十七。

〔註64〕見王先謙《東華錄》康熙二十二，係十二月甲戌日。

〔註65〕見元‧劉祁《歸潛志》卷十二《辯亡》。

注序》云〔註66〕:「常熟錢虞山謙益常自修《明史》,卒燼於絳雲樓。」嗚呼!史貴直筆,若虞山則失其守者,其辭屈矣。即令不燼,盍足觀乎?

乾隆四十二年五月丁丑諭〔註67〕:「前因《明史》於蒙古人地名音譯未真,特命館臣照遼金元三史例,查核改訂,並就原板扣算字數,於原書無多更易。茲閱所簽進之《英宗本紀》,如正統十四年,巡按福建御史汪澄棄市,並殺前巡按御史柴文顯。同時殺兩御史,而未詳罪由,不足以資論定。又土木之敗,由王振挾主親征,違眾輕出,及敵鋒既迫,猶以顧戀輜重,不即退軍,致英宗為額森所乘,陷身漠北,乃紀中於王振事不及一語,尤為疏略。雖本紀體尚謹嚴,而於刑政征伐大端,豈可闕而不備?蓋緣當時紀事,每多諱飾,又往往偏徇不公。而《明史》修自本朝,屢淹歲月,直至朕御極後,始克勒成一書。其時秉筆諸臣,因時代既遠,傳聞異辭,惟恐涉冗濫之嫌,遂爾意存簡括,於事蹟要領,不能臚紀精細,於史法尚未允協。所有《明史》本紀,著英廉、程景伊、梁國治、和珅、劉墉等將原本逐一考核添修,務令首尾詳明,辭義精當,仍以次繕進,候朕親閱鑒定重刊。」是《明史》未能允協,著於聖訓,後人或以曾經欽定,未敢考核異同者,失之拘矣。

天聰十年三月庚申,諭曰〔註68〕:「喇嘛等以供佛為名,潛肆奸貪,直妄人耳。蒙古諸人深信其懺悔超生等語,以致有懸轉輪、結布旛之事。嗣後俱宜禁止。」按:滿洲國俗信薩滿,蒙古則信喇嘛,此宗教之大異者也。〔註69〕

《聖武記》五。云:「凡駐京剌麻,於雍和宮中正殿圓明園所諷之經,有《告祥天母經》、《大遊戲經》、《龍王水經》、《剌麻供獻經》、《長壽佛壇城經》、《尊勝佛母壇城經》、《大怖畏壇城經》、《釋迦佛壇城經》、《清淨經》、《斗母經》、《沐浴經》、《寶匣經》、《時輪王佛經》、《上藥王佛經》、《十六羅漢經》、《救度佛母經》、《財寶天王經》、《祕密經》、《毘盧佛壇城經》。其做法,有曰跳布札,有曰放烏卜藏多,與中國僧不同。」又云:「西藏遇節期,則達賴升坐,講《甘珠爾經》、《丹珠爾經》二經,乃大藏大乘經之最尊重者。圜聽膜拜千計。」

《晉安帝紀》曰:「孫恩一名靈秀,琅邪人。叔父泰事五斗米道,以謀反誅。恩逸逃於海上,聚眾十萬人,攻沒郡縣。」《《世說・德行門》注》。〔註70〕

〔註66〕見清・魏禧《魏叔子文集外篇》文集卷八《南北史合註序》。

〔註67〕見《東華續錄》乾隆八十五。

〔註68〕見王先謙《東華錄》天聰十一崇德一。

〔註69〕眉批:「入喇嘛教條」、「下同」。

〔註70〕按:此條刻本無,據稿本補。　眉批:「入卷廿三。」

《太平廣記》三百十二。引《王氏見聞》：「陷河神者，雟州張翁夫婦畜一小蛇，後漸長，盜羊豕，盜馬。忽一夕雷電，縣陷為巨湫，其後因改為陷河縣。曰蛇為張惡子。姚萇遊蜀，至梓潼，有布衣謂宜早還秦，請其氏，曰張惡子也。萇稱帝長安，因遣使至蜀，立廟於所見之地，今張相公廟是也。」〔註71〕

《律書樂圖》云：「橫笛本出於羌也。漢張騫使西域，首傳一曲。李延年造新聲二十八曲。」《倭名類聚鈔‧調度部》。〔註72〕

金尼閣《西儒耳目資》〔註73〕謂元音有二十九，自鳴者五，曰了、額、

〔註71〕眉批：「入梓潼條。」即卷三十五「郝蘭臯《梓潼神廟考》」一條，參該條趙翼《陔餘叢考》。

〔註72〕眉批：「入外國樂條。」

〔註73〕《四庫全書總目》卷四十四《經部四十四‧小學類存目二》：

《西儒耳目資》無卷數

明金尼閣撰。金尼閣字四表，西洋人。其書作於天啟乙丑，成於丙寅。以西洋之音通中國之音。中分三譜：一曰《譯引首譜》；二曰《列音韻譜》，皆因聲以隸形；三曰《列邊正譜》，則因形以求聲。其說謂元音有二十九，自鳴者五，曰丫、額、依、阿、午；同鳴者二十，曰則、測、者、撦、格、克、百、魄、德、弍、日、物、弗、額、勒、麥、搦、色、石、黑；無字者四。自鳴者為萬音之始，無字者為中國所不用也。故惟以「則」、「測」至「石」、「黑」二十字為字父。其列音分一丫、二額、三衣、四阿、五午、六愛、七澳、八盎、九安、十歐、十一硬、十二恩、十三鴉、十四葉、十五藥、十六魚、十七應、十八音、十九阿答切、二十阿德切、二十一瓦、二十二五石切、二十三尾、二十四屋、二十五而、二十六翁；二十七至二十九非中國所有之聲，皆標西字而無切；三十隁、三十一堯、三十二陽、三十三有、三十四煙、三十五月、三十六用、三十七雲、三十八阿蓋切、三十九無切、四十阿剛切、四十一阿干切、四十二阿根切、四十三歪、四十四威、四十五王、四十六彎、四十七五庚切、四十八溫、四十九碗、五十遠；皆謂之字母。其輾轉切出之字則曰子，曰孫，曰曾孫，皆分清、濁、上、去、入五聲，而五聲又各有甚次，與本聲為三。大抵所謂字父，即中國之字母。所謂字母，即中國之韻部。所謂清濁，即中國之陰平、陽平。所謂甚次，即中國之輕重等子。其三合、四合、五合成音者，則西域之法，非中國韻書所有矣。考句讀為穀、丁寧為鉦，見《左氏傳》；彌牟為木，見於《檀弓》。相切成音，蓋聲氣自然之理。故華嚴字母出自梵經，而其法普行於中國。後來雖小有增損，而大端終不可易。由文字異而聲氣同也。鄭樵《七音略》稱：「七音之韻出自西域，雖重百譯之遠，一字不通之處，而音義可傳。所以瞿曇之書能入諸夏，而宣尼之書不能至跋提河，聲音之道有障礙耳。」是或一說歟？歐邏巴地接西荒，故亦講於聲音之學。其國俗好語精微，凡事皆刻意研求，故體例頗涉繁碎，然亦自成一家之學。我皇上奢定成功，拓地蔥嶺，《欽定西域同文志》兼括諸體，鉅細兼收。歐邏巴驗海占風，久修職貢，固應存錄是書，以備象胥之掌。惟

依、阿、午；同鳴者二十，曰則、測、者、搯、格、克、百、魄、德、忒、日、物、弗、額、勒、麥、搦、色、石、黑；無字者四。自鳴者為萬音之始，無字者為中國所不用，故惟以「則」、「測」至「石」、「黑」二十字為字父。其列音分一了、二額至四十九碗、五十遠，皆謂之字母。其輾轉切出之字，則曰子、曰孫、曰曾孫。按：金尼閣之說與各國文字皆不甚相合，蓋用西方並音之法，而又欲審中國字音，以便於施行其意，欲奪神琪守溫之席矣。然西方音學亦源於天竺，未見其能勝，故後世亦不復流傳也。

管道伯《夷對麗筆語》云：「問新羅王孫金啟升曰：『《平壤錄》曰貴國金姓是金天氏之後也，貴國亦有此說耶？』金曰：『金姓亦有數派，不同耳。』」〔註74〕

《文選・海賦》：「鳧雛離褷，鶴子淋滲。」李《注》云：「離褷、淋滲，毛羽始生之貌。」《倭名類聚鈔》亦引作善《注》，而狩谷望之《箋注》云：「所引張銑注文，似源君誤引。然今所傳《文選注》，間經後人改竄，則不得據今本定為誤也。那波本作『張銑曰』，伊勢廣本猶作李善。」余案：源君當中國唐末五代時人，何得引宋五臣注？望之之說，失之不考。然即此可知五臣注羼入善注者固多，其善注之誤作五臣者亦不少耳。

《魏叔子文集・答曾君有書》云〔註75〕：「王生來，承賜泰西宮室圖，益奇妙。禧懸勻庭中，日視之，嘗若欲入而居者。」按：國初人考求泰西制度如此。《魏季子集・泰西畫跋》云：「泰西畫宮室圖，門外堲上狹下展，斜行若八字，一目視之則平起，方且正矣。」又云：「牆柵屋柱有蒼白色，蓋日光自右來映之。」按：西畫必通光學。季子所言，頗得其理。《吳梅村集・讀史偶述》詩〔註76〕：「西洋館宇逼城陰，巧歷通玄妙匠心。」是當時京師已有泰西宮室，特尚非宏麗耳。

《唐登科記考》：開元二十三年進士二十七人，中有柳芳，字仲敷；二十九年進士十三人，復有柳芳。仲敷重出，必有一誤。

此本殘闕頗多，《列音韻譜》惟存第一攝至十七攝，自十八攝至五十攝皆佚，已非完書，故附存其目焉。

〔註74〕眉批：「入新羅王金姓條。」
　　　　另，此條下稿本有「《困學紀聞》：〔卷二十。〕『《唐西域傳》：末祿有軍達，泥婆羅獻波稜，皆菜名也。』按：軍達菜，今廣東有之，俗又名豬婆菜」一條，已見卷三十二「《太平廣記》四百十一」一條中。

〔註75〕見《魏叔子文集外篇》文集卷五。

〔註76〕見吳偉業《梅村家藏稿》卷十九《讀史偶述四十首》之十八。

《西學啟蒙》云：「小亞細亞洲巴斯勒汀聖域之北界有一小城，名拏勃魯斯。此城居民甚少，自奉一教，教中祇有一百五十人。三千餘年以來，經戰禍天災，而此教未衰，實為最久之教。惟教民不多，從未過一百五十人之數云。」按：此教未詳何名及宗旨若何，俟考。

三教合一，乃不知教者之言，及後世邪教依託之謬也。然亦有可異者。黃梨洲《宋元學案》云〔註77〕：「太極圖傳自陳摶，其圖刻於華山石壁，列元牝等名。是周學出於老氏矣。又謂周子與胡文恭同師僧壽涯，是周學又出於釋氏矣。」余謂若然，則周子兼老釋之傳而開洛閩之派，誠通三教之郵者也。朱竹垞詩亦云〔註78〕：《曝書亭集》二十一。「番番希夷叟，以此勒貞瑉。元公一丁倒，遂為席上珍。」原注：「陳摶無極圖倒《易》即為周子太極圖。」

顏延年《宋文帝元後哀策文》「撫存悼亡，感今懷昔」二句，沈約《宋書》云：「上自益此八字，以致其意。」〔註79〕

《〈水經‧清水〉注》云：「孔嵩為呵街卒。」按：《范式傳》作「阿里街卒」，蓋亦街彈之類。趙誠夫以為古之所謂騶唱，唐人所謂籠街喝道，殆非也。下文云：「遣迎式，式下車把臂曰：『子懷道卒伍，不亦痛乎？』嵩以侯嬴為解。」嬴為監門，則嵩亦治一街者也。章懷《注》：「《范式傳》云阿里。里，名。」〔註80〕

宋趙鼎《忠正德文集‧丙辰筆錄》，九月初一日至初七八日皆加初字，以此考之，知上旬用初字，在北宋、南宋之間。《朱子語類》一百七。云：「初三又是赤口。」蓋當時口語如此。〔註81〕

《逸周書‧命訓篇》：「正天莫如有極，道天莫如無極。」《毛詩》：「維天之命，於穆不已。」《傳》引孟仲子曰：「大哉，天命之無極！」此濂溪太極圖說無極二字之所本。朱、陸二公貽書爭辯，皆未引及此。

古人文義有所難言，則不盡言，故或篇闕其句，句闕其字。後世經師不知此義，而強為坿會者多矣。如春秋襄二十四年，《左傳》：「趙孟曰：『晉、楚、齊，秦匹也。晉之不能於齊，猶楚之不能於秦也。』」其不能之事，不復

〔註77〕見清‧黃宗義《宋元學案》卷十二。

〔註78〕見朱彝尊《曝書亭集》卷二十‧《齋中讀書十二首》之二。

〔註79〕眉批：「入陸倕《石闕銘》條」，即卷六「吾鄉乾隆二年丁巳會元何其睿」一條。

〔註80〕眉批：「入街彈條。」

〔註81〕眉批：「入初字條」，即卷九「記日之例」、卷十六「每月初旬」兩條。

質言，蓋所包者廣，亦所諱者深，故但曰「不能」而已。此正語妙。而近人徐子遠太守《通介堂經說》云：「『不能』謂不相能。夫四國方共會，而趙孟以不相能之辭昭告楚人，尚得為盟主乎？」此真強通之病。文十六年《傳》：「不能其大夫，至於君祖母以及國人」；昭十一年《傳》：「蔡侯不能其民」；意亦同此。各家所釋皆非。又按：此文「不能」即指上文言，故在可省之例。要之，古人語氣不必處處具足，則讀經者所當知也。〔註82〕

元人名僧為吉祥。按：《大日經義釋》卷一云：「室利翻為吉祥，即是具眾德義。」或云妙德亦云妙音也。〔註83〕

元遺山《應州寶宮寺大殿》詩云：「請看孔釋誰消長，林廟而今草又荒。」元時重釋輕儒，遺山尤慨之也。〔註84〕

《唐書·張說傳》：「武后嘗問諸儒，言：『氏族皆本炎黃之裔，則上古乃無百姓乎？』說曰：『古未有姓，若夷狄然。自炎帝之姜、黃帝之姬始，因所生地而為之姓。』」余謂姚、姒、姬、姜、嬀、姞等字皆從女，則制姓者專為婚姻而設，蓋類族辨物之理，非必以其地也。自姓氏分而中國男女之別，其禮明矣。朱子《語類》百三十八。云：「占者，姓氏。大榘姓只是女子之別，故字從女。男則從氏，如季孫氏之類。」

楊鴻。《永樂大典》引《宜春志》：「開成二年，楊鴻登進士第。」〔註85〕

《張說傳》：武后末年為潑寒胡戲。至玄〔註86〕宗時，因四夷來朝，復為之。說上疏曰：「乞寒潑胡，未聞典故，恐非干戚柔遠之道。」納之。〔註87〕

〔註82〕眉批：「入所以否者者」，即卷八「經典中載言亦有不載全文者」一條。
〔註83〕眉批：「入吉祥條」，即卷二十「元人稱僧為吉祥」一條。
〔註84〕眉批：「入學校廢條。」
〔註85〕按：此條刻本無，據稿本補。
　　　　眉批：「檢卷卅二編載否」，即卷三十二「唐時袁州進士最多，今據徐星伯《登科記考》錄之」一條，中僅云「楊鴻開成二年」。
〔註86〕「玄」，底本作「元」。
〔註87〕眉批：「入蘇幕遮條」，即卷四「唐張說《蘇摩遮》詩云」一條。

卷三十六〔註1〕

彭光譽《說教》曰：「基督訓人曰：『勿積財於地，勿慮衣食。爾不能事神，兼事貨財。』又曰：『售所有以濟貧，曰駝穿針孔，較富人入天國猶易。』此與老子清靜寡欲、佛氏恩愛並捨，其意略同。百合花喻，尤與儒家『居易俟命』為近，皆示人以遏人慾，全天理。乃教士之在中國著書者，每言奉基督教各國國富民強，由奉教之故。苟言富強是已，倍本教而從管、商之術矣。富強之術原為後世為國所必不能廢，然與基督望人入天國之旨，毋乃南轅北轍乎？」余謂凡政每蘄富強，凡教必重道德。基督捨身殉教，固道德之士也。而後之教士乃以富強之效歸之，基督有靈，亦當齒冷耳。

印度以北斗為占卜，與中國古法同，疑並出一源也。釋圓通《佛國曆象編》云：「北辰距閻浮提南際七百六十由旬零三二，當於閻浮提中心而位焉，其於人也如懸蓋矣。人之命辰本繫於斯之象，豈不顯乎？故瑜伽為法修護摩時，必特供曜宿，其由深矣。故密部中特說北斗辰者甚多，瑜祇熾盛光等為首妙見經、七佛神呪經、北斗別行法、七星如意輪等之法，不遑枚舉。而當審詳閻浮提所當極辰下之地，閻浮提地過於極辰之北者猶千二百由旬餘也。」按：樹心紋理，地中土暈，皆與北極出地度數相關，則測人生命者用此說，自勝於他說。此說見《天步真原序》。印度開闢甚早，此等藝術固婆羅門教之所專擅耳。

《立世阿毘曇論》一云：「有諸外道，作如是說，是大地恒去不息。是言應答此事不然，若實爾者，如向上擲，應个全地。又諸外道，作如是說，日月

〔註1〕按：稿本題「《純常子枝語》第三十六冊」。稿本乙封題「純常子枝語　第三十六冊」。

星辰恒住不移，大地自轉，疑是天回。按：此與《考靈曜》「地常動不止，譬人在舟，舟行而人不覺」說正相似。此事不然，若如是者，射不至珊。又諸外道，作如是說，大地恒浮，隨風來去。此事不然，若實爾者，地恒並動；若不爾者，地作何相？地住不動。」〔註2〕按：前二說惟不知地心攝力之故，致生此疑。然即此可知地動固婆羅門之舊說也。釋典外道多指婆羅門言。

羅昭諫《聖真觀劉真師院》詩：「魚跳介象鱠。」自注：「見《三國·吳書》十八卷《注》：『象字元則，會稽人，有仙術。』」此當是引書注卷數之始。〔註3〕

<hr>

〔註2〕按：卷三十四「陳釋真諦譯《佛說立世阿毘曇論第一》云」亦引此數語。

〔註3〕眉批：「再考是自注否」、「記《藝文類聚》亦頗有之，當再檢。」

另，錢大昕《十駕齋養新錄》卷十九《引書記卷數》：

余蕭客仲林云：「引書注某卷，向謂始於遼僧行均《龍龕手鑒》、宋程大昌《演繁露》兩書，然亦偶有一二條耳。後讀江少虞《事實類苑》，竟體注卷，在程大昌前。頃閱《道藏》，見王懸河《三洞珠囊》，每卷稱某書某卷。懸河，唐人，又在江少虞之前矣。」〔《四庫全書總目》謂李匡乂《資暇集》引《通典》多注出某卷，匡乂亦唐人。〕

余嘉錫《讀已見書齋隨筆》一《引書記書名卷數之始》（《余嘉錫文史論集》，第604～605頁）：

《四庫全書總目》卷一百十八程大昌《演繁露》，《提要》曰：「所引諸書，用李匡乂《資暇集》引《通典》例，多注出某書某卷，倘有譌舛，易於尋檢，亦可為援據之法。」是《提要》以引書記卷數之例為始於李匡乂也。然其卷一百三王燾《外臺秘要》，《提要》曰：「每條下必詳注原書在某卷，世傳引書注卷第，有李涪《刊誤》及程大昌《演繁露》，而不知例創於燾，可以見其詳確。」則又以為創始於王燾矣。李匡乂、李涪皆唐昭宗時人，〔詳見余所著《四庫提要辯證》。〕燾乃王珪之孫，〔見《新唐書》珪傳。〕其書著於天寶十一載，見自序。遠在二李之前。《十駕齋養新錄》卷十九曰：「余蕭客仲林云：『引書注某卷，向謂始於遼僧行均《龍龕手鑒》、宋程大昌《演繁露》兩書，然亦偶有一二條耳。後讀江少虞《事實類苑》，竟體注卷，在程大昌前。頃閱《道藏》，見王懸河《三洞珠囊》，每卷稱某書某卷。懸河，唐人，又在江少虞之前矣。』」是余氏以竟體引書注卷數為始於王懸河也。《三洞珠囊》在《道藏》懷字號，題大唐陸海羽客王懸河修，不署年月。考《寶刻類編》卷八有懸河所書四碑，其紀年為乾封、咸亨、宏道，則懸河唐高宗時人也。又在王燾之前矣。

汪遠孫《借閒隨筆》〔見《振綺堂叢書》。〕曰：「頃閱梁皇侃《論語疏》卷七『子謂衛公子荊』節云：『事在《春秋》第十九卷、襄公二十九年《傳》也。』是卷引《春秋傳》凡七處，皆記卷數。卷十『雖有周親』節云：『《尚書》第六《泰誓》中文。』則六朝已有之矣。」《提要》及余氏以為始於唐人，汪氏謂已見於六朝，可謂愈推愈密矣。

嘉錫案：所以引書必著卷數者，為其便於檢查，且示有徵也。自以帛寫書而後有卷數，若用簡策之時則但有篇章耳。書之篇第往往移易，故同一書而次

宋林季仲《竹軒雜著》卷五《答寶林長老書》云：「師與弟子問答未畢，便求此經之目，如《金剛》、《楞嚴》之類，必非佛言。」按：此未諳印度文法。然其疑《金剛》則誤，其疑《楞嚴》固未可厚非也。「宋景文說《楞嚴》前面呪是他經，後面說道理處是附會」，《朱子語類》百二十六。則不可解。〔註4〕

《五雜俎》卷十云〔註5〕：「古人於花卉似不著意，詩人所詠者，不過苤苢、卷耳、蘋、蘩之屬。其於桃、李、棠棣、芍藥、菡萏，間一及之。至如梅、桂，則但取以為調和滋味之具，初不及其清香也。豈當時西北中原無此二物，而所用者皆其干與實耶？《周禮·籩人》八籩，乾蘲與焉。然《召南》有摽梅之詠，今河南關中梅甚少也。」余按：楚辭多稱芳物，尚不及梅，則三代之梅，殆不見花，豈秦、漢以來其種數變，有異於古耶？余嘗謂梅為漢後之花，牡丹為唐後之花，雖出臆測，或當不謬也。牡丹見《素問》，然恐非今之牡丹。

余鵬年《曹州牡丹譜·自序》云：「《素問》：『清明後五日牡丹華。』《廣雅》：『白苓，牡丹也。』崔豹《古今注》：『芍藥有草木二種：木者花大而色深，俗呼為牡丹。』」余按：古但有芍藥耳。凡此各書，多非今種。蘇頌謂山牡丹二月梗上生苗葉，三月花，根長七八尺。近世人多貴重，欲其花詭異，皆秋冬移接，培以壤土，至春盛開，是乃唐後之牡丹也已。

元初薛邦榮《長春觀記》，碑云：「歲次丙午年」，當是定宗元年。碑末題「本縣次三官石，捕盜官李，本縣次官衡，本縣長官賈二，本縣達魯花赤看術虎」。《山右石刻叢編》云〔註6〕：「此可見元未設州縣尹時之制。《通志·金石》記沁州長官杜豐、堅州長官劉會皆是也。」按：長官、次官、捕盜官等名稱，甚為明晰，視知縣、縣丞、典史之類，尤易知矣。日本多長官、次官之稱，蓋用元制。又《重修玉皇七佛廟記》有澤州高平縣前長官段□。

序不同。若但引其篇第，無以知其為某篇也，舉其篇名，則便於檢查矣。故引篇名，猶之引卷數也。《左傳》、《國語》引《書·盤庚》、《泰誓》之類，往往舉其篇名，至引《易》而舉某卦之某爻，引《詩》而舉某詩之幾章，是更細矣。此自相傳之古法，不始於六朝唐人也。此例在唐時已通行，顧後人乃不甚遵用。清儒雖守之頗嚴，然亦不能盡然也。若惠定宇之《後漢書補注》，不獨不引卷數，且凡引佚書皆不著出處，則尤非矣。

〔註4〕眉批：「入楞嚴條。」
〔註5〕見《五雜組》卷十《物部二》。
〔註6〕見清·胡聘之《山右石刻叢編》卷二十四《長春觀記》。

宋張天覺《荊南玉泉山寺關將軍廟記》〔註7〕記將軍捨山作智顗道場，「以是因緣，神亦廟食」。金郝瑛《慈相寺關真君廟記》全錄張文〔註8〕，而繼之云：「文中所記，不幾乎怪力亂神之事歟？予為儒者，烏可雷同其說？」余謂佛力冥被，神道幽贊，不可盡以常情測也。然郝氏之見，要可並存。又廟額題關真君，而錄山右金石者標題關帝，是以有明封號，追改金源，實為巨誤，所宜訂正。今解州東二十里，又有金大定十七年張開《關大王祖塔記》。阮葵生《茶餘客話》四。云：「關廟，正史惟《明史》有之。其立廟之始不可考，俗傳崇寧真君封號出自宋徽宗，亦無據。《日下舊聞》謂關帝廟在皇城北安門東者曰白馬關帝廟，隋基也。姚彬盜馬廟在三里河天壇，亦隋基也。是唐之前，已有廟。」唐范攄《雲溪友議》荊州玉泉祠祀三郎神。三郎神者，關三郎也。又按：《寰宇訪碑錄》山東掖縣有至正二十七年八月關帝廟碑，是元時已封帝號。〔註9〕

唐貞觀八年《景雲觀天尊碑》，文內祁文才稱「太上道民」〔註10〕。按：道民之稱，即用晉人語也。《正理論》云：「天尊之號出自佛經。」〔註11〕

義楚《六帖》八。引《後蜀記》云：「張陵子衡、孫魯以鬼化術道惑人，自名道士，初名鬼卒，後名祭酒，述三清三玄上清為洞玄，靈寶為洞真，三皇為洞神。」又引李膺《蜀記》云：「張陵病邱社中，得咒術，遂解鬼法，後為大蛇所殺。子衡、孫魯嗣之。」

天師家傳：宋陳元靚《歲時廣記》引之。〔註12〕「真人諱道陵，字輔漢，豐邑人。留侯子房八世孫。光武建武十年正月望日生於吳地天目山。」

《〈水經·涪水〉注》云〔註13〕：「平都縣有天師治，兼建佛寺甚清靈。」

《爾雅》〔註14〕：「東至日所出為太平。」又云：「太平之人仁。」今人稱東海為太平洋，乃暗合古義。

余嘗舉《吾妻鏡》書名問日本岡千仞振衣，振衣答云：「吾妻，地名。函根以東，總稱日本。武尊皇子東征時，風波蕩舟，茫無所從。夫橘姬代皇子投

〔註7〕見《山右石刻叢編》卷二十一《慈相寺關帝廟記》。
〔註8〕見《山右石刻叢編》卷二十一《慈相寺關帝廟記》。
〔註9〕眉批：「入關廟」，即卷三十二「元尤玘《萬柳溪邊舊話》云」一條。
〔註10〕見《山右石刻叢編》卷四《景雲觀天尊碑》。
〔註11〕眉批：「入道民條。」
〔註12〕見《歲時廣記》卷十二《生真人》。
〔註13〕見《水經注》卷三十三。
〔註14〕見《爾雅·釋地第九·四極》。

海而死，及凱旋，過雄井嶺時，東望歡曰：『吾妻不能共歸乎？』故相傳稱關東曰吾妻。《吾妻鏡》，猶曰《關東通鑒》。」此書當時實錄，日記類以和文。中土人不能讀和文，且甚蕪雜。千仞輩亦倦讀，不能終。唯鎌倉按：此關東源賴朝開幕府之地。實錄乃證古者，所必取云。據此，則近時翁廣平撰《吾妻鏡補》，記日本通國之事實，未知二字之義也。又日本有我妻氏。我妻即吾妻，其能樂中亦有《吾妻能狂言》。翁廣平書，黃蕘圃猶見其鈔本〔註15〕。

蔡澄《雞窗叢語》曰：「日本國有《吾妻鏡》一書，亦名《東鑒》。『吾妻』二字不可解。或曰地名。嘗與秀水朱竹垞太史考之，日本地里無名吾妻者。太史戲曰：『日本本名倭奴，東海諸國半以奴為名，且有名姐奴者。既可稱姐，何不可稱妻耶？』相與一笑。」蓋國初人言東事尤不詳矣。

阮葵生《茶餘客話》十五。云：「喇嘛一教，有黃衣者，如達賴喇嘛，真脩養性，來去明白，不過數人；有紅衣者，如地母地藏，呼風喚雨，遣將驅雷，更寥寥矣。我聖祖仁皇帝嘗治地母於法，彼教肅然畏懼，毫無他異，其餘更可知也。諸蒙古信其法，從其教，愚可憫也。」又云：「喇嘛在塞外，假岐黃之名，擁妻子之奉，鮮衣怒馬，烹羊啖牛，攘人囊橐，殘人骼胔，污人妻女。」趙雲崧《陔餘叢考》四十二。曰〔註16〕：「呂藍衍《言鯖》謂陝西邊禁山中僧人皆有家小，以為異。不知其地近蒙古風俗，凡喇嘛多娶妻食肉也。元人馬祖常《河西歌》：『賀蘭山下河西地，女郎十八梳高髻。茜根染衣光如霞，卻召瞿曇作夫壻。』正是甘、涼一帶舊俗也。」紀文達《閱微草堂筆記》云：《姑妄聽之》卷二。〔註17〕「理藩院尚書留公言，曾聞紅教喇嘛有攝召婦女術，故黃教斥以為魔云。」〔註18〕

雍正五年七月癸酉諭〔註19〕：「堯、舜、禹、湯、文、武之道，賴孔子纂

〔註15〕清・黃丕烈《士禮居藏書題跋記》卷一：
　　　《論語集解》十卷鈔本
　　　頃獲交翁海村，海村著有《吾妻鏡補》。
〔註16〕見《陔餘叢考》卷四十二《妻肉僧》。
〔註17〕見《閱微草堂筆記》卷十五。
〔註18〕眉批：「入喇嘛條。」
　　　另，此條下稿本有「徐瓊、歐陽薰、伍唐珪、李甲、張為、謝翱、陳巘、吳罕、黃諷、劉望、李滄、彭遵、袁希古、劉廓、宋鵬舉、周確、梁珪、張咸、許洞、蔣勳、趙防、崔絳、劉仁祥、李餘慶、易廷楨、彭惟嶽，並見《永樂大典》引《宜春志》」一條，眉批：「入唐時袁州進士條」。按：已見卷三十二「唐時袁州進士最多今據徐星伯《登科記考》錄之」一條。
〔註19〕見王先謙《東華錄》雍正十一。

述修明之。若無孔子之教，則人將忽於天秩天敘之經，昧於民彝物則之理，勢必以小加大，以少陵長，以賤妨貴，上下無等，越禮悖義，所謂君不君、臣不臣、父不父、子不子。雖有粟，吾得而食諸，其為世道人心之害，可勝言哉！惟有孔子之教，綱維既立，而人無踰閑蕩檢之事，在君上尤受其益。」又云：「人第知孔子之教在明倫紀，辨名分，正人心，端風俗，亦知倫紀既明，名分既辨，人心既正，風俗既端，而受其益者之尤在君上也哉！朕故表而出之。」

《周子通書》曰：「《春秋》正王道，明大法也，孔子為後世王者而脩也。亂臣賊子誅死者於前，所以懼生者於後也。宜乎萬世無窮王祀，夫子報德報功之無盡焉。」

《荀子‧儒效篇》：「孫卿子曰：『儒者法先王，隆禮義，謹乎臣子而致貴其上者也。』」

《漢書‧元帝紀》：「帝為太子，柔仁好儒。宣帝曰：『漢家自有制度，本以霸王道雜之。且俗儒不達時務，好是古非今，使人眩於名實，何足委任？』」此漢以來不用儒術之大較。其用儒術者，謹乎臣子以致貴其上而已。

《論語》荷蓧丈人，蓋農家者流也。其言「四體不勤，五穀不分，孰為夫子」〔註20〕，蓋即許行並耕之意。於時孔子以師道教天下，而丈人譏其不農，則天祐下民，作君作師，皆不當其意矣。子路曰：「君臣之義如之何？其廢之，欲絜其身而亂大倫」，即深斥農家之非，與孔子斥樊遲「小人」〔註21〕同義，非泛言仕隱也。「絜其身」者，絜，矩之絜，既無君臣之別，則一身可比於眾身，何貴何賤，何尊何卑，此與近時西國均貧富黨之論相似。中國之農即西國之工矣。《正義》以「絜」為「清潔」，恐非。〔註22〕

《日本憲法》第二十八條：「日本臣民苟不害治安，不紊秩序，不背為臣民之義，有信教之自由。」《義解》云：「歐洲中古之時，宗教與國政混合為一，馴致流血之禍。而東方諸國，則嚴刑峻法，防閑維謹。近四百年來，信教自由之說始露端倪。洎法國革命，美國獨立，此說公然宣布，由是漸行各國。

〔註20〕見《論語‧微子第十八》。
〔註21〕《論語‧子路第十三》：
樊遲請學稼，子曰：「吾不如老農。」請學為圃，曰：「吾不如老圃。」樊遲出。子曰：「小人哉，樊須也！上好禮，則民莫敢不敬；上好義，則民莫敢不服；上好信，則民莫敢不用情。夫如是，則四方之民襁負其子而至矣，焉用稼！」
〔註22〕眉批：「樊遲學稼入農條後。」

比者，各國政府存其國教，社會教育祖其宗教，則有之。若夫仇視異教，戮辱箝制之陋習，則屏絕無句萌矣。此信教自由為近世文明之顯證也。」又云：「信服存於人心，非可強致。至如禮拜、儀式、布教、演說及集會、結社，又為外形之事，自當遵法律及警察官通行之限制。」余謂宗教聽民自由，此政治家不得不然之事。以此為文明之顯證，則非也。教宗者多與政治為敵，凡五洲大爭競大改革之事，無不因政與教爭而起者。即今日聽民自由而禮拜儀式之間，已多出入。百年以往，其果能宴焉乎？

唐釋一行《毘盧遮那成佛神變加持經義釋》卷一云：「日行閻浮提，一切卉木叢林，如其性分，各得增長。世閒眾務，因之得成。」〔註23〕

一行《大日經義釋》卷一云：「真言梵曰漫怛羅，即是真語，如語不妄不異之音。龍樹釋論謂之密號，舊譯云呪，非正翻也。」按：密宗自龍樹始傳，而今藏中龍樹諸書未言南天鐵塔之事。此之所引，未知出自何書。一行精通梵文，當在未譯之本矣。○〔註24〕楊仁山云：「南天鐵塔之事，日本密宗記載有之。中土不傳者，自明太祖禁密宗教授兼焚其書籍故也。」余按：唐、宋諸賢箸述亦未有及此者，此說尚當考證耳。

朱子曰〔註25〕：「呪語想亦淺近，但其徒恐譯出則人易之，故不譯。」日本南條文雄為余言：「呪語有極顯淺者，有繚繞難通者。西人言佛不應作此等不明語也。」余謂呪術多出婆羅門教，佛家或檃括之，或改易之，以施神用。當考其異同，則知其意旨矣。彭紹升《一乘決疑論》云：「呪係密語，但取其音，不取其義，此不譯之故也。」

《宋高僧傳》云〔註26〕：「傳教令輪者，東夏以金剛智為始祖，不空為二祖，慧朗為三祖。」

《大日經義釋》卷二云：「世人覩真金百鍊不移，以為妙性窮極。若五通仙人以諸藥物，種種鍊治，能化土石之類，盡為金寶。其有服食之者，住壽長遠，神變無方。當知真金性中自有如是力用。」按：此即金丹之說。化土石為真金，後世當有能之者矣。

神我一門、自然一門，皆外道之堅執者。《大日經義釋》卷二云：「今目

〔註23〕眉批：「卷□□有一條，此條入。」
〔註24〕「○」，底本無，據稿本補。
〔註25〕見《朱子語類》卷一百二十六。
〔註26〕見宋・釋贊寧《宋高僧傳》卷一《譯經篇第一之一》。

觀人造舟船室宅之類，皆從眾緣而有，非自然成。若謂雖有而未明瞭，故須人功發之。既須人功發之，即是從緣，非自然有也。」又云：「人量者，謂計神我之量，等於人身，身小亦小，身大亦大。《智度》云：『有計神大小隨人身，死壞時神亦前出。然彼宗以我為常住自在之法，今既隨身大小，即是無常，故知不然也。』」又外道中有阿賴耶門。《大日經義釋》又云：「經云阿賴耶者，是執持含藏義，亦是室義。此宗說：有阿賴耶能持此身，有所造作含藏萬象，攝之則無所有，舒之則滿世間，不同佛法中第八識義也。然世尊密意，說如來藏為阿賴耶，若時佛法中人不觀自心實相，分別執著，亦同我見也。」然則阿賴耶宗外道，亦可謂彌近理而大亂真者矣。又云：「摩納婆者，是毗紐天外道部類，正翻應云勝我，言我於身心中，最為勝妙也。彼常於心中，觀我可一寸許。智度亦云：『有計神在心中，微細如芥子，清淨名為淨。或如豆麥，乃至一寸，初受身時，最在前受，譬如像骨，及其成身，如像已莊。』唐三藏翻為儒童，非也。儒童，梵云摩拏婆，此中云納，義別，誤耳。」原注云：「此二名是菩提闍梨解。」按：摩拏婆何以譯為儒童，亦不可解。華文儒字兼義甚多，而本義則特為教授師之名，不應梵文中有譯儒之字也。

周春《遼金元姓譜》云：「金朝諸姓，各就其近似者，自行改易。如古里例稱吳、完顏例稱顏之類。惟曲阜不敢混兗國之系，特稱完氏。元時中原有更蒙古姓者。洪武初，下詔嚴禁。永樂時，降人多賜姓，如金、吳之類。蒙古、色目人遂有不奉詔自改者。」余按：完顏亦頗有改姓王，不改姓顏者。又如如皋冒氏自稱元二八目之後，太原帖氏自稱元帖木兒之後，此則以蒙古人改中國姓，而不與中國民族相混，固事之善者也。

西洋人之遊中土者，歌斯馬，希臘人，少航海經商，嘗至波斯灣、印度洋、錫蘭島等處。以梁武帝中大通二年及簡文帝大寶元年之間，著《紀行》一書，稱中國為晉剔薩，又曰晉尼士塔。原〔註27〕注云：此與《景教碑》稱中國為震旦，其音略同。余按：此稱中國為震旦，用天竺語也。又提奧費勒克塔斯亦希臘人，隋文帝時人。其《紀行》云：「東方有大國曰拖格斯，突厥種。其都離印度六千里，其王曰泰山，譯言天子。注云：「泰山疑即天子之訛，或云泰山即唐之太宗。」相傳該國都城為亞力山德所建，其土人呼之曰克巴旦。」注云：「突厥人呼長安曰金旦。此云克巴旦，疑即今之西安。」原注云：「拖格斯，或云在今土耳其斯丹

之地。其實即中國也。」又云：「古時波斯天方人嘗以唐密加思稱中國。拖格斯者，唐密加思之轉音耳。」余按：以唐人為突厥種，唐初人實有此語，見《法琳別傳》。拖格斯又轉為桃花石，見邱處機《西遊記》。又突厥古名薩格伊，見希臘殘本古書。突厥遠祖曰奧古斯汗，其後分四大部，曰康格利、曰奇頗克、曰加爾利、曰加拉特，俄人呼里海之突厥曰加哈華力。

宋仁宗時，烏思人居鹹海之東，最為強盛，嘗西侵馬基頓。烏思者，突厥之一種也。洪武八年，法人所刊東方地圖，有城在裏海之南，名曰烏孫。又是圖有地名肅耳特雅，今名肅特克，在黑海之北。

蘇幕遮見唐崔令欽《教坊記》。〔註28〕

《春秋左氏》僖三十三年《傳》：「晉侯伐狄於箕，郤缺獲白狄子。」杜《注》：「白狄，狄別種也。故西河郡有白部胡。」

《晏子春秋》卷七〔註29〕：「景公聞哭聲，梁丘據曰：『魯孔丘之徒鞫語者也。服喪三年，哭泣甚疾。』公曰：『豈不可哉？』而色說之。」賈誼《新書·審微篇》：「宓子治亶父。齊人攻魯。父老請艾麥，宓子不聽。俄而，麥畢資乎齊寇。季孫怒，使人讓宓子曰：『豈不可哀哉！民乎，寒耕熱耘，曾不得食也。』」此兩處「豈」字皆歎異之辭，當句絕，不與下屬讀。〔註30〕

《文心雕龍》云〔註31〕：「《論語》已前，經無論字。」《困學紀聞》引晁子止云：「不知《書》有『論道經邦』。」〔註32〕余按：《易·屯》卦「君子以經綸」，《釋文》「綸」〔註33〕作「論」。經中「論」字，當始於此。何義門以為彥和或不讀《古文尚書》。趙敬襄《困學紀聞參注》云：「彥和梁人，安得不讀梅賾書？此失記耳。」然則不引《易》，亦失記可知。

〔註28〕按：此條刻本無，據稿本補。

　　　　眉批：「入蘇幕遮條。」

〔註29〕見《晏子春秋》外篇不合經術者第八《景公上路寢聞哭聲問梁丘據晏子對第二》。

〔註30〕眉批：「此與《禮記》『豈不可』文同，當以『豈』字句絕。俟檢。」按：《禮記·曾子問第七》：「周公曰：『豈不可。』」

〔註31〕見南朝梁·劉勰《文心雕龍》卷四《論說第十八》。

〔註32〕《困學紀聞》卷十七《評文》：「《文心雕龍》云：『《論語》已前，經無論字。』晁子止云：『不知《書》有論道邦經。』」

〔註33〕此處稿本有一空格，眉批：「俟檢。」

　　　　陸德明《經典釋文》卷二《周易·屯》：「經論。〔本亦作綸。〕」

　　　　又，《未濟》：「經綸。〔本又作論。〕」

　　　　又，《周易雜卦第十一》：「經綸。〔本又作論。〕」

《歸潛志》錄大梁事云〔註34〕：「北兵攻城急，砲飛如雨。用人渾脫，按：此句不甚可解。或半磨，或半碓，莫能當。城中大砲號震天雷者應之，北兵遇之，火起，亦數人灰死。」按：此似元砲用石，金砲轉用火也。〔註35〕

又云〔註36〕：「崔立投謁歸附後，令在京士庶皆割髮，為北朝民。」

《續漢書‧百官志》：「將作大匠掌樹桐梓。」王西莊《十七史商榷》云：「按：周禮，庶民不樹者無棺槨。此以見天子，亦必自樹，以為宮室器用。」〔註37〕

劉智《天方至聖實錄》卷首云：「阿爾璧按：即阿喇伯。一切氏族，以古來氏為至貴，至聖為古來氏之裔。古來氏以哈申為至貴，至聖為哈申之孫。」卷一歷代傳光記自初祖阿丹至穆罕驀德五十世，穆罕驀德之祖曰爾卜篤穆託吏部，按：爾卜篤穆託吏部之父曰爾穆立，其號曰哈申，則穆罕驀德乃哈申之曾孫。父曰爾卜賓納希，母曰額美娜，武臣渥合卜之女。卷四記穆罕驀德為遺腹子，其母受孕數月而不自知。比其生也，仙女臨宮，神童繞室，多神異之事矣。○〔註38〕卷四「活佛驚泣」一條，蓋穆教固闢佛教。又有「夷火息」一條云：「四裔多拜火者，凡拜必先舉火。聖誕之日，凡舉火俱不熾。」是穆教兼闢火祆，梭都斯德之派自此而漸衰矣。○〔註39〕卷九有「拜火教人投順」一條云；「墨朱士乃拜火人之教名。」○〔註40〕卷六：穆罕驀德四十歲。或問吾聖未受命之前，所行何教？有曰奉教無定，有曰不奉眾教。二說皆無考證。或問吾聖既受命後，所行何教？有曰奉爾撒教，按：即耶穌。有曰奉母撒教，按：即摩西。有曰但行自己之教。數說亦俱無考證。合答曰：「受命之前之後，皆奉易卜喇欣之教也。」視其乳嬰時，即念泰伯之言，動止飲食，即念忒思米葉。八歲即志欲闢佛，幼少即知拜無像之主。婚姻、喪墓，皆用易卜喇欣之禮。迨受命之後，所行亦復如是。一切事為皆用易卜喇欣古教之成規，以是知受命前後皆奉易卜

〔註34〕見《歸潛志》卷十一。
〔註35〕眉批：「入砲條。」
〔註36〕見《歸潛志》卷十一。
〔註37〕清‧王鳴盛《十七史商榷》卷三十四《後漢書六‧掌樹桐梓》：
　　　　將作大匠掌樹桐梓。案：《周禮》，庶民不樹者無棺槨。此以見天子，亦必自樹，以為宮室器用。
　　　　另，稿本文末刪「此可為樹木令之」。
〔註38〕「○」，底本無，據稿本補。
〔註39〕「○」，底本無，據稿本補。
〔註40〕「○」，底本無，據稿本補。

喇欣教也。按：穆罕驀德宗摩西而不喜祝乎得，按：當即所謂祝虎院。宗耶穌而不喜十字會，其所沿革，居可知矣。至於三歲十歲兩剖腹於神人，二十五歲方結婚於寡女，穆罕驀德娶赫底徹氏時，穆年二十五，赫年四十。各書皆云寡婦，而此書獨云墨克故君胡隈勒之女四十未嫁，蓋深諱之也。揆之聖證，宜有違言。夫滌除污染已難，語於生知，作儷聖神，何棲遲於莬暮？蓋雖才智雄桀，終作君師，而少長孤貧，多從權譎。考其事者，所當心知其意者也。○〔註41〕古來氏，西人譯本作哥累斯。

卷七：「穆士再遷海北涉南，查士王問：『天經何言？』查爾法頌《哠福哈篇》九十九章對：『此篇述馬爾媽生爾撒故典也。』方讀卒，王叱儒杯爾等曰：『汝輩讒佞也。彼所行之事，與母撒、爾撒之教同。彼所誦之經，與引支勒之經同。拜像原非聖教，汝輩執祖父之習，來毀聖人之教耶？』二木兒曰：『爾撒，天主也。彼人毀爾撒為奴。』塞里默曰：『如此亦不至為仇也。汝等認爾撒為主，吾聖人謂爾撒是主之奴，除主皆奴也。』」卷八云：「魯密人為忒爾撒尊爾撒之教，不拜佛，與穆人同類。」按：穆教初宗摩西，述耶穌，此其證也。至百德里之戰，遂並殺朱乎得爾撒教人矣。○〔註42〕蘇福揚之言見卷十二。曰：「十數年來，人所以不服穆罕驀德者，為其自稱為聖，泯滅古教，而另行新教，盡革主降之經，而獨行其私臆也。」蓋穆教固摩西、耶穌之新教也。

卷九云：「易卜喇欣以世康紀國，以建極紀年。」注云：「開陽帝之後，有開古氏，號世康，掌天下，易國號，重建克而白克，而白乃四極之中也。」卷十二云：「自阿丹創教，十世而至努海，又十世而至易卜喇欣。欣生易可哈格，格生葉而孤白，又歷三十世而至爾撒。」

卷十四：「穆罕驀德答魯密帝所遣使云：『予豈革除主降之經者乎？一百一十四部主降之經，盡載《甫爾噶尼經》中矣。尊《甫爾噶尼》一經，猶尊前古一切所降之經也。予豈革除往聖之教者乎？十二萬四千聖人之教，總歸以思喇穆之教矣。奉以思喇穆一教，猶奉前古一切聖人之教也。然而必行革除者，因自爾撒昇遐六百年，無聖者出，異學紛更，經書錯亂，非前古之經教矣。』」按：以思喇穆，今譯西書者或作依石藍。

卷十八記婚姻曰民宜四婦，記夫婦曰男子貴於婦人千倍。嗚呼！穆民夫

婦之道,豈不苦哉!

　　金天柱《清真釋疑補輯》云:「吾教所定喪禮:始死,去屍衣,遷屍於地;次洗屍畢,以白布行大斂小斂之法;復用異香、洋磁、冰片等物塞蔽屍竅,以防邪蟲侵入。仍如《禮記》所云始死廢牀,置屍於地,及復而不生,則屍復登牀,斂之以衣。故『子游曰請襲於牀』云。」余謂以白布大斂小斂,則非禮所有也。然此等各從國俗,固無煩置議耳。惟回教例三日必葬,雖以入土為安,然或以為不近人情矣。

　　《隋書·音樂志》〔註43〕:「高祖受命惟新,八州同貫,制作全出於胡人,迎神猶帶於邊曲。」〔註44〕

　　《朱子語類》:百二十八。「問朝見舞蹈之禮。曰:『不知起於何時。元魏末年,方見說那舞,然恐或是夷狄之風。』」

　　《宋史·輿服志》〔註45〕:「祥符中,詔敢為契丹服若氈笠、鉤墪今謂之襪袴,婦人服也。之類者,以違御筆論。」

　　二十四向,蓋宋沈存中始為之。《夢溪筆談》曰〔註46〕:「予嘗為守令圖,雖以二寸折百里為分率,又立準望、牙〔註47〕融,旁驗高下;方斜、迂直七法,以取鳥飛之數。圖成,得方隅遠近之實,始可施此法,分四至、八到為二十四至,以十二支、甲乙丙丁庚辛壬癸八干、乾坤艮巽四卦名之。」按:今羅經之二十四向,其名正同。〇〔註48〕丁芮樸《風水袪惑》〔註49〕云:「《續漢書·祭祀志》:『安帝初,更立六宗祀於雒陽西北戌亥之地。』《後漢書·郎顗傳》,《注》引《詩汜歷樞》:『神在天門,言神在戌亥。』東方朔《十洲記》:『元洲在北海之中戌亥之地,言戌亥而不言乾;長洲在南海辰巳之地,言辰巳而不言巽;生洲在東海丑寅之間,言丑寅而不言艮;聚窟洲在西海中申未之地,言申未而不言坤。』則知以乾坤艮巽稱四維,兩漢時所未有。《祭祀志》:『青帝位在甲寅之地,赤帝位在丙巳之地,黃帝位在丁未之地,白帝位在庚申之地,黑帝位在壬亥之地。』《南齊書·禮志》:『馬融《西第賦》云:西北

〔註43〕見《隋書》卷十三。
〔註44〕眉批:「入西樂條。」
〔註45〕見《宋史》卷一百五十三。
〔註46〕見《夢溪補筆談》卷三。
〔註47〕「牙」,《夢溪補筆談》作「互」。清·丁芮樸《風水袪惑·二十四向》亦引作「互」。
〔註48〕「〇」,底本作空格,據稿本補。
〔註49〕見丁芮樸《風水袪惑·二十四向》。

戌亥，元後承輸。蝦蟇吐寫，庚辛之域。』《晉書·藝術·韓友傳》：『伐七十束柴，積庚地。』是以干命方位也。《續漢書·郡國志·敦煌郡》，《注》引《耆舊記》曰：『國當乾位，地列艮墟。』《舊唐書·禮儀志》：『天寶十載，移黃帝壇於子城內坤地。』《〈水經·穀水〉注》：『合成一水，自乾注巽。』《汝水注》有青坡廟漢靈帝建寧三年樹碑，碑稱青坡在縣坤地。又按《沭水注》云：「袁公水東出清山，遵坤維而注沭。」是以卦名命四維，始見於此。此即宋人飛鳥圖所自出也。」余按：《舊唐書·音樂志》〔註50〕：「昭宗時，張濬謂宮懸之制，陳鎛鍾二十架，當十二辰之位。甲丙庚壬各設編鍾一架，乙丁辛癸各設編鍾一架，合為二十架樹，建鼓於四隅，當乾坤艮巽之位，以象二十四氣。」是唐末方位已有此二十四向，在沈存中之前，存中特倣造耳。○〔註51〕焦里堂《易餘籥錄》十三云：「淮南言二十四時之變，八乾四維，與羅經合，而四維為乾巽坤艮，則本《說卦傳》。」

女教之要，章實齋《婦學》一篇〔註52〕言之頗詳。前此則有任鈞臺之《女教經傳通纂》，其序云：「《周禮》有內宰，以陰禮教六宮，以陰禮教九嬪，以婦職教九御。其時自王後及公侯之夫人，莫不受學。其《詩》曰『言告師氏』、『言告言歸』。宋伯姬之言曰：『保傅不具禮不下堂。』即下至委巷之女，亦莫不有師，故傳曰『賢而四十無子則為人間女師』。教之之備如此。」又云：「當其妊子，則坐不邊，寢不側，有胎教焉。子既生，則欽有帥，記有成，有童教焉。為女則以教而賢，為母又以賢而教，此成周所以大化翔洽，賢哲篤生也。」書凡一十三章，余未之見。序載《清芬樓遺稿》中〔註53〕。

〔註50〕見《舊唐書》卷二十九《音樂志二》。
〔註51〕「○」，底本作空格，據稿本補。
〔註52〕見清·章學誠《文史通義》內篇五。
〔註53〕見清·任啟運《清芬樓遺稿》卷二。
　　　　另，《四庫全書總目》卷九十八子部八「儒家類存目四」載：
　　　　《女教經傳通纂》二卷
　　　　國朝任啟運撰。啟運有《周易洗心》，已著錄。是編仿朱子《小學》之例，採諸經傳及《女誡》、《女訓》、《女史箴》等書，分十三類。曰立教，曰敬身，曰筓禮，曰昏禮，曰事父母舅姑，曰謹夫婦，曰辨內外，曰逮妾媵，曰生子，曰勤職，曰祭禮，曰喪禮，曰貞節。其子翔為之注。末有其門人傅洛等跋，稱尚有《女教史傳通纂》一書，仿《小學·外篇》之意。今未之見。據翔所附記，此書立教等十一門，乃啟運之妻所輯，筓禮、喪禮二門乃其妻沒後啟運所補。然啟運序中不及之，且其妻名氏翔亦未著，故仍以啟運之名著錄焉。

　　五代釋義楚《六帖》卷八「玄都經目」條，注云：「道經傳記符圖論等，總有六千三百六十三卷，其二千四十卷見有本，計紙四萬張；余五千四百，其一千一百五十六卷是道經傳及符圖，其八百八十四卷是諸子論等，其四千三百二十三卷，披撿道士陸修靜答明帝所上目錄，其本及今並未見。」卷八又引王儉《七志》、《四部書目》，言文字者凡二十九部，九十九卷。《字書》十卷；《篆文》三卷；《三蒼》三卷三篇，李斯造上篇，司馬相如、揚雄造中篇，賈魴作下篇；《蒼頡訓詁》二卷，杜林作；《三蒼訓詁》三卷，張揖作；右三家解，今一卷；《埤蒼》二卷，張揖撰；《廣蒼》二卷，合楚恭撰；《說文》十五卷，許慎作；《古今詁訓》三卷，張揖作；《雜字》一卷，周殷作；《錯題字敘》一卷，張揖作；《古今奇字》二卷，郭訓作；《字屬篇》一卷，賈叔作；《詔字定古文官書》一卷，黃門郎呂宏作；《雜字解詁》四卷，周成作，又作《解字要》一卷；《字指篇》一卷，郭訓作；《鈔上雜字》二卷，周成作；《字林》七卷，呂忱作；《雜字音》七卷，王延作，又作《文字要》一卷；《說文音隱》四卷、《要用字苑》一卷，葛洪作；《聲韻》十卷，李登作；《韻集》十卷，呂靜作；《字指》二卷，李彤作；《四字同音》一卷、《文章音韻》三卷、《告幼文》二卷，顏延之作；篆書，周宣王太史史籀作，後為今隸書等。○〔註54〕此卷又引郭迻《經音類決序》〔註55〕云：「先賢造字，按〔註56〕《說文》有一十三萬三千四百四十一字，又諸佛經其字更多，就梵音翻譯時，借聲而作也。約部類有二百五十九部。」釋法琳《破邪論》云：「撿修靜目中，見有經書藥方符圖等，合有一千二百二十八卷，本無雜書諸子之名。」

　　《靈寶經》云：「一氣生三君。一即天寶、二靈寶、三神寶丈人，一氣生也。」按：此道家三一之說。《朱子語類》卷百廿五。云：「道家所謂三清，蓋仿釋氏三身為之。釋氏三身：法身者，釋迦之本性；報身者，釋迦之德業；肉身者，釋迦之真身。而實有之人也。道家欲倣所為，遂尊老子為三清：元始天尊、太上道君、太上老君，而昊天上帝反坐其下，悖戾僭逆，莫此為甚。」

　　《朱子語類》一百廿六。又云：「《丹經》如《參同契》之類，已非老氏之學。《清净》、《消災》二經，皆模學佛書而誤者。《度人經》、《生神章》皆杜光

〔註54〕「○」，底本作空格，據稿本補。
〔註55〕眉批：「郭迻音今在否，俟考。」
〔註56〕「按」，稿本作「案」。

－990－

庭撰。最鄙俚是《北斗經》。」又一百廿五。云:「佛書中說佛言,道書中亦多云道言。佛是箇人,道卻如何會說話?然自晉來,已有此說。」王伯厚《困學紀聞》二十。云:「《北斗經》引『居其所而眾星拱之』,誤以北辰為北斗,蓋近世依託為之。」《生神章》:「道家有九天。」《生神章》凡九卷。

周煇《清波雜志》云〔註57〕:「道士一萬人,僧二十萬人,乃紹興二十七年禮部見注籍之數。時未放行度牒,迨今三十餘年,其復有所損益歟?」〔註58〕

《萬行首楞嚴經》云:「有被魔入心,故訕謗佛像,言是土木,經是紙葉,自言身內有佛。」按:言「身內有佛」當是神我家說。「訕謗佛像,言是土木」,則後世耶穌教、回回教並襲用之。

朱子《語類》九十。云:「如今祀天地山川神,塑貌像以祭,極無義理。」

神仙之學,春秋時已有之。郝蘭皋《老而不死是為賊解》曰〔註59〕:「孫東扆益廷言夫子之責原壤『幼不孫弟,長而無述』,宜也。又言『老而不死』,夫死生非人所自為,且又未聞不死,何以為罪?竊嘗求之,原壤母死,登木而歌,蓋學老、莊之放蕩,而欲為長生久視之道者,與居易俟命異。夫子子〔註60〕惡其攻異端以惑人,故曰『老而不死是為賊』也。」余按:「愛之欲其生」,亦正是神仙家言,故夫子辨其為惑。朱子詩曰〔註61〕:「只恐逆天道,偷生詎能安?」偷生即賊之謂矣。〔註62〕《朱子語類》卷百廿五。曰:「《老子》中有仙意。」余謂原壤蓋學老氏之仙學。《履齋示兒編》曰〔註63〕:「六經之中無真字,非無真字也,夫人而不偽也,是故仙之一字,聖經所不著,聖人所不言。」

沈作喆《寓簡》引《靈樞經》條云〔註64〕:「夫天谷者,泥丸也。泥丸之神,是曰谷神。谷神主以天真之氣為體。天真者,元性也。以此推之,《老子》谷神之說,豈即還精補腦之說歟?」《朱子語類》七十三。論「伊川『艮其背』傳」云:「若移此處說他腦子,便無許多勞攘。」腦子主事,宋人蓋已知之。〔註65〕

〔註57〕見《清波雜志》卷七。
〔註58〕眉批:「入寺院數目條。」
〔註59〕參卷三十「《論語》老而不死是為賊」一條。
〔註60〕疑衍一「子」字。
〔註61〕參卷二「《抱朴子·至理篇》曰」一條。
〔註62〕刻本此處有一空格。
〔註63〕見《履齋示兒編》卷一《六經無真字》。
〔註64〕見《寓簡》卷七。
〔註65〕眉批:「入腦條。」

　　《天方至聖實錄》卷十一：「遷都四年十一月，命宰篤考定書法。先是，聖與諸家講理，聞其言語詰曲聱牙，皆謂出自古經。至是，聖命宰篤取諸經集，考古證今，削去一切奇文異字，而歸之中常正大之法。宰篤神聰，約半月而書法定，永世無改。」余按：削去奇文異字，特取悅於不學之人，故半月而可定矣。又云：「天方書字自阿丹創製，至努海，二千年無大同異。由努海之子孫分封四方，風土漸移，形聲漸異。又二千年，至以卜喇欣之世，則天下書字之形模音聲，迥別於天方矣。母撒世自平費而傲王後，四方之以經營來天方者，眾語言文字攪雜混亂，初只俗習市易之變。至爾撒聖後，二氏學人全以臆見用事，變亂非常，正經正典皆雜以無識之字，訓讀既難，理法亦亂。至是，故命宰篤考定之云。」金天柱《清真釋疑補輯》云：「天方字母共二十八字，每字皆有六音，分從脣舌齒喉牙而出，毫無重複。天方境內，往來書信，皆此字也。」又云：「天方經內載阿丹見帝庭前井內有異石，面有二十八畫，靜觀默悟，命子施師製為字體，有三百六十種行世。此文字之始云。」

　　《聖祖庭訓格言》曰：「諸國必有一所敬之神，即如我朝之敬祀祖神者。如蒙古、回子、番苗、猓猓以及各國之人，皆自有一所敬之神。」謹按：敬祀祖神蓋即堂子之祭〔註66〕。

　　義楚《六帖》卷十六：「《廣弘明》云：『道士張陵云：男女行朱門玉柱，一三五七九，四眼兩舌相對，以不泄為功德，玉門丹池為祕妙矣。』」又引《正理》云：「漢安元年，歲在壬午，道士張陵分別《黃書》，云：『男女有和合之法，三、五、七、九交接之道。其道真訣在於丹田玉門，唯以禁祕為急，呼師父、母人根之名。』又云：『女未嫁，十四已上有決明之道。』」是張陵不獨傳邪術，兼習房中家言。甄鸞《笑道論》曰〔註67〕：「臣年二十之時，好道術，就觀學。先教臣《黃書》合氣，三、五、七、九男女交接之道，四目兩舌正對，行道在於丹田，有行者度厄延年。教夫易婦，唯色為先，父兄立前，不知羞恥，自稱中氣真術。今道士常行此法，以之求道，有所未詳〔註68〕矣。」《黃書》蓋即張陵所傳。

〔註66〕參卷三十三「國朝堂子之祭」一條。
〔註67〕見甄鸞《笑道論·道士合氣三十五》，載唐·釋道宣《廣弘明集》卷九。
〔註68〕「詳」，《笑道論》作「諍」。

《北戶錄》：「道書說五頭魚。」崔龜圖注云：「張天師二十四治具之。」
《歲時雜記》：陳元靚《歲時廣記》引之〔註69〕。端五，都人畫天師像以賣，又合泥做張天師像，以艾為頭，以蒜為拳，置門戶上。蘇子由作《皇太妃閣端五帖子》云：『太醫爭獻天師艾，瑞霧長縈堯母門。』」

《書史會要》云〔註70〕：「日本國字母僅四十有七，其聯輳成字處，髣髴蒙古字法。」又云〔註71〕：「流求國職貢所上表，用木為簡，高八寸許，厚三分，闊五分，飾以髹，釦以錫，貫以革，而橫行刻字於其上。其字體，科斗書。」〔註72〕

又云〔註73〕：「真臘國自稱曰甘字智，元朝按西番經，名其國曰澉浦只。余按：法國人探路記名之柬埔寨。字樣正如回鶻字，凡文書皆自後向前，卻不自上書下也。或云其字母音聲正與蒙古音聲相類，但所不同者，三、四字耳。」

今梵文校昔時尤簡，幾如中國字之由篆而隸而草矣。然每字必分男女聲，則未之有改。釋可洪《藏經音義隨函錄》卷廿六云：「《大慈恩寺法師傳》第三卷重列八囀聲如後，音義云：此八囀是男聲。於八囀中各有三囀，成二十四聲如男聲，二十四囀其女聲。非男非女聲，亦復有二十四囀也。總名蘇漫多聲也。」此蓋印度男女聲之例。

金丹、無為諸教，皆白蓮之遺孽也。然明蘇及寓《邪毒實據》云：「艾儒略等復來，若是之久，天下竟無一人憂之。」又云：「陰標諸教曰無為，曰奶奶，曰天母，曰圓頓，多方籠罩，以為羽翼。」又云：「自萬曆初年，此夷入中邦，中邦即有吳婆變亂，特世人未知之也。」據此，則無為、天母等教又似即天主之枝流。然世人既未之知，容或出諸附會，原其派別，竟莫能明。咸豐朝洪、楊之亂，託名天主，而實行邪教，蓋其類矣。洪秀全所頒三字經，有「紅眼睛，乃閻羅，最作怪，此蛇魔」等語，知其非天主教之真傳。然其到處毀寺觀，焚偶像，則固用天主教及回教之遺說也〔註74〕。

明無名氏《藥房偶記》〔註75〕曰：「利瑪竇等慮人叛其教，取教中先死者

〔註69〕見《歲時廣記》卷二十一《畫天師》。
〔註70〕見《書史會要》卷八。
〔註71〕見《書史會要》卷八。
〔註72〕眉批：「入卷十。」
〔註73〕見《書史會要》卷八。
〔註74〕稿本此注文在「蓋其類矣」之前。
〔註75〕石昌渝主編《中國古代小說總目》（文言卷）載寧稼雨所作提要，稱：
　　　《藥房偶記》四卷　　（明）魏矩斌撰

脂，以術熬藏，為一器，號聖水。來者向天主像前，以脂畫胸中作十字，謂之
領聖水，後莫能叛去也。」按：此明時洗聖水、塗聖油之異說。

　　彭泰來《持義堂集・題訛書》〔註76〕云：「偽經祕不示人，方寸小冊，字

〔註76〕　　明代志怪小說集。魏矩斌撰。未見著錄。今有明崇禎刊本，四卷。前有作者
崇禎十二年（1639）自序。序稱本書係閑暇間從親友處所聞閩中異事。「雖非
《齊諧》之續，不愧《拾遺》之編」。所記閩中異聞，多重奇趣，亦問有實事。
如卷一「天主」記利瑪竇傳教事，卷四「李卓吾」記李贄事蹟較詳。矩斌事
蹟史傳未載，僅據書中所題，知其字元方，明末蒲溪（今屬福建）人。
《持義堂集》不詳，實出彭泰來《昨夢齋文集》卷四《題番夷訛書》（《清代
詩文集彙編》第568冊，第219～220頁）：
此書以《盡理正道傳》為名，言天帝創造萬物，以土作人，獨成一男，剖男
之脅以作一女，合為夫婦，魔鬼害之，天帝乃使獨生之子耶穌下降世間，救
人靈魂，死後復合使昇天堂。耶穌為天堂之主，萬教之宗，西國中國並當遵
奉。反覆數萬言，訛妄怪誕，至不足道。所可恨者，處處竊取經籍語，坿會
連綴，欲假堯、舜、周、孔為惑人之助，執左道，侮聖言，莫此為極。問書
所由來，則科舉士出試院門者數人要於路，散給之。每試日，所散無慮數千
百本。嗚呼！是何可長也！語曰：「涓涓不塞，將為江河。兩葉不去，將為斧
柯。」番夷之蠹中國，非涓涓兩葉比矣。天主之教，蓋古所謂祅神。昔年愚
夫愚婦，有信習者，發祖宗之祀，亂男女之倫，以至抉垂死之目睛而不知悔。
然信習之家，皆深自諱匿，所傳偽經，秘不示人。余嘗迫取視之，方寸小冊，
字如黑蟻，夷言侏儺，半不可解。今之是書，廣寸而尺，譯夷而華，山積雲
布於節鉞之下，以蠱衣冠禮樂之士夫，非復昔年態也。其書造作鄙劣，似讕
似囈，雖數萬言，實無一義，其勢不足以惑人。然人有病嗜土炭者，至病狂
喪心，則赴水火，蹈白刃，不可以常理度。今日所見有如飲狂泉者，則今日
之人易惑且甚，如之何勿憂。夫鴉片之禍，開闢以來所未有也。砒鳩殺人，
一身而已。鴉片所中，非鬼非疾，戕其軀，且絕其子孫，而甘其毒者，需之
急於簞食，昵之甚於女德，用之始於遊情，而極於官府軍伍、庠序閨閣、緇
袍黃冠，畏死益深，趨死益切。於是販鬻之者，窮神奸，抵禁網，出沒盜賊
之手，馳鶩旦夕之獲。一闠之市，華其衣者，鴉片客也，而骭不掩者百工。
百家之邨，潤其屋者，鴉片客也，而突不黔者耕農。利在必趨，群棄故而相
從殺人為生。亦有章逢其居積大獪，號曰窯口，役使亡命，往來江洋，戈船
炮火，形類反叛。徵之於海，則海之兵弁同之。譏之於關，則關之吏卒同之。
禁之於官府，則官之子弟、親戚、幕僚、廝養、胥吏、輿臺無不同之。十餘
年間，廣東之銀，白窯口入於番舶者，數已萬萬。國家所徵夷稅，曾不及所
去之什一。而鴉片之來，歲歲益增，埋金滄溟，為眾市死。雖百管、商，何
以足國。雖萬和、扁，何以活人。相傳有咬𠺕吧國，昔居臺灣，紅毛夷欲其
地，乃製鴉片誘之。人吸食者，皆不任兵甲，遂為所據。今夷種互市，彼猾
點鶩，屢慢戎索。此中隱憂，病民生，絀財賦，尚其緩也。先是數歲，請內
地造花園矣，請新豆欄築步矣，請賃居大嶼山矣。夫大嶼山，固鴉片屯泊之
所也，而又請居之，雖不得志，然其敢輒請者，必其有隙可窺者也。漢宣帝
時，光祿大夫義渠安國使行諸羌。先零豪言原時渡湟水，北逐民所不田處畜

如黑蟻。夷言侏𠌯，半不可解。今之《盡理正道傳》廣寸而尺，譯夷而華，處處竊取經籍語，附會連綴，欲假堯、舜、周、孔為惑人之助，執左道侮聖言。」按：《盡理正道傳》〔註77〕，余未之見。據彭氏謂其「言天帝以土作人，獨成一男，刳男之臂以作一女」等語，蓋所譯即《創世記》之類，特好用中國經典，則教徒翻譯，務欲其書之行，而適足以增閱者之疑者也。

癸酉冬，《西國事彙》云：「鹿生伯克國荷蘭所屬。天主教人向執事權，書院皆聽約束，令人多讀教書，以愚黔首。刻院士皆不願從禮部，亦助之以抗教人。」此可知教徒不宜於預書院事也。

《夷堅志》丙集下〔註78〕：「興化軍境內地名海口，舊有林夫人廟，莫知何年所立。凡賈客入海，必致禱祠下」云云。按：此即後世天妃廟之始。然稱曰林夫人，是宋時無處女未嫁之說也。又戊集上《浮曦妃祠》一條云〔註79〕：

牧，安國以聞。後將軍趙充國劾安國奉使不敬，是後羌人旁緣前言，抵冒渡湟水，郡縣不能禁。況番夷之狡，百倍羌人，戎心一生，欲不可盈，他日必有任其咎者。而海疆上下，且漫然視為積習之固然，亦何論區區數冊書乎！然則書之惑人與人易惑，姑置勿計，惟中國之馭四夷，安可使之無所忌憚也？雖然，吾猶以為番夷之罪薄爾。番夷能以彼教惑中國，不能習中國之教而自行其書，今經籍之文、隸楷之字，與校士之地之期，皆非彼所及也，誰為竊之，誰為譯之，誰為奔走而散佈之？沃土之民不材，衣食於夷而變於夷也久矣。鴉片無窾口，雖竭西海以為餌，不能無脛而遍中國。猱捷而教之升，虎猛而導以倀，使早折其萌，豈遂橫流至此哉？孟子曰：「我亦欲正人心。」正心之道，以言乎內外則先內，以言乎上下則先上。守不貪之寶，行必信之法。故曰：大人正己而物正。〔甲午七月客廣州，聞夷書有數種。且聞春闈先有巨舫散之肇慶，至是偶得其一。時陳雪漁監越華書院，見此文，持白王學使埴執其人，荷校於衢，追板煅之其數種，遂不可詰。〕

〔註77〕（英）偉烈亞力《基督教新教傳教士在華名錄》有郭實獵（Karl Friedrich August Gützlaff），並介紹其漢語著作，第15種曰（第70頁）：
《盡理正道傳》（The True Religion），共64頁。該作品以山東省登州（Teng-chow）的五位文人之間一系列對話的形式，闡述了基督教的信條，並揭露了錯誤的理論。共分為9場對話，有一篇簡序。

〔註78〕見宋·洪邁《夷堅支志》景卷九《林夫人廟》。

〔註79〕見《夷堅支志》戊卷一。
史夢蘭《止園筆談》卷六
《夷堅志》丙集下載「興化軍海口舊有林夫人廟，靈異素著，凡賈客入海，必致禱祠下」。戊集上又載「紹興三年，福州人鄭立之日番禺泛海，還鄉次莆田境，浮曦灣，舟師詣崇福夫人廟求救護，得三吉珓」。又云「夫人今進為妃」。案：此當即今之天后。
趙翼《陔餘叢考》卷三十五《天妃》：
江漢間操舟者，率奉天妃，而海上尤甚。張燮《東西洋考》云：「天妃，莆之

「莆田浮曦灣有崇福夫人廟，夫人今進為妃云。」崇福夫人蓋即林夫人。

余嘗欲輯天下各國古今字樣為一書，偶得法國官家一千八百七十八年印本甚詳，核計各國文字異同，凡日耳曼字九種、英吉利合薩克斯字一種、阿剌伯古非加字二種、阿剌伯加爾馬底加字二種、阿剌伯馬額勒班字一種、阿剌伯納斯基字八種、阿爾末尼字二種、阿爾末尼文內起首大字一種、馬爾莽兼把力字二種、布尼字一種、又剛缽日字一種、加拿剌字一種、加拿剌兼得路固字一種、中國字四種、葛布脫麥姆弗底克字一種、葛布脫德伴字四種、錫潑利壟脫字一種、遏斯脫浪熱樂字一種、遏底阿邊字四種、遏脫爾呂斯克字二種、熱壟爾日養按：在波斯西北。經書字一種、熱壟爾日養日用字三種、俄

湄洲嶼人。五代時閩都巡檢林願之第六女，生於晉天福八年。宋雍熙四年二月二十九日化去。後嘗衣朱衣，往來海上，里人虔祀之。宣和癸卯，給事中路允迪使高麗，中流遇風，他舟皆溺，神獨集路舟得免。還奏，特賜廟號曰順濟。紹興乙卯，海寇至，神駕風一掃而遁，封昭應崇福。乾道己丑，加封善利。淳熙間，加封靈惠。慶元、開禧、景定間，累封助順、顯衛、英烈、協正、集慶等號。」又《夷堅志》：「興化軍海口林夫人廟，靈異甚著，今進為妃云」，則在宋時已封為妃也。《元史·祭祀志》：「南海女神靈惠夫人，至元中以護海運有奇應，加封天妃神號，積至十字，廟曰靈慈。祝文云，年月日皇帝遣某官，致祭於護國庇民廣濟福惠明著天妃。」又《續通考》云：「至元十五年，封泉州神女護國明著靈惠協正善慶顯濟天妃。二十五年，加封廣祐明著天妃。」《七修類稿》亦謂至元中顯靈於海，有海運萬戶馬合法、忽魯循等奏立廟，號天妃，順帝又加輔國護聖庇民廣濟福惠明著天妃。是天妃之名，自有元始。何喬遠《閩書》載妃生卒，與張燮同。又謂生時即能乘席渡海，人呼為龍女。升化後，名其墩曰聖墩，立祠祀之。洪武五年，又以護海運有功，封孝順純正孚濟感應聖妃。則又有聖妃之稱。《七修類稿》則云封昭應德正靈應孚濟聖妃。《通考》：「永樂中，建天妃廟，賜名宏仁普濟天妃宮，有御製碑。正月十五、三月二十三日，遣太常寺致祭。」故今江湖間俱稱天妃，天津之廟並稱天后宮。相傳大海中當風浪危急時，號呼求救，往往有紅燈或神鳥來，輒得免，皆妃之靈也。竊意神之功效如此，豈林氏一女子所能？蓋水為陰類，其象維女，地壟配天則曰后，水陰次之則曰妃。天妃之名，即謂水神之本號可，林氏女之說不必泥也。張學禮《使琉球記》又云：「天妃姓蔡，閩海中梅花所人，為父投海身死，後封天妃」，則又與張燮、何喬遠所記不同矣。

成化間，給事中陳詢奉命往日本，至大洋，風雨作，將覆舟，有二紅燈自天而下，遂得泊於島。若有人告曰：「吾輩為天妃所遣也。」又嘉靖中，給事中陳侃奉使封琉球，遇風將覆，舉舡大呼天妃，亦見火光燭船，船即少寧。明日有粉蝶飛，繞舟不去，黃雀立柁樓食米，頃刻風起，舟行如飛，曉至閩，午入浙之定海。俱見《七修類稿》。吾鄉陸廣霖進士云：「臺灣往來，神跡尤著，土人呼神為媽祖，倘遇風浪危急，呼媽祖則神披髮而來，其效立應。若呼天妃，則神必冠帔而至，恐稽時刻。」媽祖云者，蓋閩人在母家之稱也。

底克字一種、額勒克古碑字一種、即希臘。又碑字一種、又一種、羅馬國時所用又稍別異者六種、額勒克字十一種、額勒克文內起首字二種、虞若剌帝字一種、猶太字二種、埃及字二種、意米亞利脫字一種、一名薩美養碑字。日本字二種、野幹島字二種、按：即噶羅巴。臘丁碑字七種、利比字一種、自右而左一種、自下而上有方匡。馬牙拿字一種、滿洲字二種、納斯多爾利養字一種、尼尼微脫字二種、巴爾密勒尼養字一種、巴斯巴字一種、百爾雅波里登字三種、非呢西養字二種、剌比宜克字一種、阿呂宜克字一種、俄羅斯字五種、薩卑養蒙大意脫字一種、薩馬里丹字四種、印度古字四種、暹羅字一種、山雅累字按：即錫蘭貝葉經字。一種、思剌問字一種、敘利亞克字五種、達馬舌克字一種、達木爾字二種、唐古忒字三種、讓得字四種。按：此書於東方文字所遺尚多，二十年來，必有增葺。且各國學校中似此等書籍當復不少，更俟續訪耳。〔註80〕

　　紅衣、黃衣喇嘛之分派，於佛教不甚相關。俞理初《癸巳類稿》乃強為牽合，誤矣。宋初釋贊寧《僧史略・服章法式篇》云：「按漢魏之世，出家者多著赤布僧伽梨，蓋以西土無絲織物，又尚木蘭色，並乾陁色，故服布而染赤然也。」則西方服色亦隨部類不同。薩婆多部皂色衣，曇無德部絳色衣，彌沙塞部青色衣，著赤布者乃曇無德僧，先到漢土耳。後梁有慧朗法師，常服青衲。《志公預記》曰：『興皇寺當有青衣開士，廣行大乘，至朗果符其言矣。』廣明服色，如《五部威儀所服經》中『今江表多服黑色、赤色衣，時有青黃間色，號為黃褐、石蓮褐也。東京關輔尚褐色衣，並部幽州則尚黑色。若服黑色，最為非法也。黑是上染大色，五方正色也。問：緇衣者色何狀貌。答：紫而淺黑，非正色也。』《考工記》中三入為纁，五入為緅，七入為緇。以再染黑為緅，緅是雀頭色。又再染乃成緇矣，知緇本出絳，雀頭紫赤色也。故淨秀尼見聖眾衣色如桑熟椹，乃淺赤深黑也。今秣陵比邱尼仿西竺緇衣也。又後周忌聞黑衣之讖，悉屏黑色。著黃色衣，起於周也。近有衣白色者，失之太甚。佛記袈裟變白，不受染色，此得非是乎？昔唐末豫章有觀音禪師，見南方禪客多搭白衲，常以瓻器盛染色，勸令染之。今天下皆謂黃衲為觀音衲也。」此宋以前中國僧服顏色沿革，故詳錄之。

　　西國女子狄啟烈所撰《樂法啟蒙》〔註81〕，其論樂有與中國近者，如云：「西國樂法的根基就是一個七聲的級子，大概與中國相同。中國原起的音聲，

〔註80〕眉批：「入文字門。」
〔註81〕美・狄就烈《西國樂法啟蒙》，不分卷，有清光緒五年上海美華書館鉛印本。

宮、商、角、徵、羽。後又補上半徵、半羽，即成七聲。其實此七聲與西國之七聲，細查亦不十分相對，因全步半步之次序相差。按：此乃中國人聲較西國稍平，故用聲之上下略異也。」又云：「樂級子用七個名號，子就是多、類、米、乏、所、拉、西，第八個因為重第一個，仍叫多也。」按：第八音與第一音重，則仍七音耳。又云：「樂級子的七步不一樣，有整步，有半步。整步有五個，半步有兩個。」按：此即中國五音之外，有半徵、半羽也。又云：「整步、半步不改次序，無論是往上唱，往下唱，次序是一樣。」按：此即旋相為宮之義也。又云：「若用再高的音，可以從上多另接一層級子，本級子的上多為此級子的下多。若用再低的音，可以從下多另接一層級子，本級子的下多為此級子的上多。」按：此即推之可至六十律三百六十律之說，而用之者獨貴中聲也。又云：「七級之中尚可添五級。」按：此即十二律之義也。聲音之道，中外所同，推而致之天神降、地祇格，亦非異事矣。《樂書要錄》云：「歷八相生，古賢立此術者，欲使不知音者有推求之理。」又云：「三分損益，冥數相符，理出自然，非由造作。」故言聲音者，古今中外宜相合也。

赫士《聲學揭要》〔註82〕云：「樂級諸音第一級為原級，皆以羅馬字CDEFGAB，或用鬥、類、米、乏、叟、拉、西諸字名之。第二級則於此等字加一」號於其上。第三級又各以彡號標之。」按：此與中國管色恰相似矣。〔註83〕

《格物入門》三。云：「中國七音。西國大音小音為五音，加二半音，亦成七音，所多者只一重音。」西國八音與中國七音均出自然，故似異而實同也。

《意林》引《傅子》云〔註84〕：「見虎一毛，不知其斑。道家笑儒者之拘，儒者嗤道家〔註85〕，皆不知其本也。」是其學亦兼取諸家，真雜家者流耳。紀文達入之儒家，非是。

《朱子語類》：百三十三。「或問高麗風俗。曰：『遣子弟入辟雍，及第歸者甚多。嘗見先人同年小錄中有賓貢者，即其所貢之士也。』」原注云：「『賓貢』二字更須訂正。」余按：唐人說部中每言高麗、新羅賓貢士事，朱子所說甚確。

〔註82〕美·赫士口譯，清·朱葆琛筆述《聲學揭要》，不分卷，有清光緒二十四年（1898）上海美華書館鉛印本。
〔註83〕按：此條稿本原在「《意林》引《傅子》云」一條後，眉批：「接西樂條。」
〔註84〕見唐·馬總《意林》卷五。
〔註85〕按：此下《意林》有「之放」。

　　唐以前之祆神，皆摩醯首羅廟也。此說惟宋董逌得之。《廣川畫跋‧書常彥輔祆神像》云：「祆祠，世所以奉胡神，其相希異，即經所謂摩醯首羅，有大神威，普救一切苦，能攝伏四方，以衛佛法。當隋之初，其法始至中夏，按：此說略誤。立祠頒政坊，常有群胡奉事，聚火呪詛，奇幻變怪。至有出腹決腸，吞火蹈刀。故下俚庸人，就以詛誓，取為信重。唐祠令有薩寶寺官主司，又有胡祝以贊於禮事，其制甚重，在當時為顯祠。」以此知濕婆之派久傳中國。竊意始於漢、晉，休屠之祭、睢水之祠開其先矣，不待隋也。廣川又云：「與得悉唐國順大闍賓同號胡神者，則有別也。」自注云：「河南立德坊及南市、西坊有胡祆神廟，每年商胡祈福，夷士女烹宰，鼓樂酬之神后，募一胡人為祆主，取一刀刺腹，刃出背，亂攪腹，肚流血。食頃，噴水祝之，平復如初。涼州祆主以利刃從額釘之，直至腋下，即出，身輕若飛，須臾數百里，至西祆神前舞一曲，卻至舊祆所，乃為拔釘，一無所損。」余案：闍賓祆神當仍是摩醯首羅，不得有異。河南立德坊，或即今所謂挑筋教者，實猶太之祆神。涼州之祆主，則又近於穆教矣。〔註86〕

　　《十國春秋》有文谷傳。〔註87〕

─────────────

〔註86〕此條刻本無，據稿本補。
　　　　按：此條與卷二十四「唐宋以前凡胡人祭天者統謂之祆神」一條相近。
〔註87〕此條刻本無，據稿本補。
　　　　眉批：「文氏□錄。」

卷三十七〔註1〕

　　《皇甫持正集》二。《東晉元魏正閏論》曰〔註2〕：「所以為中國者，以禮義也。所謂夷狄者，無禮義也，豈繫於地哉？杞用夷禮，杞即夷矣。子居九夷，夷不陋矣。沐紂之化，商士為頑人矣。因戎之遷，伊川為陸渾矣。非繫於地也。」《困學紀聞》卷十四云〔註3〕：「閩俗比中州，化於善也。蔡人過夷貃，化於惡也。」

　　《韓非子·有度篇》〔註4〕：「夫人臣之侵其主也，如地形焉，即漸以往，使人主失端，東西易面而不自知。故先王立司南，以端朝夕。」按：此地圓之說。人日向東行，久之則東行者自原位觀之，則向西行而漸復其本點矣。人日向西行，久之則西行者自原位觀之，則向東行而復其本點矣。此所謂「即漸以往，易面而不自知也」。注家以耕地漸就削滅釋之，失其意矣。

　　《開元占經》四。引《考靈曜》曰：「地有四遊，冬至地上，北而南三萬里矣。恒動而不止，而人不知。譬如人在大舟，行而人不覺也。」此言地動之義，至為明顯。〔註5〕

　　《永樂大典》六千三十八引《風俗通》云：「青陽，黃帝子也，始得姓焉。見《國語》。漢有東海太守青陽愔。又東海王國中尉青陽精。」按：此《姓氏

〔註 1〕按：稿本題「《純常子枝語》第三十七冊」。稿本乙封題「純常子枝語　三十七」。
〔註 2〕見唐·皇甫湜《皇甫持正集》卷二，原題為《東晉元魏帝正閏論》。
〔註 3〕見《困學紀聞》卷十四《考史》。
〔註 4〕見《有度第六》。
〔註 5〕可與卷三十六「《立世阿毘曇論》一云」一條參看。

篇》之佚文。又二千三百四十六：「《風俗通》云：『凡氏於職三烏五鹿，有三烏大夫因氏焉。漢有三烏郡，為上都計。』」又一萬九千六百九十五：「《風俗通》云：『殷紂子武庚祿父後，以王父字為氏。』」今涇陽有此姓，亦出扶風。

《大典》二千四百六云：「《千姓篇》初出何氏《姓苑》。」宋初，房舉賢良方正。《千姓篇》，未詳何人所作。〔註6〕

又五百四十一引《姓氏英賢傳》云：「楚熊渠生無庸，因氏。」又：「無庸先生學仙道。」

《御覽》三百七十五引《春秋元命包》：「腦之為言在也，人精在腦。」按：此說在道家專重泥丸之先。〔註7〕

《御覽》三百八十八引楊泉《太元〔註8〕經》云：「老子行則滅跡，立則隱形。」是晉人以老子為神仙之學。

吳縣蔣敬臣《跋支遁集》云：「許詢集今可稽者，黑、白《麈尾銘》二首，見《北堂書鈔》一百三十四、《太平御覽》七百三。鍾仲偉稱孫綽、許詢彌善恬淡之辭。徵士詩一字不傳，惜哉！」余按：《藝文類聚》六十九引許詢《竹扇》詩曰：「良工眇芳林，妙思觸物騁。蔑疑秋翼蟬，團取望舒景。」又八十八引許詢詩曰：「青松凝素髓，秋菊落芳英。」是零珪斷璧，猶有可尋。蔣氏以為「一字不傳」，誤矣。

《鑑宧叢錄》云：「吉金文王朝與諸國異文異制，多見自知。」又云：「吉金各國自有書，以王朝書為佳。吉金惟楚書氣勝於法，餘則以字大者為佳。」又云：「楚書奇而不及王朝。」按：此足見楚國人文之盛。然金文仍出於篆，雖筆劃之偶異，固無害於同文也。韋昭《辨釋名》曰：《類聚》四十九。「鴻臚腹前肥者曰臚，此主王侯及蕃國，言以京師為心體，王侯外國為腹臚，以養之也。辨云：鴻臚本故典客，掌禮。鴻，大也。臚，陳序也。欲大其禮陳序賓客。」按：蕃國語言文字必稍異於京師，故秦、漢皆有典客之官。則周制吉金樂石，各隨其方，固其宜矣。

朱子主張濂溪有太過處。如《語類》九十四：「直〔註9〕卿云：『《通書》

〔註6〕田藝蘅《留青日箚》卷三《萬字文》：「《百家姓》，宋人撰。又吳可幾撰《千姓篇》一卷。」

〔註7〕眉批：「入腦條。」

〔註8〕「元」，《太平御覽》原作「玄」。另，《文選》卷二十六謝靈運《酬從弟惠連》，李善《注》：「《太玄經》曰：『老子行則滅跡，立則隱形。』」

〔註9〕「直」，刻本原作「真」，據稿本及《朱子語類》改。

便可上接《語》、《孟》。』曰：『比《語》、《孟》較分曉精深，結搆得密，《語》、《孟》說得較闊。』」信如斯言，則《語》、《孟》不分曉、不精深耶？恐當時語氣偶有抑揚，記者亦未善也。《宋元學案》〔註10〕：「黃文潔云：『濂洛之言，雖孔、孟亦所未發。』」《伊川學案》。余謂孔、孟未發，則非孔、孟之學，可不必強為一家也。

西人譯穆教書云：「穆罕驀德有妻二十一人。據其自言五妻前死，六妻休去，十妻偕老。」今按：《天方至聖實》錄穆罕驀德僅九妻耳，蓋有所諱也。

又云：「據阿拉皮即阿喇。國史書云：賽爾第蘇哈巴唐高祖時，阿拉皮王遣偕甘古士來朝。由廣東回國時，正值穆罕驀德謝世，問有無遺囑。廷臣曰：『無他言，惟願《咕嘞全經》傳中國耳。』賽爾第蘇哈巴奉《咕嘞全經》來中國，專心傳教，從者日眾。」余按：唐、宋之時，回教未盛。即其來者，亦祇存國俗，未染居民。是穆有遺言，賽無實效。至雲南回教附會唐皇之異夢，欲比漢明之金人，史所不言，非事實矣。然西人云穆罕驀德之經商在埃及、猶太、西利亞諸國地，深知各教之宗旨教規，故欲立教甚易，而剏教極慎，是其學博才雄，加之鷙悍，又能兼通武事，四征不庭，其流傳久遠，非無故也。且奉行密印，實用陰謀，千古以還，竟無其匹。謂之天之所授，誰曰不宜？而謨色拉馬更欲剏教以襲其跡，豈不謬哉！

董方立《跋景教碑》云〔註11〕：「碑稱『三百六十五種，肩隨結轍』，與回回教相合。」三百六十五種何以合回回教，餘所未詳。又云：「歐邏巴之教出於回回」，則董氏失考之辭也。梅定九謂西洋之學因回回而加精，斯得其實矣。

唐傳猷《校錄清真釋疑自敘》云：「教種雖繁，一言而決。無論何教，在在以儒律之。近於儒則為正，遠於儒則為邪，斯千古不刊之論矣。」穆教中人而為此言，實平情之說也。

《安南志略》：九。「朝衡，日本人。開元中奉幣來朝，慕中華之風，因留焉，改名晁衡，歷使中國。此句疑有誤。永泰二年，為安南都護，時生蠻侵得〔註12〕化、龍武二州境，詔朝衡往勞之。」按：李太白集有《哭晁衡》七絕，蓋即此人。

〔註10〕見《宋元學案》卷卜六。

　　　按：此語原出宋·黃震《黃氏日鈔》卷三十三《讀本朝諸儒理學書·程氏文集》。

〔註11〕見清·董祐誠《董方立文集》文甲集卷下《大秦景教流行中國碑跋》。

〔註12〕「得」，《安南志略》作「德」。

《安南志略》十四記兵制，遊軍有鐵林都、鐵艦都。按：「鐵艦」二字始此，惜《志略》不詳其制度。

林樂知《論教》云：「耶蘇視天主，自不同處觀之，神父不娶而如僧，貞女不嫁而如尼，懸聖像於堂間，然蠟燭於座上，加之誦聖經以捺丁之語，祕《聖經》如珍寶之藏，其縣文縟節，儼然與佛教相同。由是觀之，天主教亦像教也。然自天主教人論耶蘇教，則以為蕩蔑舊規，全非教法矣。」

朱宗元《拯世略說》〔註13〕云：「道家既奉玉皇為昊天至尊，又以三清列其上，將以誰為主乎？況玉皇乃漢末人，行事無實跡，羽流不盡知，惟林靈素知之，其封號則出於宋朝亡國之君。」又云：「如漢末張儀，出於道君一夢，得於術士一請，妄以玉皇名號，追贈於千餘年之後。」余按：《酉陽雜俎》以天帝為劉翁，又為張堅所奪。〔註14〕此蓋漢末張角作亂之時，造為此辭，實與「蒼天當死，黃天當立」之類，如出一口。若靈素之所請，則又別有肺腸。然東坡詩云〔註15〕：「一朵紅雲捧玉皇」，則玉皇之稱當在徽宗以前矣。道家言天，實多可議，固宜授基督教以攻擊之柄也。

明西士龐迪我《七克》五。云：「饕患過節酒最大。」聖亞吾斯丁云：「酒過節，則奪心、鈍五官、昏靈神、煽淫慾、淆朽血、弱體銷、精神減。」《壽命經》云：「子勿自欺，酒醉者無分於天國也。」據此，則基督教亦惡酒，特

〔註13〕徐宗澤《明清間耶穌會士譯著提要》（第116頁）載：

《拯世略說》

古越朱宗元著，有自序，與《答客問》書相同。是書以論說闡明聖教道理，辯護真教，其目錄如下：學以明確生死為要、宇宙之內真教惟一、物必返其所本、儒者獨見大原、二氏不知尊天、天釋不可相渾、為善不可以無所為、天主惟情美好、天地原始、天主必須降生、罪人之功無功、義人之罪非罪、聞教與不聞教者功罪有辨、禍福皆係上主、死後必有賞罰、賞罰迴別人世、愛仇復仇說、禁妄守貞之訓、祀先堂循正道、世俗鬼神皆非、氣質所以不齊、聖事寓奧於跡、神功萬不可已、空中自能變化、魔鬼能為變幻、輕棄世福為先、受苦為大吉祥、天地之終有期。

〔註14〕《酉陽雜俎》前集卷十四《諾皋記上》：

天翁姓張名堅，字刺渴，漁陽人。少不羈，無所拘忌。常張羅得一白雀，愛而養之。夢天劉翁責怒，每欲殺之，白雀輒以報堅，堅設諸方待之，終莫能害。天翁遂下觀之，堅盛設賓主，乃竊騎天翁車，乘白龍，振策登天。天公乘餘龍追之，不及。堅既到玄宮，易百官，杜塞北門，封白雀為上卿侯，改白雀之胤不產於下土。劉翁失治，徘徊五嶽作災。堅患之，以劉翁為太山太守，主生死之籍。

〔註15〕見《東坡詩集注》卷三《上元侍飲樓上三首呈同列》之一。

不如依石藍教之懸為厲禁耳。

《陶隱居集‧答朝士訪仙佛兩法體相書》曰：「凡質像所結，不過形神。形神合時，則是人是物。形神若離，則是靈是鬼。其非離非合，佛法所攝。亦離亦合，仙道所依。」按：六朝人言仙佛之道，大概如是。此范縝《神滅論》所為力辟異學也。

十二屬，世多從徐氏，取《演禽》十二宮中星之說。董方立《與陳靜菴書》云〔註16〕：「古時星度，惟子午卯酉各三宿，餘辰俱二宿。《淮南子》言太陰在四仲，則歲星行三宿；在四鉤，則歲星行二宿。此其明證。女宿屬子，故蝙鼠同類，不與斗牛相次，猶氐宿屬卯，不可同於角亢之蛟龍也。徐氏之說恐未必然，而尾箕之虎豹亦無容改易矣。十二辰既屬三十六禽，復取其大者及常有者為十二屬。《說文》巳象虵形，古文豕與亥同。《吳越春秋》言吳築城以越在巳地，故作蛇門；吳在辰，故南門象龍角。是十二屬自古有之，而《演禽》則起於後代。」余謂方立此說致確。墨西哥與中華分國，必在三千年前，而十二屬大半與中國同，知十二屬真中國之古說矣。禱馬用庚午日，見於《詩》，亦其證也。《困學紀聞》九。云：「朱文公《韓文考異》謂十二物未見所從來。愚按：『吉日庚午，既差我馬』，午為馬之證也。『季冬出土牛』，丑為牛之證也。《說文》亦謂巳為虵象形。十二物見《論衡‧物勢篇》。」閻百詩云：「獨不及辰之禽龍。」余謂《論衡》有《龍虛篇》，故仲任特去龍不言耳。然《論衡‧言毒篇》固云「辰為龍，巳為蛇」矣。〔註17〕

〔註16〕見董祐誠《董方立文集》文甲集卷下。
〔註17〕趙翼《陔餘叢考》卷三十四《十二相屬》：
　曾三異《同話錄》云：「十二辰屬子午卯酉丑，其屬體皆有虧，如鼠無膽，雞無腎，馬無角，牛無齒，兔無唇之類，惟三物配附不合。」洪巽《暘谷漫錄》云：「子鼠丑牛寅虎卯兔辰龍巳蛇午馬未羊申猴酉雞戌犬亥豬十二相屬，前輩未有明其所以取義者。嘗見家瓁公選云：子寅辰午申戌俱陽，故以相屬之奇數為名，鼠虎龍猴狗俱五指，馬則單蹄也；丑卯巳未酉亥俱陰，故取相屬之偶數為名，牛羊雞豬俱四爪，兔兩爪，蛇兩舌也。」王鏊之論則曰：「二十八宿分布周天，以直十二辰，每辰二宿，惟子午卯酉則三宿，而各有所象：女土蝠，虛日鼠，危月燕，子也；室火豬，壁水貐，亥也；奎木狼，婁金狗，戌也；胃土雉，昴日雞，畢月烏，酉也；觜火猴，參水猿，申也；井木犴，鬼金羊，未也；柳土獐，星日馬，張月鹿，午也；翼火蛇，軫水蚓，巳也；角木蛟，亢金龍，辰也；氐土貉，房日兔，心月狐，卯也；尾火虎，箕水豹，寅也；斗木獬，牛金牛，丑也。天禽地曜，分直於天，以紀十二辰，而以一曜統之，此十二肖之所始也。」郎瑛則謂：「地支在下，各取物之足爪，於陰陽上分之。如子雖屬陽，上四刻乃昨夜之陰，下四刻乃今日之陽，鼠前足四

爪，後足五爪也。丑屬陰，牛蹄分。寅屬陽，虎五爪也。卯屬陰，兔缺唇，且四爪也。辰屬陽，龍五爪也。巳屬陰，蛇舌分也。午屬火，五蹄圓也。未屬陰，羊蹄分也。申猴五爪，酉雞四爪，戌犬五爪，亥豬分蹄。寅為三陽之勝則暴，虎性暴也。申為三陰之勝則黠，猴性黠也。日生東而有西酉之雞，月生西而有東卯之兔，此陰陽交感之義也。辰、巳陽起而動作，龍為盛，蛇次之，故龍蛇配焉。戌、亥陰斂而司寂，狗司夜，未鎮靜，故狗豬配焉。」
是數說者，雖各有詮解，然皆未免穿鑿。惟鼇論稍優，然朱子已嘗有此說。而謂以二十八宿之象類之，惟龍與牛為合，而他皆不配。至於虎當在西而反居寅，雞為鳥屬應在南，而反居西，又舛之甚者。然則鼇所引二十八宿配合之說，亦未為的也。王應麟亦引《月令正義》所云雞為木、羊為火、牛為土、犬為金、豕為水者，以為揆之十二辰之五行，益不相合。是則十二辰之說，紛紛不定，從未有推明其所以然者。竊以為此本無甚意義，古人但取以紀年月而已。陸深《春風堂隨筆》謂本起於北俗，此說較為得之。《唐書》點戛斯國以十二物紀年，如歲在寅則曰虎年。《宋史·吐蕃傳》：仁宗遣劉渙使其國，廝囉延使者勞問，具道舊事，亦數十二辰屬，曰兔年如此，馬年如此。《輟耕錄》記丘處機奏元太祖疏云：「龍兒年三月日奏」云云。顧寧人《山東考古錄》亦載泰山有元碑二通，一泰定鼠兒年，一至正猴兒年。此其明證也。蓋北俗初無所謂子丑寅卯之十二辰，但以鼠牛虎兔之類分紀歲時，浸尋流傳於中國，遂相沿不廢耳。
元周達觀《真臘風土記》謂其俗十二生肖，亦與中國同，但所呼之名異耳。如以馬為卜賽，呼雞之聲為鑾，呼豬之聲為真盧，呼牛為個之類是也。然則不特起於北俗，沿於中國，且通行於海南諸番矣。
又，《十二相屬起於後漢》：
十二相屬起於何時，諸書皆無明文。《韓文考異·毛穎傳》「封卯地」，注謂十二物未見從來。又朱子嘗問蔡季通十二相屬起於何時，首見何書，季通亦無以對。今按《金史》：「黃久約母夢鼠銜珠而生久約，歲實在子。」此見於金時者也。《夷堅志》：「穆度以生於酉，遂不食雞。」朱弁《曲洧舊聞》記崇寧中范致虛上言，十二宮神狗居戌位，為陛下本命，請禁天下屠狗。此見於宋時者也。《王文正公遺事》記周世宗時，張永德遇異人，謂真主已出，但觀其色紫黑而屬豬者，當善遇之。永德遇宋太祖，英表與年歲悉合，遂歸心焉。及太祖即位，寵厚無比。董昌以讖有「兔子上金牀」之語，謂己太歲在卯，遂以卯年卯月卯日卯時即位。此見於五代時者也。陶穀《清異錄》記唐內庫有十二時盤，四周有物象，如辰時則花草閒皆戲龍，轉巳則為蛇，午則為馬。傳至朱梁猶在。《侯鯖錄》載陸長源以勳德為宣武軍司馬，韓愈為巡宣，同在使幕。或戲年輩相違，長源曰：「大蟲、老鼠俱是十二相屬，何違之有？」此見於唐時者也。《北史》：「後周宇文護之母留齊，貽書護曰：『昔在武川鎮生汝兄弟，大者屬鼠，次者屬兔，汝身屬蛇。』」《獨孤陁傳》：「陁好左道，嘗事貓鬼，每以子日夜祀之，言子者鼠也。」此見於周、隋者也。《晉書》：「謝安夢乘桓溫輿，行十六里，遇白雞而止。後病篤，謂人曰：『白雞主酉，今太歲在酉，吾病殆不起乎？』」此見於《晉書》者也。王子年《拾遺記》：「鄭康成夢孔子告之曰：『起起，今年歲在辰，明年歲在巳。』既悟，以讖合之，知命當終，曰：『歲在龍蛇賢人嗟。』」此見於後漢者也。而其時蔡邕《月令論》

　　劉喜海《海東金石存考》:「新羅角千墓十二神圖像,唐咸亨間像,為十二時生肖,每神手執一兵器。又掛陵十二神圖像,與角千墓大同小異。」是十二屬之說且行於東國矣。《輔行記》第八之三云:「十二時獸者,若五行中名十二肖。餘五行法並但十二,唯六壬式中列三十六。」

　　仲尼祖述堯、舜。孟子曰:「堯、舜之道,孝悌而已矣。」〔註18〕此孔、孟之學也。程子曰〔註19〕:「性中只有箇仁義禮智四者而已,曷嘗有孝悌來?」此悖義傷教之言也。故宋儒之理學,非孔、孟之學也。程子又云〔註20〕:「東漢尚名節,有雖殺身不悔者,是不知道也。」然則殺身成仁之訓,孔子之說非歟?

　　《困學紀聞》:五。「孔子曰:『少連、大連善居喪,東夷之子也。』唐扶餘璋之子義慈,號海東曾子;頡利之子疊羅支,其母死後,不敢嘗品肉。孰謂夷無人哉?」

　　《永樂大典》初修時,蓋頗用參互考訂之法,後乃愈草率耳。如《元史》張德輝諸人傳,皆以《經世大典》分注於下,實足以資考證。今具錄於左:

　　《元史》:張德輝云云疏烏古論貞等二十人以聞。《經世大典》:德輝手疏烏古論貞、張邦彥、徒單公履、張夭、張蕭、李槃、張昉、曹椿年、西方賓、周止、高逸民、王博文、劉郁、孫汝楫、王惲、胡祗遹、周祗、李謙、魏初、鄭辰等以聞。《大典》六千三百八十八。

　　謂十二辰之會五時,所食必家人所畜之物。又十二物見《論衡‧物勢篇》,曰:「五行之氣相賊害。寅木,其禽虎也。戌土,其禽犬也。丑未亦土,丑禽牛也,未禽羊也。木勝土,故犬與牛羊為虎所服也。亥水,其禽豕也。巳火,其禽蛇也。子亦水,其禽鼠也。午亦火,其禽馬也。水勝火,故豕食蛇。火為水所害,故馬食鼠屎而腹脹。」又《四諱篇》云:「子之禽鼠,卯之獸兔。」許慎《說文》亦云:「巳為蛇,取象也。」《管輅別傳》亦云:「蛇者協辰巳之位。」是後漢時,其說甚行。更推之漢以前,則未有言及者。竊意此本起於北俗,至漢時呼韓邪歘塞,入居五原,與齊民相雜,遂流傳入中國耳。王應麟以「吉日庚午,既差我馬」為午馬之證,「季冬出土牛」為丑牛之證,此不過因一二偶合而附會之。若古已有是,則子鼠寅虎之類,何以經書中絕不經見?惟《吳越春秋》「子胥為闔閭築大城,因越在巳地,故作蛇門;而吳在辰,其位龍也,故小城南門,上反羽為兩鯢,以象龍角」,此則在漢之前。然《吳越春秋》乃後漢趙長君所撰,安知非出於長君之附會耶?則十二相屬之起於後漢,無疑也。況西漢以前,尚未用甲子紀歲,安得有所謂子鼠丑牛耶?至如《左傳》梓慎所云「蛇乘龍」,則謂星也。龍,歲星木也,木為青龍也。蛇,元武之宿,虛危之星也。則與十二相屬無與。

〔註18〕見《孟子‧告子章句下》。
〔註19〕見《朱子語類》卷二十。
〔註20〕見《二程遺書》卷十八《劉元承手編》。

《元史》：張柔字德剛云云多慕義從之。《經世大典》：「知剛世居涿州定興，隸民籍。額右有異肉如錢，怒則奮起。貧不事家產，嘗曰：『大丈夫當為公侯，田舍翁無足道也。』任俠，遊燕、趙間。金至寧初，國大亂，群盜並起，柔年三十四，有女道士蔡鍊師語之曰：『金祚將絕，君於所興之國，當為諸侯。』因授以兵法，遂招叛亡，鍊精銳，屯東流砦，稱義兵。時豪傑起者，皆自封拜。」中都云云。乘勝攻完州，下之。《經世大典》：「明日柔從數騎，挾槊躍馬，直抵仙營，大呼陷陳。敵軍披靡，盡獲其旗鼓以歸。又明日，益張旗幟於山谷間，揚塵鼓譟，進與仙戰，遂大破之，殭屍數十里。」獲州佐云云金人莫能支。《經世大典》：「命聶福堅構飛梁以薄城，三戰而登。鞏彥暉率突騎二十奪其宮城，諸軍進取。」金主云云遂圍睢陽。《經世大典》：「睢陽城北軍皆背水陣。柔見之曰：『敵若開門出迎，必擠於水。』金將果夜出，斫其圍，北軍潰亂。柔乃從百騎直衝其軍，敵敗走入城，復益兵出，勢益熾，柔命所部繫舟南岸，示無還意，下令登舟者斬。俾一卒執幟立堤上，士卒伏堤下，伺敵至者，斬之。敵竟不敢下。黎明，令卒之弱者先濟，壯者次之，將校又次之，身為殿後，復勝。堤上勝之。」金主走汝南云云孟琪以兵糧來。《經世大典》：「合我軍絕糧，柔請貸於宋，得米三十萬石。六年正月，孟琪以城潭為城阻。」會琪云云太赤攻徐邳。《經世大典》：「拔傳城壘，奪其外城。宋守將出戰，諸軍悉力拒之，柔乃繞出其背夾擊之。敵潰，溺水死者十餘萬，宋人西遁。萬戶史天澤邀擊之，柔戰甚力，宋人殲掠無遺，破其城，復與大帥察罕出許州，略宋兩淮地，侵其邊，分戍許、鄭間，宋師不復自馬鞍山出矣。」丁酉云云攻洪山寨，破之。《經世大典》：「柵山四壁斗絕，宋人保其上，矢下如雨，柔肉薄之，一日而破其壘。」遂營云云十有三人。《經世大典》：「定以兵二萬出荊鄂，柔命何伯祥逆戰，斬首五百級，獲其統制等十有六人。」遂會諸軍取光州。《經世大典》：「軍於城北，夜遣鞏彥暉率勁卒二百伏城西南。五更，柔攻其西北，宋人悉力拒戰，鼓譟乘虛先登，拔其外城。攻子城，又破之，降其守。宋重兵在三山寨，高險不可上，柔乃誘敵出戰，潛使人視其要害，夜秣馬蓐食。質明，至寨，會大霧四塞，發石伐木，闢所視路，柔奮戈而進，眾魚貫登，宋人崩潰，鹹虜數萬，踩墜山谷者，不可勝計。」又進趣云云先登，拔之。《經世大典》：「命王安國攝行府事，戍光州。」己亥云云皆屬焉。《經世大典》：「辟王汝明為掌書記。汝明年二十餘，始見柔，說以軍事，柔與語竟日，不覺墮塵尾於地，深器重之。」庚子云云略和州諸城。《經世大典》：「正月，還師順天，王汝明說柔曰：『明公終歲出師，惟資兩淮糧，以給軍食，非久遠計。莫若因許、鄭之戍，開屯田，以繼餉餽。』柔乃遣汝明及聶福堅將千人，屯於襄城。秋，柔會察罕渡淮，南略宋邊。柔駐軍杞上，盡領山東、河南軍。柔會察罕略宋淮西地，攻壽州。百戶趙明、石文為柔致力死，柔哭之曰：『後當為婚姻，不負汝也。』一軍咸奮，竟破壽州。」師還云云又敗宋師於泗州。《經世大典》：「盱眙捷，遂深入。糧餽將絕，王汝明漕襄城屯糧數

千斛至，諸軍悉濟。冬，收〔註21〕潁川，還軍杞上。命子弘範妻趙百戶之女，以己女適石氏子，人服其信。定宗元年丙午，朝於和林。柔聞陵川郝經賢，請教諸子，經為柔論為國大要。二年，會察罕圍泗州。」還杞上云云仍軍民萬戶。《經世大典》：「柔遣何伯祥率其眾，從大帥察罕伐宋，進破司空寨，轉戰千餘里。三年，柔之將王統軍總管叱剌，攻宋廬州。四年，禪將王安國將兵四千渡漢南，深入而還。柔城亳城，以遏宋境。五年，王安國進徇宋邊，獲其將三十四人，並戍將數人以歸。故進率水軍出樗子灣，抵蒙縣，獲宋統制二十八人，鎧仗以獻。柔欲進戍荊山，先為宋人所據，攻之不能克。復會元帥布憐吉臺擊蘄，攻五河口，以圖大舉。」甲寅云云有詔止之。《經世大典》：「時命中原諸大將皆遣子質於朝，上以柔所將皆精兵，分三千五百衛京師，柔以子弘慶入為質。二年正月，見上於上都，朝議削諸侯權，選耆德為監。諸侯懼，推柔奏止。柔聞之，言於上曰：『臣已老，今為將治郡者皆年少，臣子亦少，未習於政。若隳事功，不加之罪，則為廢法。欲重真之，則矜其微勳，皆得老成人制之為便。』上大悅，遂立十道安撫司，諸侯皆怒，已而咸德之。初，柔收《金實錄》，自始祖至宣宗，共四百七十二帙。至是，獻於朝，且請致仕。是年，已七十矣。三年二月，李璮叛，詔柔與子弘範將精卒二千，備甲仗，入宿衛。將行，復止。璮乞師於宋。宋命夏貴出蘄州，為之聲勢。柔趨至亳，以薄蘄。比至，而弘範已破貴，復諸城，築亳外堡以備。至元三年，城大都，命柔判行工部事，將二十萬人以受役。子弘略為修築宮城總管佐之。始建御史臺，臣博羅請以柔為御史大夫。上曰：『臺諫，搆怨之所，非所以保全功臣。』既而議封國，上以柔起功於燕，成於蔡，詔自擇之。柔曰：『燕，天子所都，臣得封蔡足矣。』遂封蔡國公，刻印以賜。」分其兵云云六月卒。《經世大典》：「己巳，疾薨於燕京開遠里第。」年七十九云云子十有一人。《經世大典》：「子十一人。曰福壽，早卒。曰弘基，順天府宣權萬戶兼勸農官。次弘正，襲順天宣權萬戶。弘彥，學於郝經，善騎射，殺虎前後以百數。始從擊宋荊山有功，授金符。為新軍總管，攻鄂先登者再。中統元年，扈從上都，改順天路新軍總管。三年，授新軍萬戶，佩金虎符。至元二年，授昭勇大將軍，鄆州萬戶。十六年，裕宗在東宮，召為侍衛親軍副都指揮使。年四十告老，八十而終。有子七人。弘規，從郝經受《左氏春秋》。中統二年，授順天、涿州等路新舊軍奧魯總管。」　出《永樂大典》六千三百八十八。

　　《元史》：張禧東安州人云云從元帥阿術戰，卻之。《經世大典》：「七年，與宋將范文虎戰於雲壽洲。九月，復戰於竹根灘餓虎崖，獲戰船數艘，俘二千餘人。」八年云云禧獨免。《經世大典》：「尋復見退，居十餘年，二十八年卒，年七十有五。至治三年，贈推誠著節功臣榮祿大夫湖廣等行中書省平章政事柱國封齊國公，諡忠烈。」　《大典》六千三百八十八。

〔註21〕「收」，稿本作「修」。

《困學紀聞》：九。「以十一星行曆推人命貴賤，始於唐貞元初都利術士李彌乾。」原注：「《聿斯經》本梵書。」《唐藝文志》：「《都利聿斯經》二卷，李彌乾傳自西天竺，有璩公者譯其文。」〔註22〕

中國工藝之書，《營造法式》而外，世不多見。惟元人有《梓人遺制》四卷〔註23〕，存《永樂大典》中。余當時匆匆一過，未遑鈔錄也。今經庚子兵燹之後，恐世間竟無傳本矣。姑據昔所摘錄者，附於左方。

《梓人遺制》

工師之用遠矣。唐虞以上，其工氏其職也。三代而後，屬之冬官，分命能者以掌其事，而世守之。以給有司之求，及是官廢，人各能其能，而以售於人，因之不變也。古攻木之工七，輪、輿、弓、盧、匠、車、梓，今合而為一，

〔註22〕 眉批：「入聿斯經條。」
　　　　另，《困學紀聞》之文，已見卷二十七「《困學紀聞》九」、卷三十三「算命理學以星度為言者」兩條。
〔註23〕 朱啟鈐《蠖園文存‧〈梓人遺制書後〉》（載貴州省文史研究館編《民國貴州文獻大系》第3輯上，貴州人民出版社，2015，第156頁）
　　　　古者審曲面勢、飭材辨器以給日用者謂之工。然先民創物之始，共工董治百工，決無後世分業之顓、畛域之嚴也。《周禮‧考工》營國經野，自城墉迄於溝洫，皆匠人職掌，非獨宮室一門，而匠與輿弓輪盧車梓數者同，隸攻木一類。其規矩準繩，下及分件、名稱、器用、種類，往往類出一白，就中車匠二者關係尤切。蓋太古之世，自穴居野處進為游牧，生活必因車為居利，遷徙往來無常處，及易游牧為耕耘，營構家室，始有匠人之職。若藩、若箱、若蓋、若軒、若旌柱、若轅門，皆導源車輅，未能忘情舊習，其跡至為顯著。故按名釋物，定其音訓，推其嬗蛻之故，窮其締造之源。顓門之外，又必旁及群藝，求其貫通融會，始無遺憾。職是之故，本社成立伊始，徵求故籍，首舉薛氏此書。薛氏元中統間人，其事蹟漫無可考，僅據段序，知以鶡斷餘暇，求器圖所起，參酌時制而為此書，非訓詁之儒徒、騖架空之論者。其書著錄焦竑《經籍志》。近世除文廷式筆記自《永樂大典》撮錄「五明坐車子」一節外，未見單行本行世。嗣由國立北平圖書館館刊，知英倫C.H.Brewill-Tayer氏所藏《永樂大典》卷一萬八千二百四十五收有此書一卷，經北平圖書館館長袁君守和向倫敦英倫博物館撮取原書影片，並承以副本見貽，計三十有四面，屬《永樂大典》十八，漾匠氏十四。前有中統四年癸亥段成己序，稱「書中取數凡一百一十條」，今按影片所收五明坐車子、華機子、泛床子、掉籰座、立機子、羅機子、小布臥機子七項，其用材分件共一百十一條，與段序略同。豈原書止此數者，段氏所稱指後者言耶？其書敘次贍雅，圖釋詳明，可窺一代製作情狀。並由段序知有姜刻《梓人攻造法》一書，與此書先後同期，足覘胡元創國之初，百藝繁興，顯書續出，其勝狀迥出吾人意表。爰將舊藏影片整理付刊，並與劉君士能校注，俾易理解意者。此書除《大典》本外，尚有刊本、抄本流落人間，藉此羔雁，得復舊觀，尤啟鈐企盼不已者也。民國二十一年十二月朱啟鈐識。

而弓不與焉。匠為大，梓為小，輪、輿〔註24〕、車、廬，工人互〔註25〕為之，大者以審曲面勢為良，小者以雕文刻鏤為工。去古益遠，古之制所存無幾。《考工》一篇，漢儒攟摭殘缺，僅記其梗概，而其文佶屈，又非工人所能喻也。後雖繼有作者，以示其法。或詳其大，而略其小，屬大變故，又復罕遺，而業是工者，唯道謀是用，而莫知適從。日姜氏得梓人攻造法而刻之矣，亦復牠略未備。有是石者，夙習是業。而有智思，其所製作，不失古法，而間出新意。鬌斷餘暇，求器圖之所自起，參以時制，而為之圖。取數凡一百一十條，疑者闕焉。每一器必離析其體，而縷數之，分則各有其名，合則共成一器，規矩尺度，各疏其下。使攻木者攬焉，所得可十九矣。既成，來謁文以序其事。夫工人之為器，以利言也。技苟有以過人，唯恐人之我若，而分其利，常人之情也。觀景石之法，分布曉析，不啻面命提耳，而誨之者其用心焉何如，予嘉其勞而樂為道之。景石薛姓，字叔矩，河中萬泉人。中統癸亥十二月既望，稷亭段成己題其端云。

廷式按：此書載《永樂大典》卷一萬八千二百四十五。圖說明晰，敘次雅贍，匠氏之佳書也。匆匆未能盡錄，僅錄段序一篇。其書之可採者，間錄一二如左。序文前作是石，後作景石，是字誤也。段成己即入《二妙集》者，世皆知為金人。以此序考之，則入元久矣。

後漢李尤《小車銘》云：「圓蓋象天，方輿則地，輪法陰陽，動不相離。」後梁甄立成《車賦》云：「鑄金磨玉之麗，凝土剡木之奇，體眾術而特妙，未若作車而載馳爾。其車也，名稱合於星辰，圓方象乎天地。夏言以庸之服，周曰聚馬之器。制度不以陋移，規矩不以飾異，古今貴其同軌，華夷獲其兼利。」

用材

造作車子之制，先以腳圓徑之高為祖，然後可視梯欖，長廣得所，腳高三尺至六尺，每一尺腳，三尺梯，有餘寸，積而為法。車頭長九寸至一尺五寸，徑七寸至一尺二寸。　輻長隨腳之高徑，廣一寸五分至二寸六分，厚一寸至一寸六分。　造輞法，取圓徑之半為祖，便見輞長短。如是十四輻造者，七分去一，每得六分，上卻加三分。　十六輻造者，四分去一，每得三分，卻加一分八釐。　十八輻造者，三分去一，每加前同。如是勾三輞造者，料杖

〔註24〕「輿」，稿本作「輿」。
〔註25〕「工人互」，稿本作「王氏玄」。

便是輞之長，名為六料子輞。牛頭各加在外。輞厚一寸，則廣一寸五分，為之四六輞。減其廣，加其厚，隨此加減。　梯櫈取前項腳圓徑之高，隨腳高一尺，轅梯共長三尺有餘寸，安軸處。　廣三寸半至六寸，山口厚一寸五分至二寸二分，山口外前梢於鵝項，後梢於尾棍，積而為法。　義棍二條或四條，長隨梯櫈廣之外徑。廣二寸至一分，厚一寸五分至一寸九分，上平地出心線壓白破混，夾夘擡向外。　子棍二條或四條，隨大義棍之長廣，與前大義棍同厚一寸至一寸二分，兩邊各斜破混向下，上壓白，各開口嵌散水檽子，兩頭鑿入大義棍之內。　底板棍四條至六條，長隨義棍，廣一寸六分至二寸，厚一寸至一寸一分。　後露明尾棍長隨梯之內，方廣一寸二寸至一寸六分，從心梢向兩頭，六瓣破混。俗謂之奴婢木。　底板長隨兩頭里義棍，廣隨兩梯之內，厚五分至六分。　耳板隨梯櫈之外兩壁棍，上廣三寸至五寸，厚六分至一寸，前加廣與後頭方停，或梢五分八分。　樓子地柭木，隨梯櫈大小用之，材方廣一寸八分至二寸二分，厚則減廣之半，長隨前後子義棍之外，廣則與耳板兩邊上同齊，或減五分向里至六分，兩下破瓣壓邊線。橫棍夾夘擡向外。立柱一十二條至一十八條，徑方廣一寸至一寸二分，圓混梢向上。前頭兩角立柱，高三尺五寸至四尺二寸。後頭兩角立柱，比前角立柱高一尺，則減低二寸有餘。心內立柱加高為之。　龜蓋柱，平子格長隨地柭木之長，廣隨兩頭橫之外，材廣一寸八分至二寸，厚八分至一寸二分，兩下通混。俗呼。　荷葉橫杆子，又謂之月梁子。徑方廣一寸至一寸二分。宛刻在外。　順脊杆子五條，隨樓子前後之長，徑方廣荷葉杆子同。　瀝水板隨兩簷邊杆子之長，廣二寸二分四分，厚五分。　荷葉瀝水板隨荷葉杆子橫之長，徑廣厚隨瀝水板同。

　水板俗謂之裙襕板。長廣隨立柱平格下用之板，厚四分至五分，四周各入地槽下，鑿入地柭木之內，上下方一尺。　箭杆木，又謂之明囪木。後格上下串透圓混，徑廣五分。　護泥隨車腳圓徑之外，離二寸二分至一寸五分，廣七寸至八寸。下順者地柭木，兩頭橫者。　靴頭木，又謂之拐子木。徑方廣一寸六分至二寸。地柭木上下。　者月板棍，棍之外月板，板前露明者月圈木，月圈上橫棍木，棍上羅圈板鑿入靴頭木之內，羅圈板上兩邊各壓圈楞枝條木。　托木棍二條，俗謂之棍察木。長隨梯櫈橫之外，上坐護泥靴頭木，外同集徑，廣一寸八分至二寸四分，厚八分至一寸二分。　車軸長六尺五寸至七尺五寸，方廣四寸至四寸八分。呆木三條，俗謂之三腳木。高隨前後轅之平，圓徑一寸至一

寸二分。　後圈義子，俗謂之狗窩。長廣隨樓子後兩角立柱之廣，高一尺二寸至一尺四寸。　辟惡圈於樓子門前用度，下是地栿木，上是立樁子，內用水板，四周各入池槽，上安口圈木，長隨前月板，廣隨樓子前兩角立柱，高一尺二寸至一尺三寸。　結頭一箇，長隨前轅鵝項鉤之長，廣二寸至二寸五分。　凡坐車子制度內，腳高一尺，則樓子門立柱外向前虛簷引出五寸八寸至一尺。其後簷隨脊杆子之長，如脊杆子長一尺，則向後簷立柱外引出一寸至一寸二分，增一一尺更加減則亦如之。長一丈引出一尺至二寸。兩壁簷減後簷之半。其車子有數等，或是平圈，或作靠背輦子平頂樓子上攢荷亭子，大小不同，隨此加減。

功限

坐車子一量，腳樓子梯檻護泥雜物等相合完備皆全，高三尺腳者四十功，高四尺者五十四功，五尺者八十七功。

略錄車制，以備考輿服者之推究。其圖有圈輦、屏風輦、靠背輦、亭子車等制，然大致與今車制相似。又有華機子各圖及造法，不備錄也。

又引《周遷輿服雜事》曰：「五輅兩箱之後，皆用玳瑁鷗翅。」　鷗，大鳥名，其羽開　利故　箱象之。

《永樂大典》一萬八千一百九十九引馮道《益智書》云：「邊將之守鎮，外國不敢侵疆，開旗取勝，則萬邦拱手，望風而怕，斯為邊將之職。」瀛王之書，世鮮傳本，此亦其軼聞也。

日本長孫元齡《慎夏漫筆》二。云：「《梁書・諸夷傳》扶桑國條：『慧深又云：扶桑東有女國，容貌端正，色甚潔白，身體有毛，髮長委地。至二、三月，競入水，則妊娠。六七月產子。女人胸前無乳，頂後生毛，根白，毛中有汁，以乳子。一百日能行，三四年則成人矣。見人驚避，偏畏丈夫。食鹹草如禽獸。鹹葉似邪蒿，而氣香味鹹。』是似指丈八島。語雖荒誕，而髮長委地及食鹹草等，今尚然矣。丈八島屋與市，讀書人也自號女護島，必有所本。」余謂今鈴木諸君又或以扶桑為美利堅國，則女國又當別有所指矣。

《永樂大典》四千九百九十九《宋曾文清公集・寓軒》詩云：「故國例卜宅，他鄉多借居。短長三萬日，何處是吾廬。」按：此卷中又有文清《寄軒》及《題退軒》詩二首，當時館臣編《茶山集》，悉經錄入，而獨遺此詩，殆一時編輯匆遽，撿閱未周也。

元安《默菴集》四。《醫學論諸生文》云：「醫學有源，尚矣。設官立教，見於《周官》。下及近代，稍復古制。至於我朝，上自京師，以至列郡州縣，各設師弟子員，比於儒學。此蓋惠活元元，博施濟眾之仁也。」余嘗謂元人重農事，講醫學，實一代之善政，後世所宜取法者也。然默菴任醫掌教，而能詔諸生勤學好問，恪慎其業，亦可謂知所務矣。

《考古質疑》一書，館臣據《永樂大典》編輯成帙。〔註26〕然《大典》中所載，頗有佚而未收者，今具錄於後。

論馬遷疏略而難信

嘗觀蘇子由《古史序》，謂太史公「淺近而不學，疏略而難信」。夫馬遷為編年之法，為本紀、世家、列傳，自五帝三王以來，網羅散失，放佚舊聞，據《左氏》、《國語》，採《世本》、《戰國策》，貫穿經傳，馳騁古今上下數千載間，斯以勤矣。謂之「淺近不學」，則幾乎過。若夫「疏略而難信」，亦誠未免。遷作《孔子世家》，謂「孔子年十七，孟僖子病且死，戒其嗣懿子事之」。遷豈無所見者？遷蓋見夫《左傳》昭公七年：「公至自楚，孟僖子病不能相禮，乃講學之。及其將死也，召其大夫曰：『禮，人之幹也。無禮無以立』」云云。「我若獲沒，必屬說與何忌於夫子，使事之而學禮焉，以定其位。故孟懿子何忌與南宮敬叔說師事仲尼。」馬遷因此遂謂孔子時年十七，蓋以孔子生於

〔註26〕《四庫全書總目》卷一百十八「子部二十八〇雜家類二」：

《考古質疑》六卷（永樂大典本）

宋葉大慶撰。大慶《宋史》無傳。是書亦不見於《藝文志》，惟《永樂大典》散見各韻中，又別載入寶慶丙戌葉武子、淳祐甲辰其子釋之序各一篇。據其文考之，知大慶字榮甫，當時以詞賦知名，嘗官建州州學教授。其里貫則序文不具，莫能詳也。其書上自六經諸史，下逮宋世著述諸名家，各為抉摘其疑義，考證詳明，類多前人所未發。其有徵引古書及疏通互證之處，則各於本文之下用夾註以明之，體例尤為詳悉，在南宋說部之中，可無愧淹通之目。昔程大昌作《考古編》，號稱精審，大慶生於其後，復以為名，似隱然有接跡之意。今以兩書並較，實亦未易低昂。乃大昌書流傳藝苑，獨此書沈晦不顯，幾至終湮，殆以名位不昌，故世不見重耶？然蠹蝕凋殘逾數百載，卒能遭逢聖代，得荷表章，亦其光氣之不可掩也。謹採掇編綴，訂正舛訛，釐成六卷。雖其原目不傳，無由知其完闕，而已佚僅存，要可謂吉光之片羽矣。

又，余嘉錫《四庫提要辯證》卷十五：

嘉錫案：此書雖經四庫採掇成編，但頗有遺漏未備。文廷式《純常子枝語》卷三十七曾從《永樂大典》一萬一百五十六錄出論司馬遷疏略而難信，論《史記》不載燕昭築臺事，論《史記》與《通鑑》紀事不同，凡三條，又從一萬二百八十五錄出論《莊子》寓言一條，皆館本所無。

襄公二十二年庚戌，至昭公七年丙寅，是為年十七也。殊不知《左氏》記載之
法，或先經而始事，或後經以終義。僖子之死，實在昭公二十四年，孔子時蓋
三十四矣。《左氏》載於昭公四年者，蓋僖子是年相昭公，至鄭不能相儀，及
楚不能答郊勞，故載其歸而學禮，乃並及其將死丁寧之言，所謂先經始事也。
杜預《注》云：「二十四年，僖子卒，傳終言之。」蓋知此矣。何遷不詳審，
遂以為孔子年十七時乎？然則謂其疏略，誠有之矣。近世待制胡公舜陟作《孔
子編年》一書，既斥遷史之非，遂以僖子使其子學禮之事載於昭公二十四年，
且謂遷弗深考，其言是矣。然孔子謂南宮敬叔曰：「吾聞老聃博古知今，通禮
樂之原，明道德之歸，則吾師也。今將往矣。」對曰：「謹受命。」遂言於魯
君曰：「孔子將適周，觀先王之遺制，考禮樂之所極，斯大業也。君盍以乘資
之，臣請俱往。」魯君予以乘車、馬二匹，敬叔與俱。至周，問禮於老聃，訪
樂於萇弘，歷郊社之所，考明堂之則，察廟朝之度。於是喟然曰：「吾今乃知
周公之聖，與周之所以王也。」此段見《家語》第十。今《編年》以此並載於昭
公二十四年，大慶未敢以為然也。何以明之？觀《家語》所載南宮說、仲孫何
忌既除喪，而昭公在外，時為季氏所逐。未之命也。未命二人為卿大夫。定公即位，
乃命之，辭曰：「先臣有遺命焉，曰：『夫禮，人之幹也。非禮無以立。』囑家
老使命二臣必事孔子。」公許之。《家語》第四十一。所謂「公許之」者，乃定公
也。按《左傳》，僖子卒於昭公二十四年二月。明年九月，昭公孫於齊。又明
年四月，二子始除喪。則所謂昭公在外，定公即位乃命之，參觀互考，《家語》
為實錄矣。是則敬叔得定公之許而學於孔子，定公因敬叔之請而予之車馬。
所謂公者，定公也。《編年》乃並載於昭公二十四年，毋乃不考之《家語》乎？
蓋僖子既卒之後，昭公未出之前，二子方居喪也。自二十五年昭公孫於齊，
至三十二年薨於乾侯，中間六七載，正處患難之中，何暇以車馬資人，使之
觀遺制、考禮樂哉？大慶嘗反覆而觀，《孔子編年》大率本之《古史》爾。《古
史》亦以敬叔請於魯君，魯君與之車馬，為昭公之時。若以《家語》證之，《古
史》亦未為得也。班固譏遷，而范曄復譏固，曰：「古人所以致論於目睫。」
今《編年》因《古史》引《左傳》以證馬遷之弗深考，而大慶復按《家語》以
明《古史》、《編年》之未必然。恐後之視今，猶今之視昔也，故願與博學者訂
之。按《左傳》：「僖子曰：『必屬說與何忌於夫子，使事之。』」故孟懿子與南
宮敬叔師事仲尼。杜預《注》：「說，敬叔。何忌，懿子。」今遷《史》謂釐子
與僖同。誠其嗣懿子曰：「孔丘，聖人之後」云云，「若必師之」。及釐子卒，懿

子與魯人南宮敬叔往學禮焉。以敬叔為魯人，不知其為僖子之子，是亦疏略之一端也。

論《史記》不載燕昭築臺事

前輩以王文公詩云：「功謝蕭規慚漢第，恩從隗始詫燕臺」，以臺字為失。《史記》止云為隗改築宮而師事之。然李白詩云：「何人為築黃金臺」，荊公詩本此。以上《吳氏漫錄》所載也。大慶按：《新序》及《通鑒》皆云「築宮」，與《史記》同，不言臺也。李白屢用黃金臺事，如《行路難》云「誰人更掃黃金臺」，又云「燕昭延郭隗，遂築黃金臺」，又云「掃灑黃金臺，招邀廣平客」，又云「如登黃金臺，遙謁紫霞仙」，「侍筆黃金臺，傳觴青玉案」。杜甫與白同時，詩云「揚眉結義黃金臺」，又云「黃金臺貯賢俊多」，則杜亦嘗用之。柳子厚云：「燕有黃金臺，遂致望諸君。」《白氏六帖》：「燕昭王置千金於臺上，以延天下士，謂之黃金臺。」則唐人相承用之者多，荊公詩不獨本於白也。大慶又按《唐文粹》，皇甫松有《登郭隗臺》詩。又梁任昉《述異記》：「燕昭為郭隗築臺，今在幽州燕王故城，中土人呼賢士臺，亦謂之招賢臺。」然則必有所謂臺矣。而用臺字，亦豈為失？後漢孔文舉《論盛孝章書》曰：「昭王築臺，以尊郭隗。」意者燕臺事始此，獨未見所謂黃金事。及宋鮑昭《放歌行》云：「豈伊白璧賜，將起黃金臺。」則黃金之名，其始見於鮑昭乎？李善《注》乃引王隱《晉書》：「段匹磾討石勒，屯故燕太子丹黃金臺。」又引《上谷郡圖經》曰：「黃金臺，易水東南十八里，昭王置千金臺上，以延天下士。」且燕臺事人多以為昭王，而王隱《晉書》乃以為燕丹，何也？及觀《水經注》而後得其說。《水經注》云：「固安縣有金臺，訪諸耆舊，咸言昭王禮賢，廣延方士，如郭隗、樂毅、鄒衍、劇辛之儔，自遠而屆者多矣。不欲令諸侯之客伺隙燕邦，故修建下都，館之南垂。燕昭創於前，子丹踵於後，故彤牆敗館，尚傳俊列之名。雖無經記可憑，察其古蹟，似符宿傳矣。」《水經注》之言如此，則其事雖本於燕昭，而王隱以為燕丹者蓋如是。大慶故並記之。

論《史記》與《通鑒》紀事不同

大慶考戰國之事，與《通鑒》所載多有不合。如蘇秦說六國以合從，《史記》以為齊宣、魏襄，《通鑒》則以為齊威、魏惠。《史記》見蘇秦本傳。齊、魏會於徐州以相王，《史記》以為齊宣、魏襄，《通鑒》以為齊威、魏惠。周顯王三十五年。孫臏勝龐涓，虜太子申，《史記》以為齊宣。齊、魏《世家》皆以為宣王。

《年表》宣王二年。《通鑒》以為齊威。蘇秦說齊王高宮室、大苑囿，《史記》以為齊愍，《通鑒》以為齊宣。《蘇秦傳》：「秦亡走齊，宣王以為客卿。宣王卒，愍王即位，秦說愍王高宮室、大苑囿，意欲敝齊而為燕。」《通鑒》則謂：「秦說宣王。」據《孟子》，雪宮與四十里之囿皆謂之宣王，則與《通鑒》合。原《通鑒》所編，溫公多因之前史，今乃不同若此，何耶？推其所自，皆起於齊宣、魏襄之立年歲既已不同，故紀事因而亦異。蓋《史記》齊宣立於周顯王二十七年，《通鑒》以為三十六年，相去凡十年矣。《史記》魏襄立於顯王三十五年，《通鑒》以為靚王之二年，顯王在位四十八年而靚王立。相去凡十五年矣。夫其即位歲月既已差舛，則中間所載之事，烏得不牴牾乎？

　　以上三條均在《永樂大典》卷一萬一百五十六，二紙韻史字下。館臣輯錄所遺，故備錄之。

論《莊子》寓言

　　《莊子》之書，大抵寓言而非實。至於盜跖譏孔子之事，觀者不審，容或信之，不可不辨。《莊子》曰：「孔子與柳下季友。」且柳下季即柳下惠也，姓展名獲，字季禽，食邑於柳下，而諡曰惠也。《論語》：「柳下惠為士師，三黜。」劉向《新序》亦云：「柳下季為理於魯，三黜而不去。」然則季即惠耳，與展禽為一人。大慶按：展禽乃魯僖公時人，與孔子非並世，安得為友耶？故《史記·孔子弟子傳序》明言孔子數稱臧文仲、柳下惠，然皆後之，不並世也。蓋孔子生於襄公三十二年，《家語》、《史記》並云顏子少孔子三十歲，則回之生當在昭公二十年，襄公在位三十年而昭公立。三十歲早死，則回之死當在哀公三年。昭公三十二年。定公十五年而哀公立。今《莊子》云：「孔子往說盜跖，顏回為御，子貢為右，而跖且曰：『子路欲弒衛君而事不成，身菹於東門之上，是子教之不至也。』」大慶按：子路死時，回死已久，安得回為孔子之馭以見盜跖，而跖引子路之事以譏孔子哉？蓋子路死於哀十五年之冬，孔子死於十六年之四月，若如《莊子》之言，說跖當在十六年之春，展禽事見僖公二十六年，至是乃百六十二年矣，安得孔子不聽柳下季之言而見其弟跖耶？此乃莊周倡提絕滅之學，而譏切吾儒，故為是寓言耳。後世學者或以為實，然豈非癡兒之前不可說夢耶？是以《史記·伯夷傳》注：『皇覽》曰：『盜跖，柳下惠之弟。』」《皇覽》者，魏文帝使諸儒繆襲等撰集經傳，隨類相從，凡千餘篇，號曰《皇覽》。至於楊倞注《荀子·勸學篇》，亦曰：「盜跖，柳

下惠弟。孔子說之不入者也。」豈非皆據《莊子》而為是言歟？是皆影響於
見聞者，故大慶因並及之。

此條出《永樂大典》卷一萬二百八十五，亦今本所遺。

《沈下賢集・送洪遜師序》云：「自佛行中國已來，國人為緇衣之學多，
幾與儒等。然其師弟子之禮，傳為嚴專。今世則儒道少衰，不能與之等矣。」
唐末佛學之盛，至於如此。昌黎、廬陵諸儒之功，要不可沒也。

唐末學校最衰，故有五季之亂。羅隱《謁文宣王廟》詩云〔註27〕：「倘使
小儒名粗立，豈教吾道受棲遲。」《代文宣王答》詩云〔註28〕：「三教之中儒
最尊，止戈為武武尊文。吾今尚自披簑笠，爾等何須讀典墳。釋氏寶樓侵碧
漢，道家宮殿拂青云。若教顏閔英靈在，終不羞他李老君。」可以知其時風氣
矣。司空表聖《歸王官穀》詩云〔註29〕：「本來薄俗輕文字，卻致中原動鼓鼙。」

袁宏《後漢紀》〔註30〕：「延平元年六月，尚敏陳《興廣學校疏》云：『太
學之中，不聞談論之聲；從橫之下，不覩講說之士。臣恐五經六藝，浸以凌
遲；儒林學肆，於是廢失。』」又云：「今百官伐閱，皆以通經為名，無一人能
稱。」東漢經學之盛，而風氣已如此，此學校所以不可不廣也。

《四庫書目提要》云〔註31〕：「張戒《歲寒堂詩話》論唐諸臣詠楊太真事，
皆為無禮，獨杜甫立言為得體。」然案其所最稱者，「江草江花豈終極」語，
以為「其言婉而雅，其意微而有禮」。〔註32〕至於「不聞夏殷衰，中自誅褒妲」，

〔註27〕見《全唐詩》卷六百五十七。
〔註28〕見《全唐詩》卷六百五十七。
〔註29〕見《全唐詩》卷六百三十二。
〔註30〕晉・袁宏《後漢紀・後漢孝殤皇帝紀卷十五》。
〔註31〕見《四庫全書總目》卷一百九十五集部四十八「《歲寒堂詩話》」條。
〔註32〕宋・張戒《歲寒堂詩話》卷上：
　　　楊太真事，唐人吟詠至多，然類皆無禮。太真配至尊，豈可以兒女語黷之耶？
　　　惟杜子美則不然，《哀江頭》云：「昭陽殿里第一人，同輦隨君侍君側。」不
　　　待云「嬌侍夜」、「醉和春」，而太真之專寵可知；不待云「玉容」、「梨花」，
　　　而太真之絕色可想也。至於言一時行樂事，不斥言太真，而但言「輦前才人」，
　　　此意尤不可及。如云：「翻身向天仰射雲，一笑正墜雙飛翼」，〔案：此詩刊本
　　　「向天」或作「向空」，「一笑」或作「一箭」。〕不待云「緩歌慢舞凝絲竹，
　　　盡日君王看不足」，而一時行樂可喜事，筆端畫出，宛在目前。「江水江花豈
　　　終極」，〔案：此詩刊本「江水」或作「江草」。〕不待云「比翼鳥」、「連理枝」、
　　　「此恨綿綿無盡期」，而無窮之恨，黍離、麥秀之悲，寄於言外。題云《哀江
　　　頭》，乃子美在賊中時，潛行曲江，睹江水江花，哀思而作。其詞婉而雅，其
　　　意微而有禮，真可謂得詩人之旨者。《長恨歌》在樂天詩中為最下，《連昌宮

則戒固未之稱也。何也？太真為褒、妲，則明皇亦桀、紂矣。揆之為尊者諱之，禮亦有未當者乎！戒取彼而不取此，其意固有在也。黃山谷《寄贈蓋郎中喜學老杜》詩云：「百年忠義寄江花歲」，寒堂語蓋本諸此。

今朝廷凡大慶賀事，大臣皆遞如意，或以玉為之，或以竹木為之，亦間有以金為之者。惟如意之名，莫詳所自。《倭名類聚鈔》卷五「僧坊具門」引梁劉孺有《如意銘》。按《梁書》，劉孺字孝稚，有文集二十卷，今已失傳。狩谷望之《箋注》云：「按《釋氏要覽》，如意梵云阿那律，秦言如意。《指歸》云：『古之爪杖也，或骨角竹木刻作人手指，爪柄可長三尺許或脊背癢，手所不到，用以搔抓，如人之意，故曰如意。』如意見《大安寺資財帳》『西宮記御齋會』條，大舍人僚、圖書僚、內藏僚等『式坵山抄朝賀』條。」是如意之名出自釋家，與數珠之沿用釋典者不甚相遠也。義山詩云：「如何鐵如意，獨自與姚萇。」姚萇故事見《十六國春秋》，是晉時已有如意。《廣弘明集》云〔註33〕：「梁武帝以水犀如意賜昭明太子，其謝表云：『式是道儀所須。白玉照彩，方斯非貴；珊瑚挺質，匹此未珍。』」是梁時如意已多用玉。《淨名經義抄》云：「牛呞羅漢說法時，以有口病，恐大眾生輕，龍現爪以遮口，因作如意，猶象龍爪。」見義楚《六帖》廿二。又按：《藝文類聚》引胡綜《別傳》〔註34〕，是如意秦時已有之。此物蓋中國所本有，非西來之物。源君入之僧坊類，非其實也。

張嘯山《舒藝室詩存》卷五《腹疾溫鳳樓刺史以建州神曲見贈賦謝》詩云：「示我紀事篇，孤城矢堅守。文山雖已沒，事與文不朽。」自注云：「所撰《嘉應寇變紀略》，記咸豐九年春署嘉應州知州前惠州府知府文晟守城戰死事甚悉。」按：此己未二月十六日事也。先壯烈《守城日記》，城復後得之灰燼中，已殘缺不完。而溫公此書未見傳本，當訪求刻之，以揚我清芬耳。溫君名世京。

詞》在元微之詩中乃最得意者。二詩工拙雖殊，皆不若子美詩微而婉也。元、白數十百言，竭力摹寫，不若子美一句，人才高下乃如此。

〔註33〕見《廣弘明集》卷二十一梁昭明太子《謝敕賚水犀如意啟》。

〔註34〕「胡綜別傳」，稿本作「記」。

另，《藝文類聚》卷七十《服飾部下·如意》：

胡綜《別傳》曰：「時有掘地得銅匣，長二尺七寸，開之，得白玉如意，所執處，皆刻螭蟬等形，時人莫知其由，吳大帝以綜多識，乃問之，綜答云，昔秦始皇東遊，以金陵有王者氣，乃鑿諸山崗，處處埋寶物，以當王者之氣，此抑是乎？」

　　本朝九卿之制，道光以前未定。蔣超伯《南漘楛語》云〔註35〕：「咸豐戊午夏，會訊故相耆英一案，大學士六部九卿會議。主稿者樞堂。時焦太僕祐瀛領班徧檢檔冊，並無指定何項衙門為九卿。阮葵生《茶餘客語》所云：『六部都通大為大九卿』，亦得自傳聞，非確證也。焦君與家幼竹太守錫綬議請於樞堂，除六部及四品以下衙門外，以都察院、通政司、大理寺、太常寺、太僕寺、光祿寺、順天府尹、宗人府丞、理藩院九項衙門當之，議遂定。」按：今制裁去通政司衙門，則會議時九卿之數仍不足矣。且理藩院有滿堂而無漢堂，於制終為未備，自當以鴻臚寺列九卿，方合漢制。

　　《張師誠自訂年譜》云：「乾隆五十九年甲寅，三十三歲。四月，考差欽取第一名。」按：詞館舊聞召試與朝考首取者皆為朝元，散館為館元，考差為差元。余十年間一試行在，三試內廷，疊蒙欽取首選。朱文正公以為罕見，有匯刻御試四元卷。當時考試試差皆明發等第，道光以來此制遂改矣。

　　韓泰華《無事為福齋隨筆》云〔註36〕：「乾清門侍衛差使謂之挑蝦家。有《順治十八年搢紳冊》，上刻御前一等蝦某、二等蝦某、三等蝦某，則蝦是清語官名。」余按：蝦，今官書多作轄，即侍衛之譯語。北語轄、蝦同音。然墨勒根蝦之名見《國史名臣傳》者，固未盡改也。《順治十八年搢紳冊》，余於潘文勤公家曾見之。

　　宋黃若晦《春秋通說》於桓公元年「春王正月」說云：「古者嗣君踰年而後改元者，蓋君喪在殯，緣臣子之心不忍遽改，且先君之終年不可為嗣君之元年也。故雖以臣弒君、弟繼兄如桓公者，亦必踰年而後改元。魯史載之，故孔子述之，為萬世訓，明矣。是以秦、漢以下皆由之。雖漢安帝繼殤帝，亦終延平而為永初；桓帝繼質帝，亦終本初而為建和；唐宣宗以叔繼姪，亦終會昌六年而為大中。獨本朝太祖以開寶九年十月上仙，太宗嗣位，是年十二月改為太平興國元年，異乎踰年改元之義。蓋當時必有其故，而史或闕之。不然，豈當時宰相如薛居正、沈倫、盧多遜輩不考諸春秋也哉？」按：仲炎書於端平進御，而敢於論議先朝，良以理宗為太祖子孫，故不復諱。此亦可見太宗之悖謬，雖其臣子有不能曲為之說者矣。《朱子語類》：百二十七。「問：『開寶九年不待踰年而遂改元，何也？』曰：『這是開國之初，一時人材粗疏，理會不得。當時藝祖所以立得許多事也，未有許多秀才說話

〔註35〕見清‧蔣超伯《南漘楛語》卷一《九卿》。
〔註36〕見清‧韓泰華《無事為福齋隨筆》卷上。

－1020－

牽制。他到這般處，又忒欠得幾箇秀才說話。』」是朱子亦頗恨當時無諫諍之臣也。

段懋堂謂古無去聲，孔蕘軒謂古無入聲，黃以周《禮書》四十三。云：「其實二聲自古有之，去聲盡可與平、上同葉，而入聲有通諧平、上，有不得通諧平、上之別。若唐、耕、登、真、桓、歌、東、談八部，非特《說文》偏傍字無入聲，即《三百篇詩》亦不與入聲相葉。雖沈約輩好變古趨新，亦不能強屋、沃配東、冬，以他部之入配此入部也。若哈、支、模、宵、幽、侯、微、覃部，於《說文》偏傍有入聲，而詩中入與入韻者什之六，與去韻者什之三，與平上韻者甚少，則入聲之於平、上固有諧不諧之別，而與去聲可互通也。」

徐世溥《榆溪詩話》云：「『關關雎鳩』，已見四平。『采采卷耳』，已具四上。『信誓旦旦』，則四去聲之純。『白石鑿鑿』，實四入聲之備。『踴躍用兵，遑恤我後』，錯綜該四聲者，不可勝數也。順之有『涇以渭濁』、『鍾鼓既設』諸句矣，逆之有『不見子都』、『勿替引之』諸句矣。」焦里堂云：《易餘籥錄》五。「近時金壇段氏謂古無去聲，嘉定錢氏謂古無輕脣音，余不謂然。古無平上去入等名目，非無此聲也。未分陰陽之前，人但知有四聲，然不可謂無陰陽之聲也。古今同此喉舌齒齶，未容於紙上尋之。」余按：音韻之學，隨時轉變，謂古今不同者非，謂古今悉同者亦非，此在通材能審其消息耳。

《揅經室訓子文筆》，阮賜卿太守編，大抵見文達集中矣。惟《跋朱文正公遺墨卷》云：「先師學以漢人傳注箋解為本，而又心好沉博絕麗之文，故元嘗謂若學相如、子雲之為文，必先學許、鄭、景純之所以為學。非有根柢，不能文也。乾隆間，四庫館開，博極千古。其時學者，如河間紀文達公、休寧戴東原先生、大興朱竹君先生、朱文正公、餘姚二雲先生，皆主持風氣，天下空疏腐陋之習為之丕變。然五公之書法皆甚古拙，即元同年為師所許者汪文端、孫淵如觀察，亦皆拙書也。元以文學受知於師者，亦所重在學，而不嫌字拙與？乙未冬，元入京稍暇，福兒奉此卷請覽。湯冢宰、史大司寇等已跋矣。癸巳新榜，門生來謁，人材固盛。然求其如己未之王文簡、張皋文之學，竟未可得。而字體之工楷、繕摺之整齊，則多勝於文正師及元者。悲師範之如在目前，懼晚年之衰朽日甚，既無師之德望，又不能如師之提唱。掩卷太息，慚愧而已。」此篇集所不載。癸巳之不及己未，文達固知之。蓋己未則朱文正為正總裁，事事聽文達為之；癸巳則曹文正深嫉文達，雖一俞理初亦必使之不售

而後快〔註37〕，妨賢病國，不能不深恨於歙縣也。文達此跋，微旨亦正在此耳。

《遼史·兵衛志》：「屬珊軍」，今譯改「舒新」。案《百官志》云：「屬珊軍，應天皇后置選蕃漢精兵，珍美如珊瑚，故名。」然則「屬珊」二字乃取漢文，非契丹國語也，而館臣亦一律改之，疏矣。

《廣韻·十二霽》曰：「後漢太尉陳球碑有城陽炅模，漢末被誅。有四子，一姓炅、一姓昋、一姓桂、一姓炔，四字皆九畫。」段茂堂《〈說文·炅字〉注》云〔註38〕：「《廣韻》云四字皆九畫按：桂字十畫，其三字皆八畫，蓋六朝木旁多作寸，圭作五畫，然則當云四字皆八畫也。」余謂四字皆九畫，語出漢人，不得以六朝說之。蓋漢人作隸字，每畫皆斷，無縱橫相連為一畫者。曰炗皆作五畫，圭字中畫貫下亦五畫，故四字皆九畫矣。此正可考古人作字之法，段氏妄改，謬也。

《後魏書·陽尾傳》：「奏釋老宜在史錄。」案：此魏收《釋老志》之所本。宋國史亦有《釋老志》，見《宋史》。　　元人修史者刪之。

〔註37〕姚用樸著；張仁壽校注《舊聞隨筆》卷二《俞理初先生》（第95頁）：
　　　　黟縣俞理初先生〔正燮〕應禮部試，總裁為曹文正、阮文達兩公。文達夙慕先生名，必欲得之，每遇第三場五策詳贍者，以為必理初也。及榜發不見名，遍搜落卷亦不得，甚訝之。文正徐取一卷出，曰：「此殆君所云佳士乎？吾平生最惡此瑣瑣者，已擯之矣！」驗之果然。
〔註38〕清·段玉裁《說文解字注》卷十篇上。

卷三十八〔註1〕

　　《唐開元禮》、《宋太常因革禮》、《大金集禮》，今皆具有成書，惟元人禮書，世無傳本，學者亦罕及之。余於《永樂大典》輯得《元太常集禮》一卷，皆諸帝諡冊文，備錄於此，注《元史》者當有採焉。

太祖法天啟運聖武皇帝諡議

　　謹按：太祖皇帝先諡曰聖武，未詳年月。今載其諡議曰皇帝福廕裏。中書省丞相臣某等言：伏奉敕旨，令臣等議成吉思皇帝諡號以聞。伏聞聖人之德莫大於孝，孝莫大於顯親，故嗣服之君以孝治天下者，莫不以顯親為大務。夫祖宗之功德，恢乎如天地，昭乎如日月，轇轕元化，磅礴萬物，亙千萬世之久，無有窮已，固不待彌文而後為觀美。然追崇之道，所由來尚矣。敬先尊始，莫此為最。況麗正重明，無文咸秩，獨祖宗諡號，尚稽講述，其於典禮，無乃闕乎！此嗣服之君所以夙夜兢兢而不敢忘也。陛下祇紹先業，永言來孝，爰從即位，未始一日不以崇奉祖宗為念，既修嚴廟祏，備物致享，禮與情稱，顧追尊薦號冊寶之儀，殆為未具。迺詔公卿暨百執事，考繹典禮，師錫以言。臣等曶無所學，誠不足仰副聖孝，幸承綸命，何慶如之！欽惟成吉思皇帝應天順人，靈承眷命，沈機深略，開合如神，加之好謀能聽，知人善任，故智勇之士皆樂為之用，平西域四十餘國，破會河百萬之眾，如取諸掌。不二十年，十分天下有其九。神功叡德，蓋與軒後同符，豈特比隆湯、武哉！謹按《諡法》：睿智天縱，無所不知謂之聖；安民和眾，克定禍亂謂之武。閎休偉績，此其大綱，固已出於強名。然惓惓稱敘，諄諄揙擬，黽勉而不已者，庶幾髣髴

〔註1〕按：稿本題「純常子枝語第三十八」。稿本乙封題「純常子枝語第卅八」。

形容之萬一，贊成聖孝之至。伏請恭上尊諡曰聖武皇帝，廟號太祖。臣某等不勝拳拳，謹議。至大二年冬十月。　謹按：議無年月，今特以年表之無者闕。太尉尚書左丞相臣脫虎脫謹率文武百官再拜頓首言：臣聞奉先之禮，莫大於尊祖；諡行之實，莫重於正名。永言孝思，則基命不祧之廟，崇徽稱而詔無極，又國家之急先務也。欽惟太祖皇帝稟龍朔之英姿，握貞符之聖瑞，有發強剛毅之勇，有聰明叡智之神，造邦之初，靈旗所指，懷其德者望之如時雨，畏其力者仰之如雷霆，衘璧奠琮，爭先為快。用能砥平列國，鏡清寰宇，古所謂不賞而民勸，不怒而民威於鈇鉞，非應乎天而順乎人，能若是乎？臣追服先猷，參稽禮典憲章，穹昊謂之法天，初創寶圖謂之啟運，兼聰善謀之謂聖，克有天下之謂武，伏請上尊諡曰法天啟運皇帝，廟號太祖。臣脫虎脫等謹議諡冊文。　謹按：翰林視草載元貞二年，加上太祖聖武皇帝曰應天啟運聖武皇帝，光獻皇后曰翼順光獻皇后，睿宗景襄皇帝曰仁聖景襄皇帝，莊聖皇后曰顯懿莊聖皇后。冊文四道，至大二年冬十月，二帝二后皆請諡於天。其祝文直曰加諡，又改應曰法翼順，曰翼聖，又在光獻字下不曰改諡。竊恐前冊尊號議而未行者歟？並錄之，以俟參考。其文曰：維元貞二年，歲次丙申某月朔日，孝曾孫嗣皇帝臣某再拜稽首言：伏以規億載恢，帝業垂裕於無窮；建顯號施，尊名不一書而止。爰請命於上帝，將式符於後人。載稽禮經，厥有彝典。欽惟太祖聖武皇帝英姿不世，神武應期，惟解衣推食於初年，見君國子民之大略。肇基朔土，諸部悉平；繼啟中原，百城隨下。奉將天討，默運玄機。陰陽不足以喻其慘舒，風電不足以比其開合。夏主稱臣而款附，金人舉國以播遷。明命攸歸，大統斯集。量包宇宙，開混一之規模；訓示子孫，具不刊之典。則惟予小子獲紹丕基，方當繼體以守文，敢不奉先以思孝？茂揚景鑠，庸補闕遺。謹遣攝太尉具官臣某奉玉冊玉寶，加上尊諡曰應天啟運聖武皇帝，廟號太祖。伏惟至靈在天，昭鑒逮下，允膺盛禮，永福皇圖。謹言。　維至大二年，歲次己酉，冬十一月庚辰朔孝曾孫嗣皇帝臣某謹再拜稽首言：伏以恢皇綱，廓帝紘，建萬世無疆之業；鋪閎休，揚緯績，遵累朝已定之規式。當繼統之元，盍有稱天之諡。孝弗忘於率履，制庸謹於加崇。欽惟太祖聖武皇帝陛下，淵量聖姿，睿謀雄斷，沛仁恩而濟屯厄，振羈策以馭豪英，惟解衣推食於初年，見君國子民之大略。玄符顯握，諸部悉平；黃鉞載麾，百城隨下。裔土兼收於夏孽，餘波克殄於金源。蕩蕩乎無能名，跡遠追於湯武；

灝灝爾其為訓，道允協於唐虞。根深峻嶽，而維者四焉；囊括殊封，而統之一也。肆予小子承此丕基，兩祇見於太宮，恆優臨於端宸。祚垂鴻而錫裕；尚期昭報之申；牒鏤玉以增輝，敢緩彌文之舉。謹遣攝太尉臣某奉玉冊玉寶，加上尊諡曰法天啟運聖武皇帝，廟號太祖。伏惟威靈昭假，景貺潛臻，闡繹吾元，與天並久。〔註2〕謹言。

睿宗仁聖景襄皇帝先諡景襄皇帝，諡議闕。

至大二年冬十月，太尉尚書右丞相臣脫虎脫謹率文武百官再拜頓首言：臣聞祖有功，宗有德，則必饗之烈廟，嚴昭穆之序，盡達孝之義於是乎在。然而易名之典，未聞有以奉揚先烈，則於繼承追遠之禮，或有所未至歟？此聖孝所以惓惓於備物典策也。欽惟睿宗皇帝濬哲之資，胤於文祖；孝悌之至，通於神明。以言其功則定中夏以啟國疆，以言其德則祕金縢而代丕子。雖居藩沖抑，淵龍自晦，而篤生聖緒，同文九有，開萬世無疆之祚。究其謨烈，蓋有所本矣。臣謹按《諡法》：利澤萬世曰仁，叡智天縱曰聖，德行可仰曰景，闢土有功曰襄。請加上尊諡曰仁聖景襄皇帝，廟號睿宗。臣脫虎脫等謹議諡文。　元貞二年冊文曰：維元貞二年，歲次丙申，某月朔日孝曾孫嗣皇帝臣某謹再拜稽首言：伏以至德難名，於穆乾坤之大；孝思罔極，有嚴祖考之稱。稽遺美而載揚，乃守文之先務。弘宣令聞，茂對耿光。欽惟睿宗景襄皇帝秀拔神支，淵潛龍德，英武內根於仁孝，溫文外秉乎謙恭，先事而謀，臨機善斷。當軍國撫監之際，赫風雷冊伐之功。川蜀威加，宋人為之褫氣；鈞臺戰捷，金源遂不能兵。闢土宇而清中邦，翊炎圖而隆寶運。策勳天府，歸美皇靈。方靖命於上蒼，思保安於宗社。祥開後聖，光啟皇元。致今日之隆平，蓋孫謀之燕翼。惟天縱其睿智，故澤流於子孫。爰仲凝慕之誠，虔舉增徽之典。詢諸輿議，允洽至公。謹遣攝太尉某奉玉冊玉寶，加上尊諡曰仁聖景襄皇帝，廟號睿宗。遹守先猷，仰聖靈之如在；式垂歆鑒，降福祉以無疆。謹言。〔註3〕

世祖聖德神功文武皇帝諡議

至元三十一年，臣兀都帶謹率文武百官再拜頓首言：臣聞自古二帝三王，功德隆盛，或以一言而褒稱，或以兩言而增美。是以為臣子者，莫不顯揚祖

〔註2〕自「維至大二年」至此，為王構《太祖皇帝加上尊號冊文》，見元·蘇天爵《國朝文類》卷十。

〔註3〕此即元·王惲《增諡睿宗仁聖景襄皇帝玉冊文》，見《秋澗先生大全文集》卷六十七。文首作「臣再拜稽首言」，文末「謹言」作「追諡」。

考，崇孝道也。欽惟先皇帝在位三十五年，海宇無虞，群生咸遂。中統至元之治跡，遠軼周漢。其聖德神功，蕩蕩巍巍，詎可以言語形容髣髴？臣恭奉詔旨，集禮官，參考《諡法》。伏念先皇帝從諫如流，好善不倦，推赤心於人腹，斷大義以宸衷。早建皇儲，係神器之歸；廣樹宗子，壯維城之勢。而其剛健文明，被加四表；篤實輝光，照映百王。茲非聖德乎？命將出師，弔民伐罪，潛運機於不測，倏應變以無方。席捲雲南，臣服交管。高麗納貢，遼海通津。宋國削平，長江失險。勳侔天地，光顯祖宗。茲非神功乎？若乃順天道而不已，觀人文以成化，豈不謂之文也？銷禍亂於未形，戢兵戈而不用，豈不謂之武也？雖曰守成而繼述，實同創業之艱難。伏維皇帝陛下德享天心，孝繩祖武，爰從踐祚，首議追崇。臣謹按易名之典，兼聽善謀曰聖，聖不可知曰神，經緯天地曰文，克定禍亂曰武，承命不遷曰世。伏請上尊諡曰聖德神功文武皇帝，廟號世祖。臣兀都帶等謹議。

諡冊文

維至元三十一年，歲次甲午，五月庚戌朔。越九日戊午，孝孫嗣皇帝臣某再拜稽首言曰：臣聞繼志述事，非盡孝無以致其誠；表行誄功，非定諡無以稱其實。肆邦彝之具舉，惟天道之協從。欽惟先皇帝應籙授圖，體元立統，蚤從潛邸，茂著徽稱。為治之基有常，經國之略則遠。役用眾智，獨斷於衷；總攬萬機，如指諸掌。內朝廷，外侯牧，等威迭降，罔不適中；先教化，後刑名，本末相循，亦皆有序。在御殆逾於三紀，推尊合冠於百王。若夫惠及困窮，恩加降附。慎終如始，每存好生之心；保小以仁，特示包荒之量。擴聖猷之鴻嗼，沛膏澤之醇醲。方其泰運漸亨，戡濟多難；離綱復綴，混一四方。傳檄而氛祲開，渙號而方維定。乾旋坤轉，不足以喻其機；雷厲風飛，不足以比其捷。至於嘉言博採，惟典謨訓誥是師；諸藝畢延，盡陰陽圖緯之學。考音律以創字畫，參古今以制禮儀。振耀威靈，肅陳兵衛。白旄黃鉞，時則親巡；犀甲彫弧，止於不用。其聖德弗可及已，神功蔑以尚焉。蓋文之所加者，武之所服者大。是以升崇吉祔，揆卜剛辰。謹遣攝太尉臣兀都帶奉冊寶，上尊諡曰聖德神功文武皇帝，廟號世祖。伏維睿靈，俯垂昭鑒。思皇多祜，錫美無疆。〔註4〕謹言。

〔註4〕自「維至元三十一年」至此，為王構《世祖皇帝諡冊文》，見《國朝文類》卷十。

裕宗文惠明孝皇帝諡議

至元三十一年，臣兀都帶謹率文武百官再拜頓首言：伏奉四月十六日，詔旨追尊皇考曰皇帝，其應合行典禮，令有司以次討論以聞者。臣等不勝大願，謹集禮官，參稽古典。欽惟皇考皇帝望隆震長，性稟乾綱，有聖德以昭先功，有孫謀以燕翼子。參決庶政，以正萬邦；子惠困窮，以固大本。又能崇儒重道，知人善任，天下陰受其賜矣。至於視膳問安，克其子職；承顏順色，具得親歡。聲聞洋洋，達於四海矣。臣等謹按《諡法》：道德博聞曰文，慈下好與曰惠，任賢使能曰明，慈惠愛親曰孝，德垂後昆曰裕。伏請上尊諡曰文惠明孝皇帝，廟號裕宗。臣兀都帶等謹議。

諡冊文

維至元三十一年，歲次甲午，五月庚戌朔。越九日戊午，孝子嗣皇帝臣某謹再拜稽首言：曰臣聞周武膺符，道建文王之號；晉武踐祚，遂正文考之稱。比擬未必盡同，追崇蓋有彝典。而況有其德而無其位，豐於功而嗇於年，粵若我皇考，其敢後尊親之義乎？顧惟寡昧，嗣纂丕〔註5〕圖。天付有家，動欲繩於祖武；考昔作室，今曷致其孝思。欽惟皇考皇帝言德溫恭，聖功果育，顯諸神而藏用，膏其施而未光。明堂前一，星位將有屬；洪範九五，福壽則難全。其於預國政、親軍旅之時，無非審治體、得民情之事。弭兵日本，廣先皇柔遠之仁；立教天庠，示聖代崇儒之德。身衛斯文於不朽，人被其惠而莫知。直以勦奸去惡而為明，匪徒視膳問安之為孝。此特舉其大者固，將無能名焉？感十年霜露之懷，永言維則；紹一統乾坤之業，有開必先。思貽令名，允為首議。重以造庭之請，用答在天之靈。謹遣攝太尉臣兀都帶奉冊寶〔註6〕上尊諡，曰文惠明孝皇帝，廟號裕宗。伏惟尊祖嚴父，積慶有源。雖大命之未集，凜英光之如存。誕膺典禮，永祚皇元。謹言。〔註7〕

顯宗光聖仁孝皇帝諡議

泰定元年，攝太尉臣乃麻帶謹率文武百官再拜頓首言：臣聞天道不言而歲功成，聖人無為而天下化。蓋其誠德先立，神功自然變通莫測，默運於冥冥之中，有不期然而然者矣。欽惟皇考殿下以裕皇之長嫡，懷泰伯之至仁，

〔註5〕「纂丕」，《養蒙文集》作「纘基」。
〔註6〕「攝太尉臣兀都帶奉冊寶」，《養蒙文集》作「崇官奉寶冊」。
〔註7〕此為元・張伯淳《裕宗冊文》，見《養蒙文集》卷一。

讓位成宗，恪守藩服，內固本枝而宗黨輯睦，外綏邊鄙而風塵不驚。茂累朝援立之功，崇一代夾輔之制。執謙沖而退處，暢信義以交孚。民無得而能名，天與之而同大。及茲神人之乏主，實為曆數之有歸。恭惟皇帝陛下出震宮而乘六龍，握乾符而統四海。如日斯照，靡幽不明；如天之高，無地不覆。社稷以固，宗廟以安。天地順成，民物熙洽。非神變默運無為而成不期然者歟？臣乃麻等恭奉詔旨，稽之典禮：孝莫大於嚴父，禮莫先於尊親，號所以著功，諡所以表行。謹按易名之典：能循前業曰光，智睿天縱曰聖，大德好生曰仁，德通神明曰孝，請上尊諡曰光聖仁孝皇帝，廟號顯宗。臣乃麻帶等謹議。

諡冊文

維泰定元年，歲次某月朔，越某日，孝子嗣皇帝臣某謹再拜稽首言：臣聞祐命自天，嗣無疆之大曆；歸尊於父，報罔極之深恩。追慕孔虔，孝思維則。我世祖宅中於方夏，詔裕皇總政於儲闈。詒孫謀以長以賢，撫軍事維藩維屏。於皇昭考，始受晉封。祖武是繩，主龍興之重地；人心攸屬，開燕翼之宏規。茂隆綏輯之勳，弗逮崇高之養。遠承至德，入纘丕基。商祖玄王，昔咸宜於百祿；周宗西伯，祈永保於萬民。蓋今古以同符，實幽明之協贊。敷揚縟典，涓選剛辰。謹遣攝太尉臣奉玉冊玉寶，上尊諡曰光聖仁孝皇帝，廟號顯宗。伏維聖靈赫濯，如日照臨。歷祚延洪，與天無極。謹言。

順宗昭聖衍孝皇帝諡議

太保中書右丞相臣塔剌海謹率文武百官再拜頓首言：臣聞昔者聖帝明王之以孝治天下者，莫不愛敬事親之道，宗廟祀先之禮，推明其本而致其尊稱焉。況我國家聖祖神宗，列聖相承尊祖之典，具有成憲，率而行之，所以正本始之源，而示民德之厚也。欽惟皇考皇帝粹精之德，發乎天性；泰定之光，通乎神明。居藩之日，貽謀鍾愛，慶源奕奕，已見之於世祖皇帝英鑒絕識之表矣。裕皇軫惠，隆福慈祐，優於出閣之禮，重其食采之地。皇畿之內，不遠千里，雖有德無位，未能究宣皇靈之澤，而振振信厚，子孫千億，宜君宜王，天之所授。密舒於當璧壓紐之瑞者，有自來矣。臣謹按《諡法》：玄德升聞曰昭，睿智天縱曰聖，克昌厥後曰衍，德通神明曰孝。請上尊諡曰昭聖衍孝皇帝，廟號順宗。臣塔剌海等謹議。

諡冊文

維某年，歲次某月朔，越某日，孝子嗣皇帝臣某謹再拜稽首言：臣聞顯親所以為子，追遠所以厚民。矧必百世祀而位弗隆，為天子父而養弗逮，是宜稱秩以達純誠。欽惟皇考皇帝淵穆有容，神明莫測。文孫文子，鍾至愛於兩宮；宜君宜王，賸具瞻於四海。當璧之祥未卜，棄扆〔註8〕之跡已遙。興言欲報之恩，昊天罔極；對越有成之命，夙夜惟寅。昭哉玄德之升，聖矣生知之異。衍莫衍於昌後嗣而有天下，孝莫孝於配前烈而茂本支。念茲繼體之初，益切中心之慕。謹遣攝太尉臣奉玉冊玉寶，上尊諡曰昭聖衍孝皇帝，廟號順宗。伏維明明隆鑒，序於祖宗。攸躋攸寧，永錫祚胤。〔註9〕謹言。

成宗欽明廣孝皇帝諡議

太保中書右丞相臣塔剌海謹率文武百官再拜頓首言：臣聞繼體守文之君有大德於天下者，必有顯號以著其尊稱之美。三代而降，周之成、康，漢之文、景，易名之義，率循斯道。欽惟大行皇帝以大明獨斷之姿，享六葉重光之祚，嚴恭寅畏，簡在帝心，蓋自燕翼詒謀，鴻圖纂曆，所以監於成憲，施之政化，而達乎天下，已洋溢於仁心仁聞之實矣。粵若臨御以來，嗣守無逸。肇禋祀以類上帝，教冑子而建國庠。肆赦眚災，惟刑之恤。非所謂欽乎？中外輯寧，邊鄙不警。寄國本於維城之任，人謀僉能；祕璽之傳，決於定見。非所謂明乎？聲教所漸，執玉奠琛之國九譯所不能喻者，莫不稽首臣屬。非所謂廣乎？致養東朝，恪遵慈訓，用能於十四載。享國之間，慎終如始。非所謂孝乎？臣謹按《諡法》：克順成憲曰欽，照臨四方曰明，德化遠及曰廣，繼志述事曰孝。請上尊諡曰欽明廣孝皇帝，廟號成宗。臣塔剌海等謹議。

諡冊文

維某年，歲次某月朔，越某日，孝子嗣皇帝謹再拜稽首言：臣聞稱天之誄，表名實之至公；法日而名，庶形容之可擬。維帝王之有諡，蓋今古之彝章。欽惟大行皇帝稟上聖之資，撫重熙之運，當裕考龍升之後，承世皇燕翼之謀，武威肅振於遐荒。文德誕敷於華夏，業業謹盈成之戒，愉愉盡孝敬之

〔註8〕「扆」，稿本作「蹤」。《國朝文類》、《雪樓集》亦作「蹤」。
〔註9〕自「孝子嗣皇帝」至此，為程巨夫《順宗皇帝諡冊文》，見《國朝文類》卷十。另，自「臣聞顯親所以為子」至「謹言」又見程巨夫《雪樓集》卷一《玉堂類稿》，題為《順宗皇帝上尊諡冊文》。

誠。罷勤遠之兵，邊釁弭而苗頑格；遣直指之使，皇澤宣而民瘼除。九族刑敦睦之風，萬國洽隆平之治。爰酌奉常之議，用昭吉祔之文。謹遣攝太尉臣奉冊寶，上尊諡曰欽明廣孝皇帝，廟號成宗。伏維睿靈在天，孚鑒在下。茂膺典冊，錫羨邦家。〔註10〕謹言。

武宗仁惠宣孝皇帝諡議

攝太尉臣野先鐵木兒謹率文武百官再拜頓首言：臣聞太上立德，其次立功，體用兼該，名實斯稱。古之君人者，能兼而有之，其生也必得其名，沒也必表其行，備物典策，詔諸往牒，章章可考。我國家以武功奄〔註11〕九有聖，聖相承宗廟保之，重光鳥奕。至於大行皇帝躬上聖英毅之資，得文武弛張之道，貞符鼎命，有開於天。出閣之初，神璽授受。寄之以維城，驗之於當璧。執天下之左契，而為謳歌朝覲之所，徯望固有在矣。是以代邸奉迎，四方風動，嗣服未久，王政所先。嚴徽號以奉母慈，建國儲而彰友順。親親而仁民，所以愛物；貴德而賤貨，所以勸賢。厲之以秋霜，肅殺之威；濟之以時雨，涵濡之澤。既仁且惠，何以加此。皇風遠暢，邊鄙肅清。車攻之政不必修，采薇之戍不必遣。而數十年未賓之遐裔，一旦懷服。五兵既偃，六典具陳。乃飭鑾輿，祗謁文祖。大宮之庭三詣，祼獻之禮畢親。舉前聖之所未遑，昭來世之所可法。而又躬承長樂，日候寢門，怡志以盡其歡，作宮以安其養。孝誠天至，近古所無。此其懋功全德，臣妾億兆之所其知者。謂之宣孝，豈其然乎！臣追服先猷，參稽諡典：大德好生曰仁，慈仁好與曰惠，重光奠麗曰宣，德通神明曰孝。伏請上尊諡曰仁惠宣孝皇帝，廟號武宗。臣野先鐵木兒等謹議。

諡冊文

維其年歲次某月朔，嗣皇帝謹再拜稽首言：臣聞籲天錫命，守文之德難名；慎始敬終，節惠之典敢後？欽惟先皇帝以聖紹聖由，仁行仁粹，祖考英毅之姿，體文武弛張之道，膺符命以啟運，分寶玉以展親。蠲租賑粟，恒煦燠於疲癃；讞獄貸刑，每專精于欽恤。小善弗遺，天覆地載也；荒服不置，博施濟眾也。重以孝友天至，聖敬日躋。親祼獻於太宮，躬問安於長樂。舉未遑之禮，施之子孫；殫至樂之誠，養以天下。光被四表，葉相神人。於是邊燧弭

〔註10〕 以上為張士觀《成宗皇帝諡冊文》，見《國朝文類》卷十。文首「維某年歲次某月朔越某日孝子嗣皇帝臣某謹再拜稽首言」作「嗣皇帝臣某謹再拜稽首言曰」。
〔註11〕 「奄」，稿本作「有」。按：此處疑當作「奄有九有」。

寧，皇風洪暢。百萬里弗通之殊俗，數十年未通之遐梗，一旦懷服，五兵悉偃。於舜見之矣，於湯有光矣。屬升崇於吉禫，宜誕受於鴻名。謹遣攝太尉臣奉玉冊玉寶，上尊諡曰仁惠宣孝皇帝，廟號武宗。伏惟睿靈在天，昭鑒逮下。允膺大禮，永祚皇圖。謹言。

仁宗聖文欽孝皇帝諡議

攝太尉臣脫歡謹率文武百官再拜頓首言：臣聞自古守成之君，有功隆德盛，光昭後世，奄棄天下者，必易其名而節其惠。蓋臣子之誠，思所以顯揚祖考，欲報之於罔極也。欽惟我大行皇帝聰明天縱，文武生知。曩在潛藩，屬成廟賓天而姦臣擅權，謀危社稷，賴神機獨斷，一清宮禁，衍國家靈長之祚，慰臣民愛戴之思。俾神器以有歸，佐皇綱而復振。其大有為之資，乾旋坤轉，應變而不可測者矣。尋膺顯冊，位正元良，而翊贊之功，監撫之政，海內陰受其賜。逮武宗遽返於霄宮，際昌運丕承於大曆。廓重明而繼照，布庶政以維新。禮樂典章，於焉大備。以至設科取士，崇儒重道，建儲宮而固國本，廣冑學以明人倫，述累朝之宏規稽治古之彝典。兢兢業業，以御宸極；怡怡愉愉，以奉慈闈。誕推惻隱之心，聿廣生成之化。其殊勳偉績，巍乎蕩乎，詎可以言語形容於髣髴哉？臣脫歡等考諸典禮，參以《諡法》：睿智天縱之謂聖，化成天下之謂文，克慎成憲之謂欽，繼志述事之謂孝，大德好生之謂仁。請上尊諡曰聖文欽孝皇帝，廟號仁宗。臣脫歡等謹議。

諡冊文

維某年歲次某月某朔越某日〔註12〕，孝子嗣皇帝臣某謹再拜稽首言：臣聞觀其諡而知其行，著王者之丕稱；禋於廟而誄於郊，實邦家之彝典。雖天地之大，莫能擬議；而臣子之情，宜極形容。爰體至公，式揚景鑠。欽惟大行皇帝聰明冠古，勇智自天。初大德之陟遐，生內釁於不測，乃從潛邸，獨運聖謨，正神器於幾危，定乾坤而重構。豐功盛烈，奮立一時；偉望英聲，洋溢四海。尋被武皇之歷試，納大麓以弗迷；由母弟之懿親，膺元良之重寄。取法廟主，閟之道隆；奉養東朝，因心之孝至。及嗣歷服，益見猷為。日恒月升，廓昭代文明之治；海涵春煦，推聖人博愛之仁。至於敦勸農桑，不嗜田獵，每覆奏於庶獄，必惻怛於宸衷。肇設制科，以待天下之士；特旌死節，以勵天下之

〔註12〕「維某年歲次某月某朔越某日」，「維延祐七年歲次庚申八月丁未朔粵十日丙辰」。

忠。臨御十年，終始一德。身衛斯文而不倦，人由其道而莫知。克謹持盈，諒
多遺美。屬升崇於吉祔，用祇薦於鴻名。上以慰在天之靈，下以協造庭之請。
是諏剛日，備舉縟儀。謹遣攝太尉臣奉玉冊玉寶，上尊諡曰聖文欽孝皇帝，
廟號仁宗。伏冀睿靈，俯垂歆鑒。流光有永，錫羨無疆。〔註13〕謹言。

英宗睿聖文孝皇帝諡議

攝太尉臣乃滿帶謹率文武百官再拜頓首言：臣聞五德乃造化之權輿，三
統為帝王之常道，古今不易之理也。洪惟聖元，龍興朔陲，戡金滅宋。世祖皇
帝在位幾四十年，帝道王綱，垂裕後昆，悉有成憲。故歷以授時，行夏之政，
則其統可知矣。宋以火王，其色赤金。從所勝，當水色尚黑。國家以黑為諱，
衣天下緇流以黃，則其德亦可知也。混一之初，日不暇給，而大經大法，固已
追遠三代，其規模可謂宏遠矣。然而興禮樂，考制度，其於後人，蓋有望焉。
敬惟大行皇帝陛下英毅邁往，稟上聖之資，明斷有餘，為守文之主，虔精誠
以肇禋祀，廣廟寢以安宗祐，任賢能以稽典禮，創車服以備制作，豆籩有楚，
圭璧屢陳，笙鏞琴瑟之鏗鏘，羽毛干戚之兆綴，三數年間，典章文物，燦然而
成。一代之制，禮樂斯備，神人大和，宗社奠安，天地咸若。蓋諡所以知行，
故大行受大名。臣謹按《諡法》：思能作聖曰睿，備物成器曰聖，化成天下曰
文，協時肇享曰孝。請上尊諡曰睿聖文孝皇帝，廟號英宗。臣乃滿帶等謹議。

諡冊文

維泰定元年歲次某月某朔越某日，嗣皇帝某謹再拜稽首言：伏以瑤圖纘
緒，神已御於鼎湖；玉冊揚休，禮宜陟於太廟。悼降年之不永，儼立政以如
新。爰述徽猷，以傳信史。欽惟大行皇帝文明天縱，剛健日嚴。辨姦邪於嗣位
之初，形庭祗畏；廓儀注於治朝之際，清廟肅雍。絕封勅以杜〔註14〕憸人，
申憲章以勵多士。罰茲無赦，令必惟行。君臨三載而有成，知周萬物而莫隱。
豈運逢艱否，大命靡終，然號謹追崇，尊名是著。遣攝太尉臣奉玉冊玉寶，上
尊諡曰睿聖文孝皇帝，廟號英宗。伏惟炳靈有赫，歆格無違。祔於新宮，以妥
以宜。〔註15〕謹言。

〔註13〕以上乃張士觀《仁宗皇帝諡冊文》，見《國朝文類》卷十。
〔註14〕「杜」字原闕，作空格，據《清容居士集》、《國朝文類》補。
〔註15〕自「伏以瑤圖纘緒」至此，乃袁桷《英宗皇帝諡冊文》，見元·袁桷《清容居
士集》卷三十五、《國朝文類》卷十。

以上出《永樂大典》卷一萬三千三百五十一二寘韻謚字下。

炳姓。光緒丙戌春季搢紳，湖南清泉縣新城司巡檢炳遂，湖北荊州人。

自姓。丙戌春季搢紳，雲南開化府同知司獄自福慶，四川會理人。

信姓。甘肅金縣訓導信中選，平涼人。

禮姓。御史題名碑，雍正八年禮山，奉天人，由刑部郎中擢御史，巡察順、廣，大轉太通道。

《朱子語類》百二十六：「問：『近世王日休立化如何？』曰：『此人極不好，貪污異常。』曰：『如此何故立脫？』曰：『他平日坐必向西，心在於此，遂想而得。』」《蕙櫋雜記》云：「日休生平行事，略具費袞《梁谿漫志》。又有《淨土文》十卷。其論淨土頗簡直，大儒必不妄詆。或少年有遺行耶？」余案：王日休〔註16〕即淨土家所稱龍舒居士也。明黃諫所撰《書傳集解》引王氏日休《書解》，今雖不傳，是龍舒亦嘗留心經學，不獨刻意往生已也。

秣陵有莫愁湖，許仙屏撫部振禕。曾屬余作記，余因循未有以應也。然莫愁亦正自難考。《永樂大典》三千五百七十九引《安陸州志》云：「莫愁村在湖廣安陸州。」古樂府云：「莫愁，石城人。今莫愁村在漢江之西，舊所居也。地多桃花，春暮花落，流水皆香。」又賈塹亦有莫愁溪，郡守樂章辨云：「『莫愁者，不知何代人。』」而名盛於《唐史·禮樂志》，意者其為宋人乎？載諸樂府者，自周《房中樂》及楚《漢中》之曲，下迄於隋煬帝之《汎龍舟》，凡數十篇，以世次為序。其間載《石城樂》，宋臧質所作，而繼曰：《莫愁樂》，石城樂所出也。次於臨川王義慶《烏夜啼》，而列在隨王誕《襄陽曲》之前。二王皆宋人也。自此而後，始敘齊、梁之曲，則知其為宋人無

〔註16〕宋·周必大《文忠集》卷九《王日休贊》：

龍舒王日休，字虛中。儒釋兼通，嘗為六經、語、孟《訓解》，至數十萬言。尤篤信淨土之說。嘗以特奏名入官，棄不就，飄然訪予於廬陵。方為學者講《易》，一夕屬聲云：「佛來佛來。」即之逝矣，享年六十有九。謝君承宗、趙君公言暨好事者，持其像示予，乃為之贊：皇皇然而無求，惕惕然而無憂。閔頹風之莫救，攬眾善以同流。導之以仁義之原，誘之以寂滅之樂。世知其有作，而莫識其無為。故中道奄然，而示人以覺覺。

宋·釋志磐《佛祖統紀》卷二十八《淨土立教志第十二之三》：

王日休，龍舒人。為國學進士，著《六經訓傳》數十萬言。一日捐之，曰：「是皆業習，非究竟法。吾其為西方之歸。」即布衣蔬食，惟佛是念。日課各拜，夜分乃寢。嘗為《淨土文》十卷，簡易明白，覽者無不信服。一夕屬聲念佛久之，忽曰：「佛來接我也。」屹然立化，邦人夢二青童引之西去。

疑也。又李義山詩：『如何四紀為天子，不及盧家有莫愁。』《容齋三筆》則云〔註17〕：『梁武帝《河中之歌》曰：河中之水向東流，洛陽女兒名莫愁。莫愁十三能織綺，十四採桑南陌頭，十五嫁為盧家婦。此莫愁者，洛陽人。近世周美成《西河》一闋，專詠金陵，所云『莫愁艇子曾繫』之語，豈非誤指石頭城為石城乎？』〔註18〕《樂書志》云〔註19〕：「莫愁善歌謠。」古詞云：「莫愁在何許，住在石城隈。艇子打兩槳，催送莫愁來。」鄭谷詩云：「石城〔註20〕莫愁鄉，莫愁魂散石城荒。江人依舊棹柞艋，江岸還飛雙鴛鴦。」王璵詩：「村近莫愁連竹塢，人歌楚些下蘋州。」張遹正詩：「紛紛花雨暗江頭，隔岸煙村喚莫愁。艇子只今誰是主，方知身世是虛舟。」項安世詩云：「冉冉水上雲，曾聽屈宋鳴。娟娟水中月，曾照莫愁行。」《大典》三千五百七十九又引宋易士達詩《莫愁村》：「千古行人說莫愁，荒村依舊石城頭。不知艇子今何在，漢水滔滔空自流。」此可補人莫愁湖志者也。然必謂莫愁為安陸州人，又何據乎？洪容齋以為《兩莫愁》，見《容齋三筆》。則調停之說耳。

直隸居庸關有石刻佛經，至正五年刻，合蒙古、畏吾、女直、梵、漢五種字。余謂得此等碑刻數十種，則金元國書漸可尋繹也。

劉宋天竺三藏求那跋陀譯《佛說老母女六英經》，凡三百六十四字，為有韻之文，疑原文本有音韻，故譯者特變文體譯之。俟考。

唐李長者《華嚴經論會釋》卷五云：「勝智立，法幢豎。建大慈，心堅固。摧慢山，遊寶路。藉蓮臺，成妙悟。」是三字韻語亦注釋家之變例。又云：「豁達為神，恬怕應真。情亡智立，想絕悲存。圓聲遍布，隨根受益。一雨普滋，百卉齊得。如空谷響，稱擊成音。諸機獲益，任智無心。剎那無際，焉存古今。」亦有韻語。

春秋襄二十九年，《左氏傳》：「吳公子札見叔孫穆子，說之。謂穆子曰：『子好善而不能擇人』云云。《正義》曰：「昔有當塗貴，邳國公蘇威嘗問曰：『知人是善，然後好之，何以言其不能擇人？』有曰：『好善，仁；擇人，鑒。雖有仁心，鑒不周物，故好而不能擇也。』劉炫以此言亦有所切於彼。」按：此以近時人事證古經傳，實注疏之變體。

〔註17〕見《容齋隨筆》三筆卷十一《兩莫愁》。
〔註18〕自「古樂府云」至此，見宋・王象之《輿地紀勝》卷第八十四《京西南路・古蹟・莫愁村》。
〔註19〕宋・陳暘《樂書》卷一百五十五《樂圖論・謠》：「史氏有莫愁善歌謠之辭。」
〔註20〕鄭谷《石城》詩見《全唐詩》卷六百七十六。此處缺「昔為」兩字。

《釋文》之例，但解音義。惟《莊子‧外物篇》「視若營四海」，《釋文》云：「夫勞形役志，以應世務，失其自然者也。故堯有亢龍之喻，舜有卷縷之談，周公類之走狼，仲尼比之逸狗，豈不或信哉？」此條自為議論，與原書無涉，實《釋文》之變例也。

馬國翰《玉函山房輯佚書‧尚書中候》卷中云：「皇道帝德，為內外優劣，散則通也。《詩‧大雅‧泂酌》正義。」余案：對文則別，散文則通，屢見詩、禮《正義》。此文蓋言皇道帝德對文則為內外優劣，而散文則通也，非必《中候》原文。馬氏輯書既多，故偶有不照。《〈周禮‧地官‧師氏〉疏》引《中候》：「堯曰：『皇道帝德，非朕所專。』」《〈禮記‧曲禮〉正義》亦引之。固知《〈泂酌〉正義》所引，惟「皇道帝德」四字為《中候》本文也。

《漢書‧翟方進傳》〔註21〕：「李尋《奏記》曰：『輔湛沒。』」張晏曰：「北斗第四星旁一小星曰輔。」按：此術數家所謂隱曜也。〔註22〕

《金史》「諳班勃極烈」，即今所謂大貝勒也。諳班，今國語讀如諳模巴，非戈什按班之按班也。勃極烈即貝勒，譯字互異耳。「猛安謀克」，猛安即國語之明安，華言千也；謀克，今譯語作木科族也。此官蓋即元之千戶矣。諳班勃極烈，岳倦翁《媿郯錄》三。作「諳版字極立」。

《遼史‧百官志》云〔註23〕：「遼有五京，上京為皇都，余四京隨宜設官，有三京宰相。」按：此即元制行中書省之所本。

劉太傅《藏春集‧過也乎嶺》〔註24〕，即《北徵錄》之野狐嶺。

《遼史‧后妃傳》〔註25〕：「吳主李昇獻猛火油，以水沃之愈熾。」此殆與今西洋所製火水油相近，惜其法不傳也。

《通雅》四十八云：「正德末，嘉州開鹽井，偶得油水，可以照夜，土人作炬，呼為雄黃油。」是煤油之礦，明時蓋已發現。〔註26〕

〔註21〕見《漢書》卷八十四。

〔註22〕眉批：「入九星條。」

〔註23〕見《遼史》卷四十八《百官志四》。

〔註24〕元‧劉秉忠《藏春集》卷二《過也乎嶺》：
　　　　一夜陰雲風鼓開，嶺頭凝望動吟懷。煙分雪阜相高下，日出氈車競往來。天定更無人可勝，智衰還有力能排。中原保鄲長安道，西北天高控九垓。

〔註25〕見《遼史》卷七十一《人祖淳欽皇后述律氏》。

〔註26〕明‧曹學佺《蜀中廣記》卷六十六《火井油井》：
　　　　《通志》云：「國朝正德末年，嘉州開鹽井，偶得油水，可以照夜，其光加倍。沃之以水，則焰彌甚。撲之以灰則滅。作雄硫氣，土人呼為雄黃油，亦曰硫

《東國史略》：「高麗忠烈王四年，令境內變元服。時自宰相至下僚，無不開剃。唯禁內學館不剃。左承旨朴恒呼執事官諭之，於是學生皆剃。恭愍王元年，王辮髮。監察大夫李衍宗諫，王悅，解辮。」是元時辮髮令乃獨行於高麗。〔註27〕

《大智度論》卷五十六云：「梵天已上，更無有王。諸天是欲界天，諸梵是色界天，伊賒那是大自在天王。其眷屬神仙有二種，或天或人。」按：大自在天王即摩醯首羅，亦即溼婆也。伊賒那，或其又一名歟？南條文雄言大自在天凡百餘名，譯者宜錯出也。

春秋僖十九年，《左氏傳》：「用鄫子於次睢之社。」杜《注》：「此水次有妖神，東夷皆社祠之。蓋殺人而用祭。」孔《疏》引劉炫云：「昭十年，季平子伐莒，始用人於亳社。彼亳社舊不用人，杜何以知此社殺人而用祭乎？」邵瑛《規杜持平》曰：「《後漢志‧郎邪國》下云：『臨沂故屬東海，有叢亭。』劉昭《注》引《博物記》曰：『縣東界次睢有大叢社，民謂之食人社，即次睢之社。』彼用人於亳社，傳言始此次睢之社，恐東夷舊俗相沿如此。」余謂古之巫教，大抵妖妄相仍，合之河伯娶婦，則誣民之說往往有之。故魯之大旱，輒欲焚巫，亦以其水旱氛祲，自云能致耳。東夷者必久居中國，如嵎夷、萊夷之類，以其奉行異俗，故夷之矣。

《牟子理惑論》云：「吾嘗遊于闐之國，數與沙門道人相見。」以此觀之，漢時于闐已為佛國矣，不可以後入之回教轉疑其初也。釋法顯《行記》曰：「于闐民篤信佛，多大乘學。」

今人謂恕罪為饒罪，宋人已有是語，所謂「得饒人處且饒人」是也。然此字蓋沿於唐人。《永樂大典》三千五百七十九引《建德志》云：「黃饒村距城四十里，相傳黃巢為亂，欲過郡時，陳尊宿在城中，語郡人曰：『勿憂。』乃織大草屨，置之城西三十里外木杪，賊至，視之，曰：『彼有人焉。』遂出境。後因名其地，言為黃巢所饒。蓋俗語也。地產烏桕、絕桂，甲於州境內。」

吾嘗得堪輿家鈔記書，題趙汸撰。按：汸為黃楚望弟子，通《春秋》學，未必為此等書也。後閱新建曹家甲《地理原本說》，云：「明初吾鄉長潭趙子

黃油。」近復開出數井，官司主之。此是石油，但出於井爾。蓋由與產雄硫、石脂諸處源脈相通，故有此物。

〔註27〕眉批：「入元人剃頭條。」

方看地神驗，流傳有《紅鸞經》、《七十二龍水法》。」乃知趙沨者，趙子方之誤也。惟《紅鸞經》等書，余未之見。○〔註28〕案：趙沨有《葬書問對》，余曾見之。是趙東山固深於相墓之術者，特未必為此鈐記耳。

永嘉之學，薛季宣極為閎博，今文集具存。而《地理叢考》一書已佚，不可見。〔註29〕余於《永樂大典》曾錄得幽州一卷，時宋失其地，固已久矣。錄之亦足見其考核之勤也。

《堯典》：「申命和仲宅朔方，曰幽都。」注：朔方，北方也。《山海經》曰：「幽都之山，黑水出焉。」今雲中西北七百里，契丹慶州之北有黑山。黑水出虜中，尊其神，視岱獄，蓋幽都云。《禹貢·冀州》：「九河同為逆河，入海島。夷皮服之貢，自夾右

〔註28〕刻本原作空格，據稿本補「○」。
〔註29〕黃紹箕《跋薛季宣〈地理叢考〉殘佚》（載政協瑞安市文史資料委員會編《瑞安文史資料》第17輯，第87～88頁）1998年版
右薛艮齋先生《地理叢考》，萍鄉文舍人廷式從《永樂大典》卷一萬四千三百八十五「冀」字下錄出，余從舍人轉寫得之。
謹案：先生此書，《宋史·藝文志》著錄一卷，而本傳不載。陳文節撰《行狀》、呂成公撰《志》，具列所著書，亦無此目。惟《行狀》稱《九州圖志》若干卷，余未就。《志》亦云《九州圖志》稿方立而未究。今觀此冊所載，上起虞夏，下訖唐宋，而皆不出古幽、冀之域，意他州義例亦必如是，蓋當時最錄以備《圖志》之要。《志》、《狀》所云《圖志》未就之稿，其即此書灼然無疑矣。《浪語集·答君舉書二》云：「八州地圖，別後都不暇料理。」《答君舉書三》云：「州圖荊州，南交二紙，抄畢，早希寄示。揚、冀草具未補，梁州和夷未曾釋地，岐、雍都未下手。幽經卻備，幸而不為事奪，一二月間冀可成矣。」今按此冊合幽冀為一，與答陳文節略殊，殆其後重經移並，他州未及理董成編，而先生遽歿，故只以草稿傳世耳。
明楊士奇等編《文淵閣書目》，來來（開林按：疑當作「字」）號第一廚，有《地理叢考》一冊，張萱等《內閣書目》無之。然則正統中此書尚存，至萬曆乃亡。今雖從《永樂大典》錄出，而止及幽、冀，餘皆缺如。幽、冀說存，而圖亦盡佚，茲又重可惜已。〔又按：《永樂大典》例以書名依韻編錄，此冊在「冀」字下，意當時所據書《地理叢考》外，必別有冀州標題。焦竑《國史經籍志》有《幽州圖經》一卷、《冀州圖經》一卷，不書著撰人，疑即此書。楊《目》以書合為一冊，焦《志》以圖分為二卷，或一書兼具二名，《地理叢考》為大題，《冀州圖經》為小題，亦未可知，惜原書已亡，無從質證。翰林院所藏《永樂大典》散帙，僅存五百餘冊，幽、冀之外，他州有無遺存，亦無可鈎索矣。〕先生於學，無所不通，而尤邃於輿地。集中書札、論兵事水利，皆鑿然可見諸施行。宋自紹興南渡，國勢日蹙，此冊所載盡為異域，廟堂之上，視若固然。而先生獨綜覽邊遠，條貫古今，沿革形勝，了如繪畫，雖厥施不竟，書亦未就，而遠志閎略，按籍可推，又豈第為考古之資而已哉！
迄幅既畢，深喜鄉先哲之遺著僅而得存，而感念往事，抑又纍欷不置也。光緒十有五年冬十月，瑞安後學黃紹箕謹識。（《蓉綏閣遺集》）

碣石入河。」《爾雅》：「燕曰幽州。」「藪：昭余祁。」「又東至孤竹，謂之四荒。」《職方》：「幽州。山：醫巫閭。藪：奚養。川：浸河、沛、淄、時。并州。山：恒。藪：昭余祁。川：浸、虖、池、嘔、夷、淶、易。」商之幽州，地包幽、并，東漸碣石。周分冀、兗，東界達於肅慎，肅慎，中朝時女真國，舊靺鞨也。以為幽州，淶、易以南入并州矣。《詩》稱梁山韓侯受命，奄受此國，因以為伯。然則韓侯幽伯也。漢幽州部，周之亳、燕、朝鮮故地、并州西部，得朔方之境。蓋自大河、恒水以北。周嘔、夷，漢㴲水也。魏分東郡，置平州，而慕容氏資以造燕，并州西部。自漢末入匈奴，晉末索頭虜入幽州，益強大，為後魏。唐立平盧、安東。盧龍、幽。大同、云。振武、單于。天德軍節度，得漢幽、并州地，而義武軍亦頗得其南土易。幽都之境，自秦、漢、魏為匈奴烏丸之境，晉、魏而下為奚契丹，唐衰，契丹取平盧及營平州地至晉，盡以盧龍、大同等軍予之。迄於中朝，為契丹南境。而我之河北東路，亦頗得易水以北。為淶水西、肅慎西二圖，繪左地入契丹，未能詳盡者，尚當考見之云。

幽州。契丹燕京。薊。有高粱水、清泉河、落馬水也。唐立僑順州，又沃州。僑治回城。又有漢雍奴城、陰鄉城。石勒所置君子城，譌曰箕子。幽都。薊北。桃花山在北。唐僑，燕州治。廣州。曠平地。永清。清泉河南。漢平穀城在北，安樂城在西北。昌平。有九度水。唐僑，帶州軍都城芹城居庸關。亦名古北口。良鄉。有大防山，清澱，廻城水，古聖水也；廣陽城，唐僑；順州，歸義州，瑞州；夷賓州，黎州治；石窟堡，僑威州治；東閭城，僑師州治；都鄉城，僑慎州治。武清。雍奴地，有泉州城。潞。唐解州。僑治，故潞城。香河。安次西。安次。有常道城，唐昌州僑治。有易京。易州。易，固安西北有九山、窮獨山、大贙嶺、送荊陘、兼丘水、南易水、雹水也；中易水，南易水也；安國河，易水也。有蘭馬臺、金臺、荊卿城、漸離城、范陽城、加夷城、長安城，漢刺史李宣築，為妻范陽公主封邑；遒城，唐為淶水縣；五公城，唐五回縣。移故治。故治五回山，東麓在西。滿城。別在易南。契丹嘗置泰州，故北平地。涿州。　范陽。寔涿。有涿水、臨地城，唐僑；凜城州、玄州、信州、青山州、祁溝關，在西南。新昌。方城地。固安。寔方城，唐初自章信城移置。新城。涿南，有督亢坡。歸義。涿東北。平塞軍。寔武遂。可汗軍。唐嬀州。懷戎。寔潘城，移東治，清夷軍。嬀水逕故城中，古涿廣水也。有阪泉、涿鹿山、歷山、大翮山、羹頡山，古軒轅丘也；雞鳴山，磨笄山也。有涿鹿城、小寧城、鐵門關。居庸塞在東北，東達盧龍、碣石，西屬太行常山，蓋古士谷郡地。唐自居庸以北，皆沒於契丹。而臨沮、且居等縣，悉為懷戎地矣。蔚州。靈丘別上滱上。飛狐。寔廣昌。到刺山在西北。又有磨笄山、郎山、淶谷、飛狐關、代城。興唐。雛鶩地。到刺山在東。朔州。　鄯陽。寔馬邑。有武周山。黃河在西句，注山在東。

南有陰館城、鄨無城。神武。館陰地。馬邑。馬邑東大同軍治。有桑乾泉。奉聖州。唐新州，雁門西。永興。礬石。龍門。懷安。雲州。契丹雲中府，建西京。雲中。平城西。有白登山、火山、紇真山。東安陽、班氏高柳參、合當城。永固桑乾道入，且如馬城。平邑，昌平城西北，故塞外有單于臺。薊州。漁陽。有沽水、潞水。三河。潞地。玉田。鄨無終。有徐無城、無終山、燕符家、塞口。烏蠻河在東。檀州。密云。鄨虎奚。有沽河、鮑丘水、龍莒溪、桑溪、三城水、桃花山、赤城，鎮遠軍治；黑城、川德、勝口塞。在縣東北有古北口。望云。鄨禦夷嶺。冷陘山在西北，亦曰炭山。其東南有九十九泉，古九泉水也。泉西北即儒州，西奉聖州，非上谷東九十九泉。順州。懷柔。滑鹽西南。其東北有漢城，契丹耶律氏所起，古滑鹽城也。北安州。燕樂。鄨安州。有灅水、柳水、白檀城、安樂城、栗陽城。古北口在西，松亭關在東北，灅水西二路皆入中京。平州。盧龍。鄨肥如。有灅河、盧水、沮水、潤水、龍鮮水、黃洛水、陽洛水也。上谷塞口在北，古盧龍鎮在西北。營州。契丹興中府。柳城。有龍山、馬首山、鹿首山，古白狼山也。州東南有鮮卑山，燕慕容氏所起也。山西北棘城，高陽氏之墟。其東塞外亦有鮮卑山。漢遼西郡城在郡東南，徙河城在東北。彭盧水自徙河入海，古平盧水也，亦曰唐龍水。有自狼水、雞鳴山、黃龍城。唐置信州昌黎城，置崇州、昌州。徙河東有青山，置青山州。師州、鮮州、帶州，地入契丹，並不復見。宜州。唐燕州。遼西。鄨汝羅。南有營丘城。《魏輿圖風土記》云：「舜營州也」，未詳。慕容氏徙河縣治，立營丘郡。灅州。土垠新平，令支地。義豐。幽州東五百里，平州西南二百里。灅河。肥如南灅水、東灅水，難水之譌也。董蘋《唐書音》云：「出奚國都山，逕平州城東。」未詳。馬城。鄨海陽。石城。州西鄨臨榆。有驪城、絫城。臨榆關在東南。渤海。昌城地，有泥姑海口、沽河口也。望都。定喜。二縣僑立。寰州寰清。劇陽遙在南陶地西涇。應州。金城。武周劇陽地。黃河在西。沃陽城、桐過城。混源。武進地。有混波川、白道川、紫河，一曰金河，古白渠也。有涼城、定襄城、武進城。振武軍。單于府。金河。鄨盛樂。唐勝州，併入鄨陽嶺。長城在北，古定襄塞也。有金河泊、沙陵湖也。上承紫河，與蒙川合入河。蒙水，古芒於也。有雲中城，魏河頭殿在北。其北陰山，北有李陵臺。陽原城西北青冢，草色常青。府至磧口七百里，有燕然山，故勝。州榆林縣在，河南古沙陵地。東有榆林關，河北有楨陵城，南有君子津、富昌城，古西河郡也。天德軍。安北府治。永清柵，隋大同城也。西受降城。鄨臨河東至府，百八十里，東北四十里有單于臺。唐置燕然都護府。又二百六十里至磧門，又西北一千五百里至回鶻牙。中受降城。九原地。治拂雲堆北四十里，有敬本城，周萬八百七十二步，壕塹深峻。賈耽以為九原郡城也。西北至軍二百里，北至磧口五百里，南渡河至麟州四百里。東受降城。鄨咸陽。北距磧口七百里。儒州。縉山。禦夷鎮西，雁門東，西北九十九泉，距幽州千餘里。歸化州。唐武州。文德。雁門北。

右唐故地

渝州。寔臨渝關東北，海州西北招延州。招延州。北澤州。澤州。松亭關北。大定府。契丹中京。滑鹽地。耶律氏所起漢城也。東營州，西儒州，東南建州，西北饒州。建州。南渝州，東北霸州，西南小凌河，石城水也。利州。東北建州，南小凌河。蘭州。利州西南。海州。榆州東北。潤州。西渝州。遷州。西潤州，東來州，東北五里榆關，渝水入海於此。來州。歸德軍東隰州。隰州。東南距海。自渝州以東皆距海。郡路北入建州。宜州。寔汝羅。西霸州，南錦州，西北白川州，東遼水。白川州。東黔州，西南霸州。霸州。東錦州，南嚴州。錦州。臨海軍營丘地。東渡遼，至顯州西南。嚴州，南距海。〔註30〕嚴州。南距海，東北錦州。海北州。東錦州，南距海。瀋州。東小遼水，北雙州，南安東府。安東府。契丹東京。寔安市東。小遼水西十三山。又西大遼水。西北岩州，東南鴨綠水，西南錦州，西北顯州。岩州。古白岩城。東女貞界，南集州，北雲山縣。同州。東女貞，西安東，西南集州，西北雙州。耀州。東鴨綠江，南石城，西大遼水，北安東。開州。開遠軍，東南石城，高麗國界，西來遠城，又西保州，西南吉州。吉州。東石城，西南鴨綠江，又南鹽州，西距海。保州。東鴨綠江，南宣化軍，南距海，北有大凌河。鹽州。東保州，西南距海，北小鹽州。小鹽州。西距海，南鹽州。西遼州。治遼隧縣，號始平軍。東北豎巫閭山，在乾州，西北渡遼至宜州，南距海。乾州。北豎巫閭山，東北七里至顯州。顯州。故渤海國都，漢無慮縣地。近省康州、集州，併入東遼州。遼州。寔遼陽。西南安東。雙州。保安軍。東臨逆流河，大梁水也。西南遼州，南瀋州，北榆河州。銀州。東臨逆流河，女貞國界。至雙州，北渤州。貴城。州城漢公孫康築。雲康所據城，非也。西瀋州，東女貞。信州。唐青山州。東、南、北三面女貞界，西逆流水，西黃龍府，北黑水，東南長春州。韓州。東北女貞，西渡遼水，至惠州，南通州。近省三河、榆河州，併入隱測。其地古襄平縣也。黃龍州。東南長春府，西北龍化州，南徽州，西南新州，西鴨子河。長春府。韶陽軍。西北黃龍府。龍化州。契丹東樓東泉州，西南降聖州，南遂州，西南新州，北夢送河。通州。夫餘府。三韓故地，北韓州。降聖州。北龍化州，東遼水，南暉州。暉州。東宗州，西紫蒙川，西酒糟河，北潢水。祿州。東曼頭山，西南暉州，北夢送河。穆州。北酒糟河，東南渡河，至豎巫閭山，西中京。宗州。治熊山，縣在石熊山之陽，東渡遼，南入顯州，北潢水，奚人謂之吐護真河，云黃河別源。蓋紫蒙川在潢水北，西南入河。潢水蓋蒙川支流，謂之別源可也。紫蒙川今白馬澱。思州。南中京，西馬孟山，西北渡潢至曼頭山，入宜坤州，北高州。高州。治三韓僑縣。東南恩州，西北饒州。惠州。東新州，西南中京，南建州，北渡潢水石

〔註30〕此「嚴州南距海」與下同，疑衍。

橋至高州。**宜坤州。**啟聖軍西南上京，東有長泊，週二百里。南距中京四日程，撻虜河經州北，東合長泊至曼頭山，北合鴨子河。**永州。**在木葉山之陽，潢水北。西北上京。撻虜河出木葉山。**烏州。**契丹烏素部落。北鴨子河，東北遂州，東南群鹿山。**遂州。**鴨子河北。**徽州。**長春州西南，黃龍府南。**臨潢府。**契丹上京。唐松漢府。西南饒州，南潢水。**祖州。**天成軍。黑水北，祖山南，東北上京。**饒州。**唐饒樂府。南潢水，石橋在東西，南平地，松林北，牦河黑水出祖州。**慶州。**黑山南，潢水北，東南上京，北室韋國，西轄戛國。黑水出黑水〔註31〕。懷州奉陵軍，北潢水至上京，東南中京，西平地松林，西北轄戛。

右胡地。近世建置郡縣當考。

雄州。 **歸信。**易西南。易水，南唐瓦橋關也。巨馬河在北。周僑立歸義縣。**容城。**故城在西北，有巨馬水、易水、大泥澱、小泥澱、渾泥城，漢亞容侯盧他國也。南有三臺，燕魏舊界。**信安軍。** **歸義。**南新鎮地。**廣信軍。** **遂城。**易水南北新城地，有武遂津、送荊陘。遂城山在西，寔龍山。**安肅軍。** **安肅。**寔梁門。唐宥戎鎮周，置梁門口砦。

右河北路。雄州信安東路，廣信安肅西路。

古國 尤氏 孤竹 周國 薊 燕 無終亦曰山戎。 朝鮮 肥肥如。 肅慎氏 代 漢國 燕 高句驪 朝鮮

以上出《永樂大典》卷一萬四千三百八十五。

鄒伯奇云：《鄒徵君存稿》。〔註32〕「《周髀》以青丙為天，青戊為地，此記號之所始。西國代數，天竺用五色名，波斯、天方各用方言之物字，歐羅巴所傳用二十六字母。今則未知之數代以天地，已知之數代以干支，皆取便記憶而已。」余謂古人造字之義，如干支之屬，多不切於六書，蓋亦取便記憶而已，不必深求其義也。

《永樂大典》一萬一百三十五《南史》目錄後有酈東寅序，云：「《南史》所載宋、齊、梁、陳本紀十卷，列傳七十卷，李延壽撰述之筆詳矣。僕請槩而言之。宋高祖討桓玄，除晉孽，自爾骨肉相殘，七傳為齊太祖所滅。齊興僅二十四年，東昏和帝廢弒之禍酷烈。梁武受禪，輕納侯景，結怨東魏，疆場淪亡，子孫被其弒逆，國祚易而為陳。傳四帝而後主無道，納隋叛降，竟為隋俘。天下混一歸於隋。吁！四朝代謝，不過一百七十三年。彼享國修短、廢興治亂之跡，史臣述之，垂世鑒戒。一開卷間，了然在目，覽之者鮮不惕然於

〔註31〕 此句疑有誤字。
〔註32〕 鄒伯奇《鄒徵君存稿》一卷，有清同治十二年鄒達泉刻鄒徵君遺書本，見《清
　　　　代詩文集彙編》第 675 頁。

心，較之唐堯在位七十載、周家傳祚八百六十有七天年差殊。靜言思之，固雖氣運使然，亦豈智力之所可恃。孔子曰：『道二：仁與不仁而已矣。』《詩》云：『殷鑒不遠，在夏后之世。』誠哉是言也！今江東幸甚，際遇繡衣部使者拜都廉使，暨憲府諸公勉勵一道，儒學分刊《十七史》，桐川偶得《南史》，以學廩不敷勸，率諸儒纂匠鋟梓，時重其事。荷郡侯呂公師臯提綱於先，繼蒙郡同知張公雲翼偕僚屬振領於後，遂成此書。江左後學感廉使幸惠之德不淺也，蜀人蒯東寅忝郡文學，黽勉與力，因喜書成，傳之永久，與天下覽者共之，故藉為引筆，序其顛末云。大德丙午立夏拜手謹書。」

先曾大父《請業錄》〔註33〕卷上云：「邵子：『乾遇巽時為月窟，地逢雷處見天根。天根月窟閒來往，三十六宮盡皆春。』羅念庵次其句云：『寅到戌時觀月窟，子逢申處起天根。天根月窟分朝暮，識得未分方是春。』按：『未分』者，一陽初動，萬物未生時也。雖識之，而春字尚須從往來字看出。『月窟』上加『觀』字，『天根』上加『起』字，妙義環生。分朝暮以為往來，似從舊解『陽生於子，子為復，子至巳在天根。陰生於午，午為姤，午至亥在月窟』為允。要之，邵子言其體，念庵言其用。『三十六宮盡皆春』，即『美在其中而暢於四肢』之義。因人身皆具八卦，所以云『三十六宮』也。舊解以卦數奇偶之數當之，皆可。此不過解三十六宮之名耳。乃崔念陵力闢其非，謂卦以六爻顛倒成宮，惟《乾》、《坤》、《坎》、《離》、《大過》、《中孚》、《小過》八卦各為一宮，餘五十六卦則兩卦合為一宮，此三十六宮所由名。故上經三十卦得十八宮，下經三十四卦得十八宮。此論殊覺支離。此乃言一身行易之道，即天地四時百物行生之道之妙耳。」竊意邵子之言實與魏伯陽《參同契》合，無關《易》理。念庵所言，則所謂用活子午也。

宋、明兩代，宗室之名，多有字書所不載者。明以五行為次，終則復始，故其字尤不足。然宋宗室之載在世系表者，其字已可異之甚，雖擬名者之咎，亦宋制之未善也。今略錄於此。如賞、僑、訬、淶、訔、弆、衘、琜、庁、㝎、鑛、鞷、譯、謥、遳、纍、𢧐、𨓝、睞、鉚、慼、恝等字，皆非世所經見。古人命名，使易識別，此則徒增詭誕而已。

三代以前之巫官，即西方古時之祭司長也。管禮耕《巫咸說》云〔註34〕：「《書序》：『伊陟贊於巫咸，作《咸乂》四篇。』又《君奭》：『巫咸乂王家。』

〔註33〕文守元《請業錄》二卷，有清刻本。
〔註34〕見清．管禮耕《操𢿚齋遺書》卷一。

馬季長曰：『巫，男巫也，名咸，殷之巫也。』鄭康成曰：『巫咸，巫官。』此舊說也。至偽孔《傳》乃云：『巫，氏也』。孔《疏》申之云：『案《君奭》咸子，賢父子並大臣，必不世作巫官。言巫氏是也。』不知巫官在周以前，並非細職，蓋即是重黎之流。故《史記・天官書》云：『昔之傳天數者：高辛之前，重黎；於唐虞，羲和；有夏，昆吾；殷商，巫咸。』則巫之為官明甚。《呂氏春秋・勿躬覽》云：『巫咸作筮。』亦可為巫官之證。他若《南華》逸篇云：『黔首多疾，黃帝立巫咸，以通九竅。』郭璞《巫咸山賦・序》云：『巫咸以鴻術為帝堯之醫。』此二巫咸，雖非即《書》之巫咸，而巫醫事相類近，亦可知巫之為官而非氏也。顓頊遏絕苗民，首命重黎絕地天通；唐堯協和萬邦，首命羲和欽若昊天。何獨於巫咸疑其非大臣，而謂不可與治王家哉？」余按：屈子《離騷》云：「巫咸將夕降兮。」又《淮南子・墬形訓》：「巫咸在北方。」高《注》云：「巫咸知天道，明吉凶。」揚雄《反騷》云：「選巫咸兮叫帝閽。」疑巫咸以人名為官名。唐虞之羲和，即殷時之巫咸矣。《周禮・簭人》：「掌九筮之名。一曰巫更，二曰巫咸，三曰巫式」云云。《注》：「巫皆當為筮字之誤也。」劉敞《七經小傳》云：「《注》改巫為筮，然經云『掌九筮之名』，字既作筮，不可又以筮為筮矣。此乃前世精於筮者九人，其遺法可傳也。古者占筮之工，通謂之巫。更、咸、式等目，皆其名也。」薛季宣《尚書古文訓》：「《世本》云：『巫咸作筮。』」

　　徐世溥《榆溪詩話》〔註35〕云：「詩至唐聲，直是有別傳，即用字亦有不得泥古者。如『子規』在《史記》曆書作『秭鳺』，今從『子規』則輕秀。若書作『秭鳺』，則癡拙矣。此等豈非聲外別傳？南榮子曰：『蟷蜋、長虹，一物也，又皆一東韻，而律以蟷蜋押則滯矣。』《三百篇》固有不可入律詩者也。」余謂此唐與六朝之界限，不獨聲外別傳也。序記之文，韓、柳猶用奇字，盧陵以後乃湛然清澈，與此正相同耳。文章之變，出於自然，非一代人作意為之也。

　　劉融齋《說文疊韻》云〔註36〕：「南音有入聲，北音亦有入聲。南謂北無入，北方學者常以不聰誚之。雖《中原音韻》有入作平、入作上、入作去之目，其實以入聲問之，北士具能答也。惟北入由去而直下，南入由去而曲下，

〔註35〕徐世溥《榆溪詩話》一卷，有光緒間新建陶氏刊豫章叢書本，見《清詩話三編》第一冊。
〔註36〕見《說文疊韻》卷首《古韻大旨・方音得失》。

即『妒榖』、『凍榖』之不同可見。『榖』聲似『妒』，不似『凍』，似者為直，不似者為曲。是以南備四聲之韻，如東、冬。北謂之三；無入。南止三聲之韻，如支、微。北謂之四。有入。要之，北入為近古也。」案：融齋此條，說最粗疏。北方之入聲，特知韻學者於入聲字故促其音，使別於去聲耳。察諸市井，問諸田里，其不能分晰舊矣。五胡迭擾，四裔交侵，中國正音，僅存南服。融齋猶以北入為近古，不亦慎乎？

宋主灼《糖霜譜》云：「《唐史》載：『太宗遣使至摩揭陀國，取熬糖法，即詔揚州上諸蔗，柞瀋如其劑，色味逾西域遠甚。』熬糖瀋作劑，似是今之沙糖也。蔗之技盡於此。不言作霜，則糖霜非古也。」〔註37〕

紀文達《筆記》自言幼時目有夜光，稍長則不恒有，猶時復一見，或以為有異稟矣。〔註38〕余案：明代西人艾儒略《性學粗述》四。云：「問：『人有夜半乍醒，目中乍光，能見室中之物，即可讀數行之書，俄頃遂滅。何也？』曰：『古者西土曾有一王名地白略者，夜間睡起，忽見光焰，追維其故，乃由視覺之氣自腦至目，原具內光。或人此氣甚旺，睡久更聚，其目乍開，其光迸出，正如水閘水注已久，其閘一開，水即猛騰，故此光氣倏爾能照。須臾氣盡，仍在暗中也。』」按：此當屬光學。二百年來，西人光學尤進，必有能質言其故者。艾儒略所述，猶擬議之詞耳。余夜間亦偶能視物，與紀文達、地白略同，故願得其解焉。

<hr>

〔註37〕眉批：「入糖霜條。」
〔註38〕紀昀《閱微草堂筆記》卷十四《槐西雜志四》：
余四五歲時，夜中能見物，與晝無異，七八歲後漸昏暗，十歲後遂全無睹。或夜半睡醒，偶然能見，片刻則如故，十六七後以至今，則一兩年或一見，如電光石火，彈指即過。蓋嗜欲日增，則神明日減耳。

卷三十九〔註1〕

　　周必大《省齋文集》十八。《題庚午解牒並易辨說》云〔註2〕：「紹興庚午，廬陵郡秋試數千人，預貢者六十有一。」是廬陵解額十倍吾郡，宜宋時仕宦亦較多也。

　　劉原父《公是集》三十六。《先秦古器記》云：「終此意者，禮家明其制度，小學正其文字，譜錄次其世諡，廼為能盡之。」余謂考石刻者，宜講史學。故地輿、官制、史事是其所急。若考秦以前金文，則原父三語實得其要。其外則曆家，推其歲月而已。六一講求金石，而事事諮於原父，固其宜也。

　　唐永徽二年正月《荊州松資縣令湯君妻傷氏墓誌銘》云〔註3〕：「夫人姓傷氏，諱大妃，京兆鄠縣人。其先受氏於傷琳，得姓於湯武。父薄俱，隋懷遠公，成州刺史。夫人即刺史之長女也。」按：傷姓世所罕見。「得姓於湯武」，句文義難解。或以湯自號武王，故稱湯武，猶《詩》稱武湯歟？毛鳳枝《關中金石文字存佚考》云：「《元和姓纂》及《姓氏急就篇》均未見傷姓。」

　　唐永隆二年《大都督王善相夫人祿氏墓誌銘》〔註4〕，毛鳳枝云：「祿姓不多見，今秦中猶有此姓。」〔註5〕

〔註1〕按：稿本題「《純常子枝語》第卅九冊」。稿本乙封題「純常子枝語　第三十九冊」。

〔註2〕見宋・周必大《文忠集》卷十八，題為《題郭彥逢庚午解牒並易辨說》。

〔註3〕見陸心源《唐文拾遺》卷六十四，題為《大唐故荊州松資縣令湯府君妻傷氏墓誌銘》。

〔註4〕見《唐文拾遺》卷六十五，題為《大唐故大都督王府君夫人祿氏墓誌銘》。

〔註5〕按：此條下稿本有「元微之《痁臥聞幕中諸公徵樂會飲》詩：『同蹄墜舞釵。』自注：『同蹄，樂人姓』」一條，眉批：「入同蹄條」、「已錄入」。已見卷二十二「北嶽廟唐安天王銘」一條中，其中詩題僅作「痁臥」。

　　風角之說，其來甚古，惟翼奉《風角要候》、《風角六情訣》等書，今已不傳。《〈後漢書‧張魯傳〉注》引《翼氏風角》曰：「凡風者，天地之號令，所以譴告人君者也。」其大義固當如是。今世所傳張稷若《風角書》詞頗簡淨，然羌無論說，不詳所本。又有《風角祕書》，題郁離子內外篇。郁離子者，明劉文成之自號，則固託之文成所著矣。然其卷首云：「黃帝夢大風吹天下塵垢，得風後以為相，於是有風占。」余以為軒轅命相，略近傅巖，此當入周宣夢書，固無與占風之事也。其分五風、五音之風。八風八卦之方。等說，皆與《測天賦》相同，無奇祕語。盧召弓《補遼金元三史藝文志》有王穎《三式風角用法立成》十二卷，今亦不見。

　　《河圖帝通紀》曰：「風者，天地之使也。」《文選》宋玉《風賦》注。此翼奉說之所本。《〈三國志‧方技傳〉注》引《管輅別傳》曰：「輅為郭恩說八風之變、五音之數。」然則八風、五音真風角家舊說也。《春秋繁露‧五行五事篇》曰：「風者，木之氣也，其音角也。」「風角」二字，蓋出於此。錢大昭《補續漢書藝文志》下何休《風角注》，訓風角謂候四方四隅之風，以占吉凶。汪雙池《戊笈談兵》二。云：「風有五音，何也？曰：『《五音屬》曰：戊巳子，午宮也。丙丁丑未寅申，徵也。壬癸卯酉，羽也。庚辛辰戌，商也。甲乙巳亥，角也。』」又云：「風音生日音，日音生風音，勝也。相剋，凶也。」如子午日而風音如奔馬驫之，或如離羊驫之，此相生也。若如伐木驫之，如揚波翩之，則相剋之音矣。戴彭《風角釋占》曰：「兩軍相遇，先明納音，察時方。所納音為客，謂日支之音。時方為主，風起之時及風來之方。時方制納音，利為主。納音制時方，利為客。相生為和，不戰。」

　　《孔子集語》卷下〔註6〕引《尚書大傳》云：「老弱不受刑，老而受刑謂之悖，弱而受刑謂之暴。」《孔叢子》亦有此文。〔註7〕案：此即《曲禮》「悼耄不刑」之義。〔註8〕

〔註6〕見清‧孫星衍《孔子集語》卷十《論政九》。

〔註7〕見漢‧孔鮒《孔叢子》卷二《刑論第四》。

〔註8〕眉批：「此條□入第三十四冊卷首。」

　　　按：卷三十五「中國之教謂之名教」一條中引「《曲禮》所謂悼與耄有罪不刑」、「喪服不為高祖玄孫制服」一條中引「《曲禮》曰悼與耄雖有罪不加刑」，與此有關。

　　　另，此條下稿本有「《〈書‧洪範〉正義》引《書傳》：『水火者，百姓之所飲食也。金木者，百姓之所興作也。土者，萬物之所資生也。是為人用。』案：此中國所以言五行不言四大之故，以其切於民用也」一條，有刪除標記。此一條與卷十四「《〈尚書‧洪範〉正義》引《尚書大傳》云」一條相近，但文字不同，故錄之。

遼沙門智光《龍龕手鑒序》云：「郭迻但顯於人名，香嚴惟標於寺號。」
〔註9〕

魏晉六朝人詩句頗有可證經典異文者。如陸士衡《輓歌》詩云：「友朋自遠來」，此《論語》「有朋自遠方來」之異文也。《文選》二十八李善《注》引《論語》，「有朋」即作「友朋」。嵇叔夜《幽憤詩》云：「庶勖將來，無馨無臭。」疑《毛詩》「無聲無臭」，《三家詩》必有作「無馨無臭」者，故叔夜用之。曹孟德《苦寒行》云：「悲彼東山詩，悠悠使我哀。」「悠悠」疑亦《毛詩》「慆慆」之異文。謝元暉晚《登三山還望京邑》詩云：「誰能縝不變。」李善《注》云〔註10〕：「毛萇《詩傳》曰：『鬒，黑髮也。』『縝』與『鬒』同。」是「縝」即「鬒」之異文也。謝康樂《擬鄴中集》詩：「暮坐括揭鳴。」李《注》云〔註11〕：「《毛詩》：『雞棲于桀。』毛萇云：『雞棲於杙為桀。』『桀』與『揭』音義同。」是「揭」即「桀」之異文也。

張茂先《女史箴》〔註12〕：「施衿結褵。」今本訛作「褵」。李善《注》云：「《毛詩》云：『親結其褵。』毛萇云：『褵，婦人之幃也。』『褵』與『離』古字通。」是「離」即「褵」之異文也。

陶淵明《讀史述》，於七十二弟子云：「恂恂舞雩，莫曰匪賢。俱映日月，共湌至言。」是以冠者五六，童子六七，合為七十二人，乃晉人舊說，不始於皇侃《論語疏》也。又淵明《時運》詩云：「延目中流，悠悠清沂。童冠齊業，閒詠以歸。」言「童冠齊業」，是亦以為孔門弟子；言「延目中流」，則淵明所見本「浴乎沂」或竟作「沿乎沂」矣。王夫之《四書稗疏》云〔註13〕：「改浴為沿者，乃王充之定論〔註14〕，非退之《筆解》之剙說〔註15〕也。」

〔註9〕眉批：「入郭迻眾經音條。」
〔註10〕見《文選》卷二十七。
〔註11〕見《文選》卷三十。
〔註12〕見《文選》卷五十六。
〔註13〕見清·王夫之《四書稗疏》卷一《論語·浴乎沂》。
〔註14〕王充《論衡》卷十五《明雩篇》：
曾晳對孔子言其志，曰：「暮春者，春服既成，冠者五六人，童子六七人，浴乎沂，風乎舞雩，詠而歸。」孔子曰：「吾與點也。」魯設雩祭於沂水之上。暮者，晚也。春謂四月也。春服既成，謂四月之服成也。冠者、童子，雩祭樂人也。浴乎沂，涉沂水也，象龍之從水中出也。風乎舞雩，風歌也。詠而饋，詠，歌；饋，祭也。歌詠而祭也。說《論》之家以為『浴』者，浴沂水中也。風，乾身也。周之四月正歲二月也，尚寒，安得浴而風乾身？由此言之，涉水不浴雩祭，審矣。
〔註15〕宋·廖瑩中《東雅堂昌黎集注》卷十九《送李愿歸盤谷序》：「盤之泉，可濯

《顏氏家訓‧書證篇》每稱江南河北本異同，孔沖遠《正義》亦折衷於定本。故以六朝人文字考訂經典，雖不必悉關經師家法，要以見唐以前傳本之殊別耳。

《二程遺書》云〔註16〕：「問：『神仙之說有諸？』曰：『不知若何。若曰白日飛昇之類，則無。若言居山谷間，保形鍊氣，以延年益壽，則有之。譬如一鑪火，置之風中則易過，置之密室則難過。有此理也。』又問：『揚子言『聖人不師仙，厥術異也』。』曰：『此是天地間一賊。若非竊造化之機，安能延年？』」案：程子信養生，而不信輕舉以養生之學，近於醫家，非神奇之類也。然必以仙為天地間賊，則亦拘墟之見。夫使造化之機果在人手，則孰為竊，孰為不竊，亦何庸辯其是非乎？惟居易俟命而索隱，行怪不為，則儒者之正論耳。「賊」字本諸《論語》，惟原壤不遜弟，近於行怪，故夫子斥之，以其有害於入也。〔註17〕

《顏氏家訓》云〔註18〕：「神仙之事，未可全誣。但性命在天，或難種植。」又云：「若其愛養神明，調護氣息，慎節起臥，均適寒暄，禁忌食飲，將餌藥物，遂其所稟，不為夭折者，吾無間然。」此意與程子略近。六朝人所以好言服餌也。然《參同契》云：「廣求名藥，與道乖殊」。野葛、巴豆，學者所宜慎耳。

彭士望《六書采序》《躬庵文集》四。云：「予嘗同歐陽憲萬過西洋人，見其書皆鏤銅版，用羊皮摹之，讀者甚勤，恒視日晷而愛日。問其字，其長者笑曰：『君中國字俱從耳識，吾字從眼識之。君輩字非人授不識也。』」案：鄭漁仲以為西方長於耳治，中國長於目治，與此說似相反。然當授學之時，則中國字音必從口授，而西國則但知拼音之法，便可隨字而呼。此西人耳識、目識之說也。國初人頗喜酬酢西人，雍正以後，乃轉隔膜耳。

唐傅奕《請除釋教疏》云：「西晉以上，國有嚴科，不許中國之人輒行髡髮之事。」案：此事漢、魏史籍不載。後魏楊衒之《洛陽伽藍記‧序例》云：「晉永嘉惟有寺四十二所。」既有寺四十二，則緇徒必有數百人。是魏、晉之

可沿。」注：「按：公《論語筆解》以『浴於沂』作『沿於沂』，政與此『沿』同義。今只以沿為正。」

〔註16〕見《二程遺書》卷十八《劉元承手編》。

〔註17〕眉批：「入夫子斥原壤為賊一條後」，即卷三十六「神仙之學春秋時已有之」一條。

〔註18〕見《顏氏家訓‧養生篇十五》。

間，其禁不嚴，特髡髮者必歸朝典，則不得自由，此可揣而知也。《西溪叢語》〔註19〕：「唐會昌五年，毀招提蘭若四萬餘區。」又《會要》：「元和三年，官賜額為寺，私造者為招提、蘭若。《僧輝記》：『梵云拓闘提奢，唐言四方僧物，但傳筆者訛拓為招，去闘奢，留提字也。招提乃十方住持耳。』」

唐武宗《毀佛寺制》云〔註20〕：「其天下所拆寺四千六百餘所，還俗尼僧二十六萬五百人，收充兩稅戶，拆招提蘭若四萬餘所收，膏腴上田數千萬頃，收奴婢為兩說戶十五萬人。隸僧尼屬主客，顯明外國之教，勒大秦穆護祆三千餘人還俗，不雜中華之風。」案：招提、蘭若與寺不同，蓋有大小公私之別。《孫可之集・復佛寺奏》云〔註21〕：「武皇帝籍群髡凡十七萬，夫以十家給一髡，是編戶一百七十萬困於群髡矣。」然《制》云「二十六萬五百人」，孫說似有未諦。

明馬文升《疏》云〔註22〕：「國制：僧道，府各不過四十人，州三十人，縣二十人。今天下百四十七府、二百七十七州、千一百四十五縣〔註23〕，額該僧三萬七千九十餘人。成化十二年，度僧十萬。成化二十二年，度僧二十萬。以前所度僧道又不下二十萬，共該五十餘萬人。以一僧一道食米六石論之，該米二百六十餘萬石，足當京師一歲之用。」此與孫《疏》可相發明。《明史》〔註24〕：「孝宗即位，詔禮部議，汰諸寺法王至禪師四百三十七人、剌麻僧七百八十九人、華人為禪師及善世覺義諸僧官千一百二十人、道士自真人及正一演法諸道官一百二十三人。」是所汰猶不及二十分之一也。

明馬歡《瀛涯勝覽》：「錫蘭國其王係鎖俚人，崇信佛教。人皆不敢食牛，止食其乳。每將牛糞燒灰，徧塗其身。王與眾庶每晨調牛糞水，遍塗屋下之地，然後拜佛。古里國王係南昆人，崇信佛教。國人有五等：曰南昆，曰回回，曰革令，曰木瓜。其國王國人皆不食牛肉。頭目，回回人，皆不食豬肉。王與回誓定云：爾毋食牛，我無食豬，互相禁忌。每晨王上殿浴佛訖，令人取黃牛淨糞，水調，遍擦殿內地面牆壁。又將牛糞燒成白灰，研細，布袋盛之，

〔註19〕見宋・姚寬《西溪叢語》卷下。
〔註20〕《舊唐書》卷十八上武宗本紀第十八上。
〔註21〕見孫樵《孫樵集》卷六《復佛寺奏》。
〔註22〕馬文升《題振肅風紀裨益治道事》，見明・黃訓《名臣經濟錄》卷六《保治〔弘治上〕》。
〔註23〕「縣」，原誤作「萬」，據《名臣經濟錄》改。
〔註24〕見《明史》卷三百七《佞倖列傳・繼曉》。

常帶在身，每早洗面畢，取糞灰調水，擦其額並兩股間各三路。此為敬佛敬牛之誠。」按：此等風氣皆傳自天竺。其所載「古里王弟撒沒梨以金鑄一犢，謂之聖主」，則婆羅門祀牛之事，而古里傳訛者也。

明鄭曉《今言類編》云〔註25〕：「北虜凡求貢，必糾諸部落在塞上挾我。邊臣幸其緩入，許奏聞入貢。轉展二三月，虜必深入，雁門、太原之禍皆然。總督、鎮撫所奏番字文書，往往誇述也先之事，中間又多不遜語。通事人不敢譯聞，止云：『內多番字，不能盡譯。』豈四夷館分班學業而不解番文乎？」按：明人譯學荒疎，今世所傳《十國譯語》，亦無蒙文，則當時不能譯讀，或非盡由諱飾也。

金幼孜《北徵錄》云：「因渡水得一木版，上有虜字。上命譯史讀之，乃祈雨之言。虜語謂之札達，華言詛風雨。蓋虜中有此術也。」是明初譯學尚精。

宋劉貢父《與韓持國論侍講不合稱師書》《彭城集》二十七。云：「天禧時，侍臣皆坐，侍講亦坐。乾興之時，侍臣皆立，侍講亦立。其後有事者立，無事者坐，侍講亦立亦坐，皆出人主之旨，豈嘗為侍講特定禮而謂有司之失？自數十年來，講官豈首不辨禮義而叨居其任乎？」又云：「今侍講逾時予坐，以示尊德樂道，何苦議論？」是宋時侍講本有賜坐之禮。周益公《二老堂雜誌》二。云〔註26〕：「近事侍從以上兼經筵則曰侍講，庶官則曰崇政殿說書，故左右史兼講者亦曰侍講。」是崇政殿說書即侍講之職事，而名位稍後者也。然官職曰侍講、曰說書，輒毅然以師禮自居，不稍誤乎？

王弇州《觚不觚錄》云：「袴褶，戎服也，其短袖或無袖，而衣中斷，其下有橫摺，而下復豎之。若袖長則為曳撒，腰中間斷，以一線道橫之，則謂之程子衣，無線道者則謂之道袍，又曰直掇。此三者，燕居之所常用也。邇年忽謂程子衣、道袍皆過簡，士大夫宴會必衣曳撒，是重戎服而輕雅服，吾未之從也。」〔註27〕

明徐禎卿《翦勝野聞》云：「嘗見《倭國求通表》，文曰：『臣居遠疆偏倭小國，城池不滿六十座，封疆不足二千里。』」此似倭人語矣。又云：「聞起竭

〔註25〕見明‧鄭曉《今言》卷四之三百一十四。
〔註26〕見周必大《文忠集》卷一百八十《二老堂雜誌》二《侍講說書》。
〔註27〕眉批：「入廿一冊法服條後」，即卷二十一「俞蔭甫《茶香室四鈔》二十四云」一條。

國之兵，來侵臣境賀蘭山前，聊以博戲。」按：賀蘭山即今之阿拉善也，與日本何涉，而指以為言耶？且倭之拒元，所恃者神風也。日本至今猶有神風黨，而乃以陸戰自矜耶？〔註28〕

金幼孜《北徵錄》記明成祖語曰：「女直有山，其巔有水，色白，草木皆白，產虎豹，亦白，所謂長白山也。」按：此說近謬。明時於邊事固多譌傳耳。

《說文》「醫」字下云：「古者巫彭始作醫。」按：《世本》云：「巫彭始作治病工」，此《說文》所本。然則三代以前，巫醫之術未嘗不通也。至扁鵲屈於靈巫，則事已分矣。《春官·龜人》注引《世本·作篇》曰「巫咸作筮」。

《越絕書》：八。「巫里，句踐所徙巫為一里，去縣二十五里。」又云：「巫山者，越魋神巫之宮也，死葬其上，去縣三十里許。」又云：「江東中巫葬者，神巫無杜子孫也。死，句踐於中江葬之。巫神欲使覆禍吳人船，去縣三十里。」

劉原父《重黎絕地天通論》《公是集》三十八。云：「男不耕，女不蠶，以事神為俗。下者乃為巫祝。略計天下常百萬人。」

魏了翁《師友雅言》曰〔註29〕：「《周禮》女男巫職，須如《國語》楚昭王問觀射父，謂民之精爽，齊肅衷正，其智慧上下比義，其聖能光遠宣朗，其明能光照，其聰能聽徹，如是則明神降之，在男曰覡，在女曰巫。」余謂巫者中國之古教，而觀射父所言，則聖人因俗而裁之者也。楊誠齋《庸言》曰〔註30〕：「古之巫者一，今之巫者三。謂老釋。」自巫之教託於二氏，而三代以前之巫祝已不復存矣。

《太平御覽》七十九。引《歸藏》云：「昔黃帝與炎神爭鬥涿鹿之野，將戰，筮於巫咸，曰：『果哉而有咎。』」按：此可知巫咸為古巫之通名。

《唐書·王績傳》：「績兄通，隋末大儒也。聚徒河汾間，仿古作六經，又為《中說》，以擬論語，不為諸儒稱道，書不顯，惟《中說》獨傳。」顧亭林詩云〔註31〕：「俗史不知人，寥落儒林傳」，意蓋譏歐、宋也。余按：宋周益公《東宮故事》《承明集》九。云〔註32〕：「通既有門弟子魏徵等仕唐為宰相，嘗預修《隋書》，乃不為通立傳，意通嘗妄比聖人，徵若過有推尊，必貽譏於後世，是以略而不載歟？惟五代《舊唐書》於《王績傳》末云：『通字仲淹，隋

〔註28〕《倭國求通表》又見明·王世貞《弇山堂別集》卷八十五《詔令雜考一》。
〔註29〕見宋·魏了翁《鶴山全集》卷一百九十。
〔註30〕見《宋元學案》卷四十四《趙張諸儒學案表》。
〔註31〕見清·顧炎武《亭林詩文集》亭林詩集卷四《述古》之三。
〔註32〕見周必大《文忠集》卷一百六十一《東宮故事五·月日》。

大業中名儒，號文中子，自有傳。』今既不傳，固無足據。」是劉昫書本有通傳而遺失不傳。益公又云：「本朝太宗皇帝遂謂通有缺行，故不得立傳。」是《新唐書》之不立通傳，乃遵用太宗之訓也。亭林以俗史譏之，固未審耳。

唐楊炯《王勃集序》云：《楊盈川集》卷三。「祖父通，隋秀才高第，蜀郡司戶書佐，蜀王侍讀。大業末，退講業於龍門。其卒也，門人諡之曰文中子。」按：以文中為諡，與諸書異。按：盈川又云：「始擯落於鄒、魯，終激揚於荀、孟。」是《文中子》似非偽書。

《舊唐書・經籍志》儒家類《中說》五卷，王通撰。

宋釋契嵩《鐔津文集》十三。《書文中子傳後》云：「讀劉昫〔註33〕《唐書・王勃傳》，知文中子乃勃祖，果曾作《元經》矣。績死於貞觀十八載，去其兄之世近，能言其事也。」上文云：「讀東皋子《王績集》，知王氏果有續孔子六經，知房玄齡、杜如晦、李靖、董常、溫彥博、魏徵、薛收、杜淹等果文中子之弟子也。」

宋楊誠齋文集卷一《駁配饗不當疏》謂張浚宜配饗高宗，而駁洪容齋所議為不當也。誠齋之推浚，云：「身兼文武之全材，心傳聖賢之絕學」，其詞亦過矣。周益公《奉詔錄》卷五記淳熙十五年四月御筆云〔註34〕：「楊萬里奏內云：今日侍從數人之附其議，不亦過乎？」又云：「張浚之功，不言其敗，亦近於不公。如早來宣諭，兩去之，如何？奏來。」按：楊、洪並因此出外。然洪之所議乃公論，即孝宗亦以為然也。錢辛楣詩論韓侂冑云〔註35〕：「一樣喪師兼誤國，符離未戮首謀人。」誠齋論其五功而諱其敗衄，蓋誠齋嘗為浚所薦，故感其推舉之恩耳。《思陵錄》卷下〔註36〕亦載「孝宗言昨日諭冷世光、洪邁雖是輕率，楊萬里未免浮躁」。又云：「上因此不然萬里指鹿為馬及侍從數人附其議之語。予曰：『兩去之足矣。』」蓋孝宗之意，固是洪而非楊，特益公與誠齋素交甚深，而誠齋氣節又為同朝所重，故薛叔似以汲黯比之。罷議而兩去，實調停之說也。誠齋之子長孺作其父墓誌云：「為容齋所譖」，則誣辭也。《鶴林玉露》云〔註37〕：「文武各用兩人，出於孝宗聖意。」又云：「時識者多謂呂元直不厭人望，張魏公不應獨遺。」此則至公之論也。

〔註33〕「昫」，稿本誤作「煦」。
〔註34〕見周必大《文忠集》卷一百五十一《楊萬里宜去御筆》。
〔註35〕錢大昕《潛研堂集》詩續集卷二《過安陽有感韓平原事四首》之二：「胸無成算擲千鈞，壯志區區那得伸。一樣北征師挫衄，符離未戮主謀人。」
〔註36〕見周必大《文忠集》卷一百七十三。
〔註37〕宋・羅大經《鶴林玉露》卷七《高宗配享》。

宋陳龍川論傳注云〔註38〕：「景祐、慶曆之間，歐陽公首變五代卑陋之文，奮然有獨抱遺經以究終始之意，終不敢廢先儒之說，而猶惓惓於《正義》。蓋其源流未遠也。嘉祐以後，文日盛而此風稍衰矣。極而至於熙、豐之尚同，猶未若今日之放意肆志，以侮玩聖言也。聖人作經之大旨，非豪傑特立之士不能知。而纖悉曲折之際，則《注》、《疏》亦詳矣，何所見而忽略其源流而不論乎？」龍川此論可與宋景文《啖助傳論》並觀，在南宋尤為特識。因以知朱子留心《注》、《疏》，當時殆無其儔也。

《黃山谷集・題浯溪碑》詩〔註39〕：「臣結春秋二三策。」刊本「春秋」或誤作「春陵」。翁覃谿校本以「春陵」為是。袁文《甕牖閒評》則云：「曾親見山谷手書作『春秋』。」余按：楊誠齋《浯溪賦》文集卷十八。云：「靈武之履九五，何其亟也，宜忠臣之痛心，寄春秋之二三策也。」則原文宜作「春秋」，作「春陵」者乃譌誤也。〔註40〕

今之律賦，唐時蓋謂之甲賦。權德輿《答柳冕書》云〔註41〕：「近者祖習綺靡，過於雕蟲，俗謂之甲賦律詩，儷偶對屬。」又舒元輿《論貢舉書》云〔註42〕：「今之甲賦律詩，皆是偷拆經誥，侮聖人之言。」

魏了翁《趙鏞夫宗藩文類序》〔註43〕：「三百年間，族姓之盛，至二萬數千。」明人《近峰記略》云：「宗藩之盛，自古帝王無如我朝，二百年來，不下萬餘人。」是明宗室之蕃衍猶不及宋。劉原父《襍說》：《公是集》四十二。「今公族，賢者未嘗效用，中下又不養育，但令飽食逸居，其為棄之，不亦甚乎！」然至南渡之後，則又取用太濫，所謂矯枉過甚者也。〔註44〕

王謨《江西考古錄》〔註45〕：「《說文》云：『南昌人謂犬善逐兔草中曰莽。』江西方言始見此書，今已無此稱謂。然楊雄《方言》又云：『南楚人

〔註38〕見宋・陳亮《龍川集》卷十一《傳注》。
〔註39〕見宋・黃庭堅《豫章黃先生文集》第八《書磨崖碑後》。
〔註40〕眉批：「記朱子亦用春秋二三策，當益錄。」
　　　　按：朱熹《晦庵集》卷四《齋居感興二十首》之七：「春秋二三策，萬古開群蒙。」
〔註41〕見權德輿《權載之文集》卷四十一。
〔註42〕見《全唐文》卷七百二十七，題為《上論貢士書》。
〔註43〕見魏了翁《鶴山全集》卷五十五，原題《趙鏞夫宗藩文類序》。
〔註44〕按：此條刻本無，據稿本補。
　　　　眉批：「已錄寶祐四年登科錄條後」，檢卷五「宋寶祐四年登科錄」一條，並未不錄此條。
〔註45〕見清・王謨《江西考古錄》卷十《雜志・莽》。（第175頁）

謂草為莽。』亦漢時豫章人語，而其義各別。」余案：《南史‧胡諧之傳》云：「諧之，南昌人，上欲獎以貴族盛媛，以諧之家人語侯音不正，乃遣宮內四五人往諧之家，教子女語。二年後，帝問曰：『卿家人語音已正未？』諧之答曰：『宮人少，臣家人多，非惟不能得正音，遂使宮人頓成侯語。』帝大笑。」所謂侯者，蓋猶傖楚之傖，實六朝輕薄之詞，非古昔相沿之語。故《說文》、《方言》皆未有此稱也。當時所謂正音，亦第以金陵為正爾。○〔註46〕《一切經音義》十六引《晉春秋》云：「吳人謂中州人為傖人，俗又總謂江淮間雜楚為傖人。」○〔註47〕《隋書‧經籍志》有王長孫《河洛語音》一卷，蓋以金陵洛下為正音。南北朝時風俗如是，然《顏氏家訓‧音辭篇》云：「其以帝王都邑，參校方俗，考核古今，為之折衷，權而量之，獨金陵與洛下耳。」然則以帝都之音為正音者，古今所同然也。元以後則別有官話，不盡合於京音。

《淮南‧本經訓》云：「侯人之子女。」高誘《注》：「侯音雞，囚繫也。」是侯乃醜詆之辭，非種別之目。明沈德符《野獲編》記高新鄭譏嚴分宜，云：「大雞昂然來，小雞竦而待。」此韓昌黎《鬥雞》詩。謂時俗詆江西人為雞。〔註48〕蓋猶是侯之別字也。

《洛陽伽藍記》〔註49〕：「楊元慎譏南人曰吳人之鬼，住居建康，自呼阿儂，語則阿傍。」此亦輕詆之詞，不得即謂吳語為阿傍語也。《史通‧雜說篇》曰：「南呼北人曰傖，西謂東胡曰虜。渠們底箇，江左彼此之辭；乃若君卿，中朝汝我之義。」

明楊士奇《三朝聖諭錄》記永樂二年進呈敕邊將稿，上曰：「武臣邊將不諳文理，只用直言俗說，使之通曉，庶不悞事。他日編入實錄，卻用文。」余謂中國語言文字不能合一，其間已用一譯人矣。語言歷世遞變，而文字雖閱久可通，是以古譯今也。各國謂中國文字難解者，由多此一轉譯故也。　《隋書‧經籍志》云：「後魏初定中原，軍容號令皆以夷語，後染華俗，多不能通，

〔註46〕此處刻本作空格，據稿本補以「○」。
〔註47〕此處刻本作空格，據稿本補以「○」。
〔註48〕清‧吳景旭《歷代詩話》卷七十八：
　　《玉堂叢語》云：「高中玄為嚴維中門生，嚴自內直回，往候之。適其鄉人如牆而立。嚴一至，眾張拱以前。高曰：『有一雅謔，敢為老師道否？韓昌黎二語，與目前事相類。』嚴曰：『何語？』曰：『大雞昂然來，小雞竦而待也。』嚴亦大笑。人素嘲江西人為雞故云。」
〔註49〕見北魏‧楊衒之《洛陽伽藍記》卷二《景寧寺》。

故錄其本言，相傳教習，謂之國語。」按：《隋志》有《國語號令》四卷，又有周武帝《鮮卑號令》一卷，蓋軍事不尚繁文，而號令尤宜祕密。北朝雖漸染華風，至於軍中，猶沿國俗，固其宜也。今制，軍中日號亦頗有用國語者。《舊五代史》：「契丹王阿保機善漢語，謂姚坤曰：『吾解漢語，但口不能言。懼部人效我，令軍士怯弱故也。』」蓋知其意矣。《後魏書‧咸陽王禧傳》：「文帝引見朝臣，詔斷北語，一從正音。年三十以上，習性已久，或不可革。三十以下，見在朝之人，語言不許仍舊，違者免所居官。」按：此所斷北語，蓋忻代之音耳，非鮮卑語也。魏文帝時開國已久，其時國語蓋已不甚通行矣。

明宋濂《洪武聖政記》曰：「元時古樂俱廢，惟淫詞豔曲更唱迭和，又使北方之聲與正音相雜，甚者以古先帝王祀典神祇，飾為隊舞諸戲殿廷。」按：元時所謂正音，即今日所謂官話矣。《中原音韻》所記，固可考也。

元范德機《木天禁語》：「馬御史云：四方偏氣之語，不相通曉，互相憎惡。惟中原漢音，四方可以通行，四方之人皆喜習說。詩中宜用中原之韻，則便官樣。」按：此即以官話為中原之韻，今日通行之言語猶相類也。

瑪吉士論地球云：「論五洲之語言文字，約五百八十種。歐羅巴語音五十三，通用者十有七。大西洋、大呂宋、意大里亞、佛蘭西四者，乃羅馬、辣丁語所分派者也。亞里曼、賀蘭、弗拉萌、芽大尼、璲典、那華按：即哪威。六者，乃古調多尼加語所分派者也。英吉利，其語乃辣丁調多尼加二國所併者也。厄羅斯、烘哥里按：即匈牙利。亞伯羅尼亞、布威彌亞四者，乃古斯加拉窩尼亞之語所分派者也。額力西，按：即阿里西。其語乃古額力西國所傳。回回，其語乃回鶻，又名回紇國所傳者也。亞細亞語音一百五十三，通用者十有五。一回回，一天方，一伯爾西亞，一回紇，按：此又以回回與回紇分，不甚可解。一中華，一滿洲，一蒙古，按：此書竟不知有索倫語矣。一日本，一高麗，一琉球，一暹羅，一越南，一阿瓦，一印度，一西藏等語。亞非俚語音一百一十五，其通者五。一伯爾卑勒，一壹的科鼻，一尼幾里西，一哥布達，一桑哀等語。其天方語亦通行此州之北方。亞美里刪語音則有四百二十二，其至通用者除土語外，多來自別州。南洋阿塞亞尼州語音百十有七，通用者惟馬來語音也。」按：此書言五洲語音之數，殆不足據。今時西人必有詳考之書，俟訪而譯之。

古人讀書，不以四聲分義。葛稚川所論好好異讀，蓋已詳之。自晉以後，此例漸嚴。然日近繁碎，故古有其音而後失其讀者，亦復不少。《詩‧揚之水》：「不流束蒲。」毛《傳》：「蒲，蒲草也。」鄭《箋》云：「蒲，蒲柳。」《釋文》：

「孫毓云：蒲草之聲不與戍、許相協，箋義為長。」今則二蒲之音未詳其異耳。是晉人之音，隋人已失其讀矣。周必大《文苑英華序》《平園續稿》十五。云〔註50〕：「如切磋之磋、驅馳之驅、掛帆之帆、仙裝之裝，《廣韻》各有側聲，而流俗改切磋為效課，以駐易驅，以席易帆，以仗易裝，今皆正之。」是唐人之音，宋人已失其讀矣。故校書者必先知當時之音，而後能定所用之字，不宜輕為改易，疑誤後學也。

　　俄人宜萬寧《鐵木真用兵論》自注云：「成吉思汗殲滅韃靼種民，殆無噍類之說，是一二史家所傳，而託孫氏信之。然此說有甚難信者，何也？殺盡人口眾多之種人，極非易事。例之絕滅猶太人之舉，歐洲諸國屢屢為之，然不嘗盡歸無效，至今其種人猶蔓延世界。一也。若實有鏖殺韃靼種人之事，何有其名尚存於支那、韃靼人初遷徙流寓於支那邊外。亞細亞之西部及歐洲之理乎？且歐洲大陸，蒙古未來襲前，固未知韃靼之有無者也。夫攻略家殺抗敵之種民，然服從者必不殺，如韃靼民富饒而其戶數達七萬，黨派亦分數個，此數派中豈無少少心服者乎？若謂諸派悉相抗敵，無一降者，則吾曹之意想所不及也。蓋成吉思汗制韃靼時，戮其不服，而撫循其服者以為已用，此可無疑。且嘗為三萬騎之將，與惹拉爾烏潯交戰於波米羊地方之克特克，即韃靼人，而成吉思汗之寵臣也。故亞細亞西部及歐洲轟其勇名者，不外韃靼之兵。因考昔時亞細亞西部概稱歐洲人云佛郎哥人，蓋凡破亞剌非亞兵而絕其侵略之喀爾爾馬爾德里及其部兵皆是佛郎哥人。因此等在彼十字軍中最為饒勇之故，是以其名特著也。韃靼之名，震於歐洲大陸，與此例正同矣。」〇〔註51〕支那北境種族中最勇烈者名托托爾，其民分四種：曰蒙古，曰克烈，曰泰赤烏，曰韃靼，游牧興安嶺及鄂爾昆河之間。

　　《楊誠齋文集》二十九。〔註52〕《羅德禮補注漢書序》云〔註53〕：「《漢書》舊注有郭璞、臣瓚輩數十家。及顏師古後出，兼百家而無百家。」余按：景純在臣瓚之後，且未聞注《漢書》也。誠齋蓋因璞有《子虛上〔註54〕林賦注》而誤記耶？惟誠齋稱羅氏書「古文奇字，分章別句，其據也有依，其證也有來」，是於小學必有可採，而迄今一字不傳，為可惜也。

〔註50〕見周必大《文忠集》卷五十五。
〔註51〕此處刻本作空格，據稿本補以「〇」。
〔註52〕「二十九」，稿本作「廿九」。
〔註53〕見楊萬里《誠齋集》卷七十八。
〔註54〕「上」，刻本作「山」，據稿本改。

周文忠《平園續稿》十四。《漢兵本末序》云〔註55〕：「臨江徐筠孟堅既為《漢官考》四卷，李天麟仲祥又惜司馬遷、班固不為兵志，於是究極本末，類成一書，注以史氏本文，具有條理。凡中外諸軍，若將帥之名與夫賞功、罰罪、縣戍、簡稽、兵器、馬政，參互討論，略無遺者。」按：天麟與錢文子同時，據此《序》，其書較補漢兵志似更詳備，亦惜其不傳於世也。

楊盈川《王勃集序》云：「九歲讀顏氏《漢書》，撰《指瑕》十卷。」是顏監之《注》，唐初人已不滿之。誠齋乃比之吳道子畫、杜少陵詩〔註56〕，恐未然也。趙雲崧《廿二史劄記》云〔註57〕：「《漢書》之學，唐初人所競尚。當時顏師古外，又有劉伯莊撰《漢書音義》二十卷、姚班《漢書紹訓》四十卷、顧允《漢書古今集》二十卷、李善《漢書辨惑》三十卷。」余案：顏監之《注》，既不述其叔遊秦之《決疑》，又不錄姚察之《訓纂》，攘善之病，必不能無。乃諸家盡亡，而顏書獨著，亦其幸也。

明陸釴《病逸漫記》云：「國朝修《永樂大典》，亦宋朝修《冊府元龜》之意。」余按：《大典》依韻排列，實用《韻府群玉》之例，而引書必載出處，又與《大唐類要》、《太平御覽》相同。其與《冊府元龜》絕無因襲之處。蓋由當時民間未見此書，故擬議多非其實也。

孫淵如序孫馮翼《重集世本》云：「《永樂大典》為姚廣孝諸臣奉勅撰，所錄古書皆金人俘獲北宋內府圖籍。」余按：《大典》所引如《東觀漢記》、《風俗通》、《姓氏篇》之類，皆在末佚以前。而《廣韻》則舊本、宋重修本釐然分載，尤可寶貴。余見者僅八百九十餘冊，然可集錄者甚多。今更庚子之變，殆不復可問矣。

同年繆杻岑祐孫。主事《俄游彙編》云：「俄崛起於唐季多土蕃宏士種類，又稱為西底阿土蕃。」其說出西人，當必有據。又云：「案《後漢書》，西羌氏族無定，或以父名母族為種號。今俄制，國中人名載時憲書，凡人家生子，擇吉日所繫之名命之，貴為王子，賤為奴隸，胥同此稱。此亦一證。」余謂此說蓋沿黑龍江記呼俄人為老羌之誤。俄人遵希臘教，命名亦當用希臘先賢，與

〔註55〕見周必大《文忠集》卷五十四。
〔註56〕楊萬里《誠齋集》卷七十八《羅德禮補注漢書序》：
　　　始《漢書》舊注有郭璞、臣瓚輩數十家，使其人自為奇家，自為詳矣。及顏師古最後出，如道子之畫、魯公之字、子美之詩，蓋兼百家而無百家，曠千載而備千載者也。
〔註57〕見《廿二史劄記》卷二十《唐初三禮漢書文選之學》。

羌俗不相。《彙編》又謂「西人記載謂勃爾噶利人本亞細亞民族遷歐東境，以牧為業，五百五十九年，與斯拉完人合兵濟大腦河，略馬幾頓、德賴斯，進入東羅馬」。勃爾噶利人豈即土蕃宏土種歟？

宜萬寧《鐵木真帖木兒用兵論》云：蒙古本游牧之蠻夷，其不重宗教，固無足怪。其鄰邦支那人亦置之不論。然成吉思汗於宗教所施政略，洵可謂斟酌時勢者。彼生於基督教民與回回教民苦戰歐洲之世，洞知此宗教之誑惑及同宗異派之競爭，能通其情勢，且長於政治之才，故以宗教為釀恨之端，並不容之。而實有統一世界之志，於是百宗同一保護，而待之絕無親疏厚薄之殊。又深知僧侶能籠絡民心，故特加保護。如戰於花拉思模土丹之時，所以保護者甚厚，故彼國僧徒歸服者不少，乃設禁令，使宗教之徒甲派不得害乙派。而成吉思汗自不偏信何等宗教，凡有才識之人不問何教，皆得立於汗之朝。其關政事宗教法發布於成吉思汗子孫之世者，今人所得知者如左：

一　可畏仰剙造天地唯一天帝。事天帝，即給予生死禍福且取捨我所禱者也。一旦知天神唯一而非二，則容忍宗派，可任事物知覺之所向。

二　回回教大僧正誦可蘭經文者、回回教僧徒淨洗遺骸者、有信神祈念之聞望者、醫員或乞丐等，可以免租稅、勞役及為公眾之義務事。

三　非選立於諸侯將軍等之克里爾搭伊議會，不得為汗。若犯此禁者，可處死刑。由公選為汗者，以成吉思汗一族中，教育最完、知識最博、材能最著、超拔之人為限。其有違法度之大本、被剝汗之尊位者，並其親戚及其扈從，可並囚之。所以囚之者，一則罰其釀此亂端，一則絕其報復之患也。惟失汗位者及其黨輩，必給衣食及普通物，毋使缺乏，特不許他人與之交通。

於蒙古襲汗位者，特限於成吉思汗之後嗣及苗裔。汗崩，則國之縉紳在波斯之成吉斯汗後裔崩時，七種民之大臣來會云。著白色之喪服，詣宰相，而後撰名可為嗣君之人，祈誓上帝而後扶掖新汗至宮殿或帳幕中央鋪設黑氈之所，使之坐，告之曰：「舉首望太陽，汝所自知寫影無盡之造物，在位中能遵天帝所指示，其威權崇赫非在地上者之類。汝若違天帝之意，則受罰被罪，所餘者只今所坐之一氈而已。汗於是有所問曰：「汝等奉朕命乎？朕有所命，無論何地，不敢辭乎？」汝等恭敬謹慎跪朕之前乎？朕有所殺戮，不敢拒乎？則皆曰：「臣等敢不奉命。」汗乃斷言曰：「然則自今朕言如刀劍矣。」大臣等乃擁汗搖動之於氈上，明示民庶以大位定之事，而後使陞玉座。畢此儀，

大臣乃釋喪服，更紅衣束帶。立汗之法行於蒙古以來，弊害頗多，為禍亂之本，終致蒙古之滅亡。成吉思汗遺命立窩闊台時，憬然若有所悟，如欲廢棄此法例者云。

四　成吉思汗戒其後世子孫，禁飾位號，唯使稱汗。又謂汗於接臣下談論之間，宜用實名。蓋憂後世子孫喜諛而好佞也。又謂花拉子模土丹以驕諂致敗，而以彼乃以地上神影之爵自誇，是為覆轍。然成吉思汗子孫在波斯者，概不遵守此遺訓云。

五　蒙古本無文字。成吉思汗取畏吾爾之假名，使兒童學之。又使編輯亞沙即烏爾克亞沙。之律令，以蒙古語此律令，鑴刻鋼板。平時祕藏之，汗即位之日及有大事之時，諸侯會集，乃取亞沙決事。此慣例今尚存於波斯云。

成吉思汗律令中，有明示交戰及圍城法者。汗之子孫久久遵奉亞沙不止，猶回回教民於《可蘭經》文每定時日使朗讀之於大眾中。蒙古現行例中，類成吉思汗律令者多。顧支那人當編法例引用亞沙者也。此律令不知至今尚祕藏於支那及蒙古否。

宜萬寧又謂回回宗教大憎他宗，頗涉猖狂。故欲得俊傑如帖木兒者，為重使之槓杆得利。所以帖木兒異於成吉思汗之趣向也。蓋成吉思汗雖何等之宗教未嘗偏倚，而使其軍人生攻略之熱心者，全由別種之法矣。

《元史·本紀》：「至元二十七年，河南、福建省臣奏請詔書用漢字，帝命以蒙古語詔河南，漢語詔福建。」〔註58〕按：元制以河南為漢人，福建為南人，故有此分別矣。近人莊忠棫《蒿庵集》云：「《遼金國語解》為考古不刊之書，前人深識遠慮，無過於此。」余謂此但可解史，而於當時之文字殊無益也。《金史·締達傳》云〔註59〕：「是時女直字設學校，命訛離剌等教之。其後納合椿年、紇石烈良弼皆由此致相位。」勸學如此，然金源之文字果能傳於後哉？

唐初調發百姓，西戍四鎮，東戍安東，此邊徼所以多中國之種也。南宋契丹、女直人歸正者，分置諸路，此南方所以有戎狄之裔也。唐時回鶻中有漢城，見雍陶《送於中丞使北蕃》詩自注〔註60〕。

〔註58〕趙翼《廿二史箚記》卷三十《元漢人多作蒙古名》：「至元二十七年，河南福建省臣奏請詔書用漢字，帝命以蒙古語詔河南，漢語詔福建。〔本紀〕」據此，可知文氏係抄錄《廿二史箚記》。
　　　　另，此則引文又見卷三十三「《元史·世祖紀》」一條。
〔註59〕見《金史》卷一百五。
〔註60〕《全唐詩》卷五百十八：

明李賢《天順日錄》曰：「韃靼非我族類，自古為中國患，昔幸送之江南遠方。今復取來，甚是不便。聞此類在彼住定，以為樂土，多不願來。上曰：『吾亦悔之。』」余嘗詳詢譜牒，今鎮江、揚州各府多有蒙韃苗裔，久已相習而安矣。

良知之說，陽明不能守也。《傳習錄》：「問：『聲色貨利，恐良知亦不能無。』先生曰：『固然。但初學用功，卻須掃除蕩滌，勿使留積。』」余按：「食色，性也」之說，孟子所未嘗非。然既「須掃除蕩滌」，則所知殆未盡良乎？此不如徑改曰清淨本然，較良知二字為直指本體也。

《二程遺書》曰〔註61〕：「萬物皆有良能，如禽鳥中做得窠子，極有巧妙處，是他良能，不待學也。人初生只有喫乳一事不是學，其他皆是學。人只為智多害之也。」余謂論人必求其初生。夫禽鳥能做窠子，亦豈其初生事乎？凡知覺皆屬知，凡運動皆屬能，手之能持，足之能行，血氣既充，則自然能之，此可謂之學乎？亦何關多智之害乎？《張子正蒙》云：「天良能，本吾良能，顧為有我所喪爾。」夫致中和而天地位育，孰致之？我致之也。張子之言乃內外一如之理，非儒家之說也。若楊誠齋《庸言》曰〔註62〕：「性者，生之良能。心者，性之良知。水潤下，火炎上，性也。火始然，泉始達，心也。」以心性分知能，則其說愈支離矣。

明鄭曉《今言類編》云：「南京城大抵視江流為曲折，故廣袤不相稱，似非體國經野、辨方正位之意。大內又迫東城，且偏陂卑窪，太子太孫宜皆不祿。江流去而不留，山形散而不聚，非帝王都也。以故孝陵欲徙大梁關中，長陵竟遷北平。」按：近時包慎伯頗譏江寧城為不合法，明人已有此論矣。然江流山勢，六代所同，國雖偏安，而祚傳三百。以南方而論，固猶在臨安之上耳。

明高拱《病榻遺言》曰：「『知道了』，遵祖制，蓋不納之辭也。」按：本朝批摺亦多用「知道了」字，然其義與報聞同，是與明制雖同而實異。又有御批僅一「覽」字者，多在附片中，蓋正摺允則亦允，正摺不允則亦不允也。讀

送於中丞使北蕃
朔將引雙旌，山遙磧雪平。經年通國信，計日得蕃情。野次依泉宿，沙中望火行。遠鵰秋有力，寒馬夜無聲。看獵臨胡帳，思鄉見漢城。〔回鶻中有漢城。〕來者擁邊騎，新草滿歸程。
〔註61〕見《二程遺書》卷十九《楊遵道錄》。
〔註62〕見楊萬里《誠齋集》卷九十一《庸言一》。

邸報者往往不解其義云。○〔註63〕東坡表忠觀碑用「制曰可」字，章實齋譏之，曰非宋制也。〔註64〕或曰：宋制當何如？余曰：宋制凡可其奏者，則曰三省同奉聖旨依此。見於宋時書籍及宋人文集者至多，無煩覼縷也。本朝批摺，亦恒用依議字，蓋依字猶用唐、宋以來故事矣。○〔註65〕今制：屬官謁長官，必開平生經歷，具手摺呈上，其末句云須至履歷者。按：宋人則云至履歷者，無「須」字。○〔註66〕宋人奏疏有貼黃，略似摘由，又似旁注。國初猶行之。王崇簡《冬夜箋記》云：「奏疏揭其要書於後，謂之貼黃。外封所書事目日月，謂之引黃。明崇禎元年，從輔臣李文敏公國樨請，章奏仿古人貼黃之法，撤節要黏原本以進。」是當時貼黃已與宋制稍異。宋制：節要謂之撮白。《江鄰幾雜志》云：「審刑奏案，貼黃上更加撮白，撮白上復有貼黃。」今則有附片而無貼黃。然附片轉有似宋之貼黃者，特與國初之貼黃則迥異矣。○〔註67〕歐陽永叔《歸田錄》〔註68〕：「唐人奏事，非表非狀者，謂之榜子，亦謂之錄子。今謂之劄子。凡群臣百司上殿奏事，兩制以上，非時有所奏陳，皆用劄子。中書樞密院事有不降宣敕者，亦用劄子。」按：劄子與今制摺子大略相似，非時奏陳則不用，題本之類也。

宋鄭文寶《江表志》有韓熙載上行止狀一篇，即履歷之類，惟頗加詞采耳。梁紹壬《兩般秋雨盦隨筆》云〔註69〕：「今之履歷，古之腳色也。《通鑑》：『虞世基掌選曹，受納賄賂，多者超越等倫，無者注色而已。』注色者，注其入仕所歷之色也。宋末，參選者具腳色狀。」

羅泌《路史》餘論八云：「後世禮闕，尸不復見，而夷蠻之中，容或存者。周、隋《蠻夷傳》言巴梁間俗，每秋祠祀，則里之美鬢面者迭迎而尸祝之。柳

〔註63〕「○」，底本無，據稿本補。
〔註64〕章學誠《文史通義》內篇二《古文公式》：
　　　蘇子瞻《表忠觀碑》，全錄趙抃奏議，文無增損，其下即綴銘詩。……以文辭而論，趙清獻請修表忠觀原奏，未必如蘇氏碑文之古雅。史家記事記言，因襲成文，原有點竄塗改之法。蘇氏此碑，雖似鈔繕成文，實費經營裁制也。第文辭可以點竄，而制度則必從時。此碑篇首「臣抃言」三字，篇末「制曰可」三字，恐非宋時奏議上陳、詔旨下達之體；而蘇氏意中，揣摩《秦本紀》「丞相臣斯昧死言」及「制曰可」等語太熟，則不免如劉知幾之所譏，貌同而心異也。
〔註65〕「○」，底本無，據稿本補。
〔註66〕「○」，底本無，據稿本補。
〔註67〕「○」，底本無，據稿本補。
〔註68〕見宋·歐陽修《歸田錄》卷二。
〔註69〕見梁紹壬《兩般秋雨盦隨筆》卷七《履歷》。

道之人祭，亦取於同姓之丈夫婦人伴享，此則尸之餘事。而今巫童、方士亦有憑身附體之法。」余按：尸祭蓋古巫家之事，而聖人裁之以禮，則與巫家絕不相涉。此可思而得其故者也。《通典》謂古人質樸，華夷同俗，則不知聖人因民始同而末異矣。魏鶴山《師友雅言》曰〔註70〕：「禮失則求諸野，向見靖州祭鬼，皆以人為尸。」

《白虎通》曰：「王者制夷狄樂，不制夷狄禮，何以為均中國也？即為夷禮，恐夷人不宜隨中國禮也。」見《詩·鼓鍾》疏。蓋禮所以別華夷，故有同俗，而斷無同禮也。

閻百詩《四書釋地·又續》曰〔註71〕：「經傳所言中國與諸侯者，即《禹貢》甸侯綏方三千里之地。其曰四夷及蠻貊者，即要荒二千里夷蠻之地也。今人言中國，必盡九州之域；言四夷，輒以為夷狄。戎蠻不登版圖之區，失其指矣。」

《文選》李善《注》引李陵詩曰：「行行且自割，無令五內傷。」卷二十七《注》。又曰：「招搖西北駝，天漢東南流。」卷三十。又曰：「轅馬顧悲鳴，五步一徬徨。」卷五十八《注》。又卷二十七《注》僅引「轅馬」句。又曰：「嚴父潛長夜，慈母去中堂。」卷二十一，又五十九。又李陵《贈蘇武詩》曰：「思得瓊樹枝，以解長飢渴。」卷三十一。又李陵詩曰：「許由不洗耳，後世有何徵。」卷五十五《注》。又曰：「有鳥西南飛，熠燿似蒼鷹。」卷十三《注》。〔註72〕

又蘇武《答李陵詩》曰：「低頭還自憐，盛年行已衰。」卷二十七〔註73〕《注》。蘇武《答李陵書》曰：「雖乘雲附景，不足以比速；晨鳧失群，不足以喻疾。」卷十二《注》。

又李陵《與蘇武書》曰：「言為瑕穢，動增泥滓。」卷十《注》。

明王元美《藝苑卮言》云〔註74〕：「錄蘇李雜詩十二首，雖總雜寡緒，而渾樸可詠，固不必二君手筆，然非晉人所能辦也。如『人生一世間，貴與願同俱』、『紅塵蔽天地，白日何冥冥』、『招搖西北指，天漢東南傾』、『短褐中無緒，帶斷續以繩』、『瀉水置瓶中，焉辨淄與澠』、『仰若雲間星，忽若割長帷』，彷彿河梁間語。」

〔註70〕見《鶴山全集》卷一百九十。
〔註71〕清·閻若璩《四書釋地·又續三·中國夷狄》。
〔註72〕眉批：「卷十三引作『天漢東南馳』」，即《文選》卷十三《月賦》。
〔註73〕「二十七」，稿本作「廿七」。
〔註74〕見明·王世貞《藝苑卮言》卷二。

　　桂未谷《札樸》云〔註75〕：「唐呂元泰上書曰：『比見坊邑相率為渾脫隊。』《書》曰：『謀時寒若。』何必羸形體，灌衢路，鼓舞跳躍而索寒焉。案：索寒即乞寒。睿宗時，詔作乞寒戲，其俗本於薩末鞬，即撒馬兒罕。《唐書·康居傳》『十一月鼓舞乞寒，以水交潑為樂』是也。玄〔註76〕宗因四夷來朝，復作此戲。張說上疏曰：『乞寒未關典故，裸體跳足，汩泥揮水，盛德何觀焉？』」余案：周益公《承明集》九。云〔註77〕：「唐明皇開元元年十二月己亥，禁乞寒胡戲，以殊中國之儀也。殆知所本〔註78〕。近者詔旨禁止掉篭，謂頗近胡裝，蓋得《王制》五載巡守，考禮正樂制度之義。殿下宋光宗。又謂服飾音樂之近胡者皆當禁止，此孔孟之意也。」〔註79〕

　　元微之《立部伎》詩自注云〔註80〕：「太常丞宋沇傳漢中王舊說，云明皇雖雅好度曲，然而未嘗使蕃漢雜奏。天寶十三載，始詔道調法曲與胡部新聲合作，識者異之。明年祿山叛。」

　　《釋名·釋首飾》云：「穿耳施珠曰璫。此本出於蠻夷所為也。蠻夷婦女輕淫好走，故以此琅璫錘之也。今中國人傚之耳。」案《莊子·德充符篇》云：「為天子之諸御，不穿耳。」是穿耳之風，周時有之。既穿耳，必有璫飾矣。《三國志·諸葛恪傳》云〔註81〕：「母之於女，恩愛至矣。穿耳附珠，何傷於仁？」汪中《舊學蓄疑》〔註82〕、劉文淇《愈愚錄》〔註83〕並有此說。劉熙以為

〔註75〕見清·桂馥《札樸》卷六《覽古·索寒》。
〔註76〕「玄」，原作「元」。
〔註77〕周必大《文忠集》卷一百六十一《東宮故事五·八月五日》。
〔註78〕「本」，《文忠集》作「慎」。
〔註79〕眉批：「入潑寒胡條。」
〔註80〕見元稹《元氏長慶集》卷二十四《立部伎》。
〔註81〕見《三國志》卷六十四《吳書十九》。
〔註82〕見汪中《舊學蓄疑·雜錄》（見田漢雲點校《新編汪中集》第116頁）：
　　　　婦人穿耳，自周、漢以來即有之。《莊子·德充符》：「為天子之諸御，不穿耳。」《辛恪傳》：「母之於女，恩愛至矣。穿耳附珠，何傷於仁？」〔恭冕謹案：辛恪，當作諸葛恪。又案：此條詳家君《愈愚錄》。〕
〔註83〕按：參上一條注，劉恭冕稱「此條詳家君《愈愚錄》」，指而言，非劉文淇。《愈愚錄》卷七《女子穿耳纏足》（張連生、秦躍宇點校《寶應劉氏集》，第532～533頁）：
　　　　女子穿耳纏足，其來尚矣。《雜事秘辛》敘漢桓帝懿獻梁皇后入宮事云：「瑩〔梁後名。〕足長八寸，踁跗豐妍，底平指斂，約縑迫襪，收束微如禁中。」漢時八寸，當今五寸耳。明楊升庵據之以為女子纏足始見於此。惟穿耳無考。案《莊子·德充符》：「為天子之諸御不爪翦，不穿耳。」《三國志·諸葛恪傳》注引《恪別傳》曰：「恪嘗獻權馬，先其耳。范慎嘲恪曰：『馬雖大畜，

出自蠻夷，其言殆誤。

《楓窗小牘》：「汴京閨閣妝抹凡數變，至於翦紙、襯髮、膏沐、芳香、花靿、弓履，窮極金翠。今聞虜中復爾。如瘦金蓮、方瑩面丸、遍體香，皆自北傳南者。」

《天香樓偶得》云〔註84〕：「隋時改丙為景，唐初修《晉書》，凡帝紀中丙子、丙寅之類，皆仍隋舊，書景子、景寅。」余案：昞為唐諱，故遂諱丙，與隋何涉，而云「悉仍隋舊」乎？虞虹升之不學於此可見。

桂未谷《滇遊續筆》云：「雲龍玀夷有羅平山即《水經注》之弔鳥山。為間隔，初與外人不通。有鹽井，無文字，以皮為衣，以星辰辨四時，以草木紀年歲。有六年一花，十二年一實者。」又云：「漢時蠻夷以布為賦。《說文》：『賨，南蠻賦也。』㠻，南郡蠻夷賨布是也。今玀夷所織，品目甚多，紋理精好，粗者如緂，細者如錦。羊毛所績，不亞羽紗。《後漢書·西南夷傳》：『哀牢夷知

稟氣於天。今殘其耳，豈不傷仁？』恪答曰：『母之於女，恩愛至矣。穿耳附珠，何傷於仁？』」〔《元史·耶律希亮傳》：「定宗遺以耳環，二珠大如榛實，價值千金，欲穿其耳使帶之。希亮辭曰：『不敢因是以傷父母之遺體。』」〕據此，是穿耳之制已久。《後漢·杜篤傳》：「若夫文身鼻飲緩耳〔即儋耳。〕之主，椎結左衽鑷鍋之君。」李賢《注》：「《山海經》曰：『神武羅〔今本作「魖」。郭《注》：『「魖」即「神」字。』〕穿耳以鑷。』郭璞《注》云：『金銀器之名，未詳形制。』〔案：見《中山經》。〕鍋音牛於反。《埤雅》曰：『鍋，鋸也。』案：今夷狄好穿耳，以垂金寶等。又《南蠻傳》：「珠崖、儋耳二郡在海州上。其渠帥貴長耳，皆穿而鎚之，垂肩三寸。」又《東夷傳注》：「沈瑩《臨海水土志》曰：『夷洲在臨海東南，去郡二千里。人皆穿耳，女子不穿耳。』」《梁書·諸夷列傳》：「林邑國，穿耳貫小鐶。狼牙修國，金鐶貫耳。」〔《南史》同。〕《隋書·南蠻列傳》：「赤土國，其俗等皆穿耳。」《文獻通考》：「南平蠻，竹筒三寸，斜穿其耳，貴者飾以珠璫。投和圓王耳掛金環。」則是穿耳本夷制也。《玉篇》：「璫，穿耳施珠也。」案《西京雜記》：「趙飛燕為皇后，其女弟上遺合浦圓珠璫。」《後漢·輿服志》：「太皇太后、皇太后入廟，耳璫垂珠。」梁費昶《城外搗衣詩》：「圓璫耳上照。」則璫蓋即今之環，〔《齊策》：「北宮之女嬰兒子無恙耶？徹其環瑱，至老不嫁，以善父母。」環瑱連文，則環為穿耳之物。〕而別施珠者。〔《風俗通》：「耳珠曰璫。」以璫為耳珠之名，尚未得。〕曹植《洛神賦》：「珥江南之名璫。」劉公幹《魯都賦》：「珥明月之璫。」傅玄《鏡賦》：「珥明璫之迢迢。」《七謨》：「珥南海之明璫。」《豔歌行》：「耳綴明月璫。」蓋璫即古珥之遺制。璫者，常耳也。《說文》：「珥，瑱也。瑱，以玉充耳也。」古人但以充耳，〔古禮，惟男子用之，女子則無。〕不以穿耳。秦、漢以來，襲用夷制，〔據《齊策》，環、瑱則當時或兼用之。〕女子皆穿耳，始專名「璫」，而充耳之制廢矣。

〔註84〕見清·虞兆漋《天香樓偶得·諱丙字》。

染采文繡，罽毲帛疊，闌干細布，織成文章如綾錦。』」按：哀牢，今永昌地。陸雲士《峝谿纖志》云：「玀，僰人後，住元謀，女負擔，男抱兒，最潔。其人能詛呪變幻，又善變犬馬諸物。」

又云：「《周書・王會》：『卜人以丹砂。』《注》云：『西南之蠻，蓋濮人也。』《通典》有尾濮、木縣濮、文面濮、折腰濮、赤口濮、黑僰濮。《春秋釋例》云：『建寧郡南有濮夷，無君長，各以邑落自聚，故稱百濮。』案：《唐書・南蠻傳》有三濮，則文面濮、赤目濮、黑僰濮也。今順寧所名蒲蠻者，即濮人。蒲、濮音近而譌。」

張橫渠《經學理窟》五。云：「葬法有風水山崗，此全無義理，不足取。南方用青囊，猶或得之。西方人用一行，尤無義理。南人試葬地，將五色帛埋於地下，經年而取觀之，地美則彩色不變，地氣惡則色變矣。又以器貯水，養小魚，埋經年，以死生卜地美惡。取草木之榮枯，亦可卜地之美惡。」據此，則道學家朱子之前，張子已頗取相地之術。惟埋帛、養魚，今南方久不用此法矣。

葉水心序《陰陽精義》曰〔註85〕：「朱公元晦聽蔡季通豫卜藏穴，門人裹糗行絆，六日始至。乃知好奇者，固通人大儒之常患也。」

《札樸》：一。〔註86〕「『車鞶思變，季女逝兮。』《傳》云：『變，貌。』案《說文》：『變，慕也。』與『思變』意合。」余謂從心從女之字，往往相通。《說文》之「變」即「戀」字，故以「慕」訓之。《毛詩》之思變季女，則猶之「思齋太任」、「思媚周姜」。「思」字，語辭。「變」字，乃形容語也。《傳》說確不可易。桂氏不通句例，故有此誤。

盧全有《春秋傳》，見《許彥周詩話》。〔註87〕

汪容甫《舊學蓄疑》云：「《通典》一百七十七襄陽郡穀城縣下引鮑至《南

〔註85〕見葉適《水心集》卷十二前集《陰陽精義序》。
〔註86〕見桂馥《札樸》卷一《溫經・變》。
〔註87〕眉批：「入唐人經學條。」
　　　另，宋・許顗《彥周詩話》：
　　　「春秋三傳束高閣，獨抱遺經究終始。」此詩退之稱盧玉川也。玉川子《春秋傳》，僕家舊有之，今亡矣。辭簡而遠，得聖人之意為多。後世有深於經而見盧傳者，當知遇之之不妄許人也。
　　　明・焦竑《焦氏筆乘》卷三《玉川子》：
　　　退之《贈玉川子》詩：「春秋三傳束高閣，獨抱遺經究終始。」許顗云：「玉川子《春秋傳》，僕家舊有之。辭簡而遠，得聖人之意。」則玉川又有經學，不但能詩而已。晚唐詩人，予最喜玉川子及司空表聖二人。人品甚高，不為勢利所汩沒，故其詩能不涉世俗蹊徑，此非具隻眼者安能別之。

雍州記》云：『城內見蕭相國廟，相傳謂為城隍神。』城隍之祀始此。李陽冰《縉雲廟碑》在其後矣。」〔註88〕

元《經世大典》，明葉文莊《菉竹堂書目》尚載之，不知何時佚去。余於《永樂大典》及群書所引，集成二十四卷，僅存崖略而已。今世所傳三卷殘本，亦不多見。或云藏書家尚有全衮，所未詳也。按：陸次雲《天祿識餘》引《經世大典》：「親王納妃，公主下降，皆有銀蒜簾押幾百雙。」又引《經世大典》所云：「火徜」，注「即音弄」。是國初人猶及見之。

《五代史記·楚世家》：「周行逢，武陵人。」《三楚新錄》〔註89〕：「行逢與徐仲雅論事然行逢夷音，每呼字音多誤，仲雅因戲之曰：『不於五月五日剪卻舌頭，使語音乖錯如此。』」是楚音當時亦目為夷音。仲雅之言，則猶是南蠻鴃舌之意也。

張文昌《永嘉行》云〔註90〕：「北人避胡多在南，南人至今能晉語。」余案：漢人避地多在交州晉人避地半居江表唐末之亂則五嶺之外士夫集焉此亦氏族轉徙言語變遷之大關鍵也

歐陽永叔《歸田錄》：「今士族當婚之夕，以兩椅相背，置一馬鞍，反令壻坐其上，謂之上高坐。」已用「椅」字。〔註91〕

《集古錄跋尾》五。有《隋鉗耳君清德頌》：「君名文徹，華陰朝邑人。本周王子晉之後。」〔註92〕

《古今注》：「橫吹，胡樂也。張博望入西域，傳其法於西京，唯得摩訶、兜勒二曲，李延年因胡曲，更造新聲二十八解，乘輿以為武樂。」〔註93〕

《淮南·本經訓》：「曲拂邅回，以象湡浯。」高《注》：「湡，浯，二國名，多水，故法而像之。」浯音吾。

〔註88〕見汪中《舊學蓄疑·雜錄》。（見田漢雲點校《新編汪中集》第115頁。）
　　　　眉批：「入城隍條」，即卷三十一「《湛園札記》卷四云」一條。
〔註89〕見宋·周羽翀《三楚新錄》卷二。
〔註90〕見《全唐詩》卷三百八十二。
〔註91〕眉批：「入卓椅條」，即卷十九「字以孳乳而多」一條。
〔註92〕眉批：「入鉗耳條」，即卷二十二「近人孫傳鳳《洨民遺文·六朝造像記考》云」一條。
　　　　另，此條下稿本有「魏了翁《師友雅言》曰：『禮失則求諸野，向見靖州祭鬼，皆以人為尸』」一條，眉批：「入尸條」，已見本卷「羅泌《路史》餘論八云」一條中。
〔註93〕眉批：「入橫吹條」，即卷二十二「白樂天諷諫詩《立部伎》第五自注云」一條。